中国现代国际关系研究院反恐怖研究中心
ZHONG GUO XIAN DAI GUO JI GUAN XI YAN JIU YUAN FAN KONG BU YAN JIU ZHONG XIN

国际恐怖主义与反恐怖斗争年鉴

（2018）

时事出版社
北京

图书在版编目（CIP）数据

国际恐怖主义与反恐怖斗争年鉴．2018/中国现代国际关系研究院反恐怖研究中心著．—北京：时事出版社，2020.2

ISBN 978-7-5195-0352-9

Ⅰ.①国… Ⅱ.①中… Ⅲ.①恐怖主义—世界—年鉴—2018 ②反恐怖活动—世界—年鉴—2018 Ⅳ.①D588-54②D815.5-54

中国版本图书馆 CIP 数据核字（2019）第 300880 号

出 版 发 行：时事出版社
地　　　址：北京市海淀区万寿寺甲 2 号
邮　　　编：100081
发 行 热 线：(010) 88547590　88547591
读者服务部：(010) 88547595
传　　　真：(010) 88547592
电 子 邮 箱：shishichubanshe@sina.com
网　　　址：www.shishishe.com
印　　　刷：北京旺都印务有限公司

开本：787×1092　1/16　印张：16.75　字数：266 千字
2020 年 2 月第 1 版　　2020 年 2 月第 1 次印刷
定价：98.00 元
（如有印装质量问题，请与本社发行部联系调换）

总策划： 袁　鹏

主　编： 傅小强

编　委（按姓氏笔画）：

邓门佳　李　伟　孙　渤　巩小豪　余文胜
陈　旸　陈庆鸿　严　帅　严　谨　林一鸣
龚　正　符春华　傅小强

目　录

第一部分　国际恐怖主义与反恐怖斗争形势综述

第三部分　国际重大恐怖活动案例分析

第四部分　国际恐怖与反恐怖斗争大事记

第一部分

国际恐怖主义与反恐怖斗争形势综述

第一章 国际反恐进入战略调适期

2018 年，国际暴恐活动威胁不减，地区乱源多点迸发。极端分子加速从中东向亚、非多国流窜肇事，国际暴恐生态仍然复杂严峻。然而，美国坚持反恐收缩，国际反恐的大国牵引力下降，难聚合力。暴恐威胁与国际反恐斗争之间的不协调和不匹配问题突出，逐渐进入新的调适期。

第一节 暴恐势力潜滋暗长重组演变

“伊斯兰国”暴政实体瓦解但虚体活跃，“基地”组织悄然复兴，国际暴恐势力向我周边加速集聚，“后伊斯兰国”时代的国际暴恐形势更趋复杂。

一、国际暴恐势力实力强劲，双头引领“屹立不倒”

据美战略与国际问题研究中心 2018 年 11 月发布的研究报告，当前全球活跃的萨拉菲“圣战”组织至少有 67 个，萨拉菲“圣战”分子人数则高达 23 万，创四十年新高。[①] 两大暴恐领头羊“伊斯兰国”与“基地”组织在国际社会打击下仍然潜滋暗长，威胁巨大。

“伊斯兰国”由“实体哈里发”蜕变为虚实结合的暴政武装，极端威

---

① “The Evolution of the Salafi-Jihadist Threat”, https://csis-prod.s3.amazonaws.com/s3fs-public/publication/Jones_Evolving Terrorist Threat_FULL_WEB.pdf?F4jhyhPqySTHHFUHSwwfAwq8MspjnJ4q.（上网时间：2018 年 11 月 14 日）

胁进一步扩散。2018年，“伊斯兰国”虽然持续在伊拉克和叙利亚受到打击，但其不断调整暴恐技战术，保留和转移有生力量，仍对国际社会构成重大威胁。联合国负责反恐事务的副秘书长弗拉基米尔·沃龙科夫8月23日警告称，尽管“伊斯兰国”在伊、叙遭遇重大挫败，但其对国际安全构成的威胁仍值得高度关注。[①]“伊斯兰国”在伊、叙仍有2-3万人，并呈现“东山再起”之势，其资金来源、后勤保障、领导结构得到迅速恢复。同时，“伊斯兰国”加速域外渗透和发展，触角遍及亚、非、欧、美四大洲，在南亚、东南亚、北非和中亚等地建立多个分支机构，逐步形成多中心、网络化的暴恐新架构。首先，回归暴恐传统，与政府搞不对称对抗。随着“伊斯兰国”失去大量地盘和人员，其已不具备大规模军事行动能力，开始将队伍分化成多股小分队，更多采用游击战和骚扰战，借助暗杀和爆炸等手段对军警和政府目标等发动袭击。借助此类手段，“伊斯兰国”在伊、叙对政府军和普通民众造成了巨大杀伤。其次，借助域外分支机构搞扩张。“伊斯兰国”在伊、叙的失败，迫使其进一步利用外围分支，加强各分支之间的联动，以此实现总部与分支战略资源和人员的相互流动，转移、弥补核心区域的风险与损失。目前，除伊、叙外，“伊斯兰国”在西奈半岛、也门、沙特、利比亚、阿富汗等多国设有分支，并获遍布亚非两大洲的几十个暴恐组织效忠。“伊斯兰国”遭遇重创后，这些分支和效忠团体的恐怖活动不仅没有减少，反而变本加厉。其中，阿富汗、西奈半岛和利比亚的形势最为严峻。再次，借助新媒体和网络赢取更大范围的支持，伺机建立“虚拟哈里发”。尽管其网络宣传煽动一度随着伊、叙战场上的失败而受影响，但该组织的网络攻势不断复苏，通过网络叫嚣发动更多数量的袭击，并告诫其成员在伊、叙保持隐忍，与“异教徒”耐心周旋。目前，“伊斯兰国”重建相关网络机构，发布更具煽动性的视频和信息，竭力提升对外宣传力度，招募人员和鼓动恐袭，效果显著。

此外，“基地”组织全球扩张态势明显，逐步在南亚、中东、非洲形成相互联动的国际暴恐网络，长期威胁甚于“伊斯兰国”。据美国多家智

---

① “联合国官员呼吁重视‘伊斯兰国’对国际安全的威胁”，新华网，2018年8月24日，http：//www.xinhuanet.com/2018-08/24/c_1123322882.htm。（上网时间：2018年11月15日）

库评估，“基地”在全球有 20 多个分支或同盟组织，共拥兵约 40000 人，包括叙利亚 1-2 万人、索马里 7000-9000 人、利比亚 5000 人、也门 4000 人、马格里布、萨赫勒地区 4000 人、南亚 1000 人[①]，仍是国际恐怖势力的重要领头羊。

二、中国周边暴恐势力异常活跃，地区安全广受冲击

第一，南亚安全形势恶化。在阿富汗，“阿塔”实力恢复，攻势凶猛，其总兵力（包括战斗人员和后勤人员）超过 20 万，战斗人员 15 万中有 6 万是全职部队，剩下的藏兵于民，战时作战，平时为普通民众。[②] 2018 年初以来，“阿塔”连续发动多轮袭击，造成阿“恐声鹤唳”，伤亡惨重。4 月 25 日，“阿塔”宣布发起一年一度的“春季攻势”，重点袭击政府军和驻阿外国军队。“阿塔”袭击喀布尔市中心的国家安全机构发动自杀式恐袭，共造成 64 死 347 伤，是喀布尔近年遭受的最为严重的恐袭之一。8 月 10 日，上千名“阿塔”成员从多个方向袭击加兹尼政府军和警察，造成阿军警数百人伤亡，一度让阿总统亲自下令军队驰援，驻阿美军也加入战斗。10 月，“阿塔”暴力抵制 10 月 20 日举行的国民议会大选，当天在全国范围至少发动了 168 次袭击。联合国驻阿援助团发布的报告显示，2018 年前三季度，阿境内各类简易爆炸装置袭击共造成 3634 名平民伤亡，创下历史新高，其中 1065 人死亡、2569 人受伤。[③] 同时，“伊斯兰国”在阿坐大成势，活动区域持续扩张，最初仅在阿南部和西部省份现身，现已在阿东部楠格哈尔等省牢固立足，并蔓延至北部省份，其中朱兹詹、法利亚布等西北几省情况尤为严重。“伊斯兰国”还加紧将伊、叙的极端分子向阿转移，试图在阿打造新的国际暴恐大本营。此外，包括“基地”“乌伊运”“东伊

---

① 根据美国战略与国际问题研究中心、兰德公司与西点军校反恐中心等综合评估而成。

② “Afghanistan: Taliban’s organization and structure”, https: //landinfo. no/asset/3589/1/3589_1. pdf.（上网时间：2018 年 11 月 15 日）

③ “3 万多无辜平民丧生，美国阿富汗战略指向何方?”，新华网，2018 年 10 月 10 日，http: //www. xinhuanet. com/world/2018-10/10/c_129968195. htm。（上网时间：2018 年 11 月 15 日）

运”等 20 多个国际恐怖组织也在阿活动频繁。

在巴基斯坦，恐怖威胁未根本改观。“巴塔”新领袖上位，有意加大暴恐力度。6 月 13 日，“巴塔”第三任头目法兹卢拉被美无人机击毙，随后出自巴南瓦济斯坦马哈苏德部落的瓦利当选新头目。马哈苏德部落在南瓦济里斯坦七大部落中实力最强，“巴塔”前两任头目贝图拉和哈基姆拉均出于此。瓦利此前是该组织军事头目，主张强硬对抗巴政府与外来势力，未来很可能在巴境内发起力度更大的袭击。此外，“伊斯兰国”在巴势力扩张，活动范围已扩展至巴四省及部落区，占领巴阿边境多处地方，获得不少部族支持。近期，该组织在信德和俾路支两省势力不断上升，在卡拉奇等大城市也有营地。

第二，中亚恐怖形势呈恶化趋势。一是中亚籍外国“圣战”分子加速从中东回流。“伊斯兰国”2018 年在伊、叙溃败后，麾下中亚籍“圣战”分子加速回流，伺机建立新的暴恐大本营。2018 年，吉、哈、塔等国发生或破获多起从中东回流恐怖分子制造的恐袭案。二是本土极端暴恐组织趋于活跃。中亚宗教极端组织活跃，不仅“伊扎布特”活动频繁，“达瓦宣教团”也在该地招兵买马，“圣战萨拉菲派”更是快速兴起，该派以社会下层为动员对象，不仅袭击非穆斯林和世俗政权，甚至对准穆斯林中的非“萨拉菲派”。三是中亚多国经济形势欠佳，民生问题突出，年轻人缺乏教育又大量失业，导致群体性事件和社会犯罪现象增多，这些“薄弱环节”极易被恐怖组织利用。

第三，东南亚渐成暴恐温床。一是印尼、马来西亚等国的政治与社会氛围日益保守化，两国曾被认为是温和伊斯兰国家，但近年来开始出现宗教极端化和保守化趋势。一些极端组织开始走向前台，煽动民众攻击“异教徒”，而一些政治人物为了选票也不惜利用或迎合这股势力，致使极端思想不断蔓延、极端势力日渐壮大。美东南亚安全问题专家卡扎里·阿布扎就批评印尼政府称：“不仅不关闭一些为‘伊斯兰国’武装团体提供人手的伊斯兰学校，甚至暗地支持‘伊斯兰祈祷团’等亲‘基地’团体卷土重来”。[①] 二是部分

① Zachary Abuza，“After Surabaya：Regional challenges for terrorism in Southeast Asia”，http：//theasiadialogue. com/2018/06/06/after-surabaya-regional-challenges-for-ferrorism-in-southeast-asia/.（上网时间：2018 年 11 月 20 日）

地区冲突久拖不决成渗透切口。菲南部、泰南部以及缅若开邦冲突已导致长期经济落后与社会动荡，为暴恐思想滋生与传播提供绝佳土壤。尤其是，若开邦 70 多万罗兴亚人沦为难民，成国际暴恐势力拉拢目标。印尼防长里亚米扎尔德警告称，若不妥善应对，罗兴亚难民可能被“伊斯兰国”利用。① 泰南部长期冲突则助推地下军火市场的发展，成为地区暴恐势力获取武器装备的重要来源。② 三是菲律宾南部棉兰老岛对国际暴恐势力吸引力上升。棉兰老岛长期战乱，政府管控力弱，又与马、印尼毗邻，一直被暴恐势力作为“庇护所”和“训练基地”，现在还被视为东南亚唯一可建“伊斯兰国”分支的地方。菲和平、暴力和恐怖主义研究所所长班劳伊指出，棉兰老岛仍有多达 100 名外籍武装分子，他们企图重建所谓的“伊斯兰国东亚省”。③

三、非洲恐怖活动继续扩张蔓延

美智库非洲战略研究中心 10 月 29 日发布研究报告，统计分析了 2017 年 9 月 30 日至 2018 年 9 月 30 日期间非洲恐怖活动态势，认为非洲恐怖活动加速蔓延，对地区安全的威胁不断上升。一是各大恐怖组织活跃。近年来，非洲恐袭事件大增并非单一组织所为，而是由索马里“青年党”、尼日利亚“博科圣地”、“基地”组织北非分支和“伊斯兰国”四方出击所致。其中，“青年党”拥兵 4000—6000 人，是非洲最活跃、最危险的恐怖组织。据统计，非洲过去 12 个月共发生 2919 起恐怖袭击，其中 1562 起与“青年党”有关。而另一大恐怖组织“博科圣地”也依然活跃，共实施 534

---

① https：//www. cnbc. com/2018/06/03/family-terrorism-is-southeast-asias-newest-threat-defense-officials-warn. html

② “How the Thai Conflict Is Boosting Islamic State in Malaysia”，https：//thediplomat. com/2018/10/how-the-thai-conflict-is-boosting-islamic-state-in-malaysia/. （上网时间：2018 年 11 月 20 日）

③ “Philippines：scores of Islamic State fighters on Mindanao island”，https：//www. theguardian. com/world/2018/nov/11/philippines-scores-of-islamic-state-fighters-on-mindanao-island（上网时间：2018 年 11 月 20 日）

起袭击，致死 3048 人。[①] 二是暴恐活动区域冲击面广，萨赫勒地区暴恐活动显著上升。暴恐活动主要集中在索马里、马里、尼日利亚、布基纳法索、肯尼亚、利比亚、埃及、突尼斯和阿尔及利亚等国。与上一统计年份相比，萨赫勒地区恐怖活动次数增加了两倍，达到 377 起，造成 895 人死亡。[②] 其中，与“基地”组织结盟的“支持伊斯兰与穆斯林”组织（JNIM）是恐怖活动上升的主要推手。三是恐怖势力加速向西、北非流窜。随着伊拉克、叙利亚反恐战争取得胜利，在当地参战的外国“圣战”分子正在向北非和西非流窜。此外，主要活跃于马里北部的暴恐势力逐渐向马里中部、南部以及尼日尔西部和布基纳法索东部扩张，未来可能进一步渗透至贝宁和多哥。

第二节　反恐行动各推议程渐失焦点

美国从战略私利出发，减少国际反恐投入，国际反恐的大国牵引力下降。各国聚焦本土防范打击恐怖主义，在反恐和反极端问题上的分歧增多、难聚合力，国际反恐逐渐由美长期主导的全球性议题演变为地区性议题。

一、国际反恐的大国牵引动力下降

长期以来，美及其领导的西方同盟是国际反恐的主要推动力量。随着“伊斯兰国”在伊、叙被挫败、加之美欧本土发生的由“伊斯兰国”、“基地”等策动的外源性暴恐大案下降，美欧对国际反恐的重视程度和资源投入明显减少。2018 年以来，美国开始大幅调整安全战略，继续收缩反恐投入，将主要精力和资源用于应对来自中、俄的地缘战略竞争，反恐让位于大国竞争。2017 年 12 月 18 日，美国总统特朗普在他的首份《国家安全战

---

① “Militant Islamist Group Activity in the Sahel Rises”, https：//africacenter. org/spotlight/militant-islamist-group-activity-sahel-rises/（上网时间：2018 年 11 月 15 日）

② 同上。

略报告》中，虽然强调美国仍面临着恐怖威胁，认为“圣战士”恐怖分子“正在图谋伤害美国人”，“‘伊斯兰国’、‘基地’继续鼓吹野蛮的意识形态，煽动暴力推翻政府和杀害被他们视为‘异教徒’的无辜民众”。但是，报告首次明确中、俄是美更大挑战，宣称“中、俄挑战美实力、影响和利益，意图侵蚀美安全和繁荣”。① 2018 年 1 月 19 日，美国防部长马蒂斯公布《国防战略报告》，报告大篇幅渲染美面对的来自中、俄的挑战和“威胁”，称“中国是战略竞争对手”，“美繁荣和安全面临的核心挑战来自大国带来的长期的战略竞争”。报告对恐怖主义威胁则一笔带过，称“恐怖组织对稳定的威胁仍然存在”。② 该报告把中、俄定位为美国国家安全面临的最大挑战，其威胁超过恐怖主义，明确将国防战略的着力点从长期以来的国际反恐调整到所谓应对“大国竞争”。美《外交事务》杂志 7/8 月号刊文表示，“美长期过于关注反恐，而忽视应对中国崛起的挑战”，要求美国减少反恐投入，将更多的资源用于应对中、俄。

美在国际反恐上的投入继续减少。美巨额反恐花费引起国内越来越多的质疑声，认为美反恐投入“太高昂而且不成比例”。根据统计，“9・11”事件以来，美本土死于穆斯林极端分子或“圣战”分子袭击的人数仅有 100 人。然而，根据美智库史汀生中心 5 月发布题为《反恐花费》的报告，自“9・11”事件以来，美于 2002-2017 财年期间，在反恐方面共花费 2.8 万亿美元，2017 年的反恐花费虽有下降但仍高达 1750 亿美元。该报告显示，美在阿战、伊战等海外反恐战争中的花费已高达 1.8 万亿美元，约占总花费的 64%。③ 2018 年，美调整多项反恐政策，减少反恐投入。一是放弃对伊、阿的“国家重建”。“9・11”事件以来，“国家重建”一直是美反恐战略重要组成部分，以图实现阿、伊等暴恐重灾国的持久和平稳定并根除暴恐土壤。但因“国家重建”投入巨大且见效慢，目前特朗普政府已放弃这一政策。二是减少在伊拉克等地的反恐投入。目前有超过 7300 名美特

---

① “National Security Strategy of the United States of America”, December 2017, pp. 2-3.

② “Summary of the 2018 National Defense Strategy of the United States of America”, January 2018, p. 2.

③ “Counterterrorism Spending”, May 2018, p. 7.

种作战部队士兵在全球执行任务，其中约 1200 人在非洲执行任务。美部分官员提议从叙利亚、北非等地撤出反恐力量。4 月，美国会召开听证会，要求长期聚焦反恐的特种部队调整职能，以应对中国挑战。美国防部长马蒂斯 6 月要求在未来三年内，将在非洲反恐的特种部队人数削减一半左右。据《纽约时报》8 月 1 日报道，美在非特种作战任务数量将减少，预计大部分的任务削减将在中非和西非进行，美特种部队在当地的主要任务是训练非洲军队打击恐怖组织日益加剧的威胁。

二、地缘因素掣肘国际反恐合作

美急于甩开反恐包袱，各国对恐怖主义的认识分歧增大，主要大国很难就某一特定恐怖组织形成打击合力。随着以“伊斯兰国”为代表的国际暴恐势力遭受沉重打击，以及反恐让位于大国竞争，美反恐政策的工具性色彩更趋浓厚。在中东地区，美首要目标是遏制伊朗进一步扩张地区影响，并与俄争夺地区影响，而打击“伊斯兰国”及“基地”为代表的反恐行动已不再是重点任务，美最新发布的《国家反恐战略》中还把伊朗列为反恐“重点”。在这份美白宫 10 月 4 日发布的新版《国家反恐战略》中，称伊朗是“支持恐怖主义的头号国家”，认为其支持多个“恐怖组织”，包括黎巴嫩真主党和巴勒斯坦伊斯兰抵抗运动（哈马斯），并将伊朗列为美面临的三大恐怖主义威胁源之一，誓言要“遏制伊朗的全球恐怖分子网络”。[①] 美国家安全顾问博尔顿称，伊朗自 1979 年起至今一直是“国际恐怖主义的中央银行”。新战略突出伊朗，显示特朗普政府试图以反恐为名遏制伊朗在中东地区的影响力提升。此外，美政府 2018 年多次以反恐为借口对伊朗实施制裁。美财政部 5 月将伊朗央行行长瓦利奥拉·赛义夫和央行国际部助理主管阿里·塔扎里列入“特定全球恐怖分子”名单，指责其协助伊朗伊斯兰革命卫队为黎巴嫩真主党提供支持。

在阿富汗，美、俄均以反恐为名展开利益争夺。美从自身战略利益出发，无视巴基斯坦在反恐战争中的巨大牺牲，频频向巴方施压要求其“付出更多”。特朗普政府认为巴包庇“阿塔”等极端势力，成为阿恐怖分子

① “National Strategy for Counterterrorism of the United States of America”, October 2018.

的“庇护所”，严重影响到阿稳定，已成为美推进阿和平进程的障碍。因此，美要求巴改变现行政策，为阿营造和平创造条件。为使巴就范和配合其战略实施，美加大对巴施压力度。美国务院 1 月 4 日暂停对巴安全援助。美国防部 9 月 1 日宣布，将取消对巴 3 亿美元援助，理由是“巴对美南亚政策缺乏有力支持”。11 月 20 日，美又宣布切断对巴总计 16.6 亿美元的安全援助。俄为防止阿乱局波及自身与中亚，并牵制美，也开始寻求介入甚至主导阿事务进程。俄从政治、经济、军事等方面全面加强对阿介入，与阿政府商讨提供武装直升机等重武器，借机拉进俄与阿关系。俄还另起炉灶召开阿事务国际会议，2018 年 4 月在莫斯科主持召开阿问题会谈，中、阿、巴、印、伊朗及中亚五国代表与会，但美拒绝与会。

三、相关大国以己为重各推反恐议程

当前，美欧等国反恐行动均以强化本土防范打击为首要重点，着力打击对自身构成紧迫威胁的特定暴恐势力，而对所谓“威胁不大”的暴恐势力采取选择性漠视。

美国 10 月发布的反恐战略突出“美国优先”，围绕本土防范打击恐怖主义提出一系列反恐政策，包括强化边境安全、加强入境检查、促进各级政府合作、启用新数据处理技术、健全恐怖分子身份识别系统、强化基础设施和“软目标”保护力度、优化应急处置预案、打击暴力极端思想和网络恐怖活动等。2018 年以来，美采取多项本土反恐措施。一是进一步改革移民政策，限制甚至禁止部分国家公民入美。2017 年 9 月，美白宫向国会提交了一份文件，建议 2018 财政年度大幅减少接收难民数量，只让那些“对美安全没有威胁”的人入境。根据计划，2018 年美最多接收 4.5 万难民，这是 37 年来的最低值。而国际救援委员会 6 月发布的一份报告显示，美本财年预计仅会接收 2.1 万难民。二是加强外国人入境美国的安全检查。美要求各国签证申请者提供更广泛的个人信息。特朗普总统曾表示，要对那些想进入美国的人进行“极端审查”。美国务院 3 月 30 日提出新签证规定，要求几乎所有申请美入境签证的人都必须提交他们过去 5 年所使用的社交媒体用户名。三是推进对本土恐怖分子的调查。美联邦调查局长克里斯托·弗雷 5 月表示，联邦调查局正对 1000 名疑似“独狼”恐怖分子及另 1000 名国内恐怖分子进行调查，并称“独狼”恐怖分子是目前反恐的最优先任务。

法、英等欧洲国家出台一系列措施强化本土反恐。2月23日，法公布一项包含60条措施的新计划，旨在通过在监狱、社交媒体和学校等多个领域采取措施，加强预防极端思想蔓延，从而更好地保障本土安全。根据计划，法2018年计划在全国各监狱中增设4个极端化评估区，加强监狱机构对思想倾向极端化在押人员的甄别。同时，法将与各大社交网络平台加强合作，通过自动识别和删除工具，力争及时发现并删除网上涉恐信息。此外，法还将在全国各类学校中加强价值观教育。① 7月13日，法提出一个包含32项具体措施的新反恐计划，该计划是对2月计划的一个补充。新计划包括：法国内安全局集合来自14个不同部门的成员，成立一个参谋部门，汇总并联合分析所有涉恐信息；法司法警察总局负责通过检测恐袭实施者身上出现的共同特征，探索建立一个评判极端分子危险性的标准。②英2017年相继发生伦敦和曼彻斯特袭击事件后，开始重新评估反恐战略的漏洞和不足。2018年6月4日，英内政大臣贾维德公布新修订的反恐战略。该战略以更好的信息共享为目标，包括授权军情五处与其他政府部门、地方政府及企业分享可疑英国公民的情报，让这些部门能更快交换情报，以更准确地识别出可疑采购，改善公共场所安全，并降低基础设施的脆弱性，以及立法让安全机构能更早破获恐袭阴谋。该战略还将发挥私营部门和学术机构的作用，利用数据分析和设备学习来改进侦查工作。③

四、东盟加大反恐合作力度

一是采取高压严打态势。印尼恢复曾经专责反恐的“联合特别行动司

---

① “法国出台新计划加强预防极端思想蔓延”，新华网，2018年2月24日，http：//www.xinhuanet.com/world/2018-02/24/c_1122444253.htm。（上网时间：2018年11月15日）

② “法国又出反恐新招 应对恐怖分子出狱潮”，环球网，2018年7月13日，http：//world.huanqiu.com/article/2018-07/12484359.html。（上网时间：2018年11月15日）

③ “英国修订反恐战略 将增强政府与商界信息共享合作”，环球网，2018年6月4日，https：//m.huanqiu.com/r/MV8wXzEyMTY1MzQxXzEzOF8xNTI4MDgxNTAw。（上网时间：2018年11月15日）

令部”（Koopssusgab），促使军方在反恐方面发挥更大作用。印尼 13 年来第一次以死刑判处“神权游击队”头目——阿曼·阿卜杜拉赫曼。[①] 菲将在棉兰老岛实施的戒严令[②]延长至 2018 年底。同样，马来西亚加强抓捕行动，在 2018 年 3 月 27 日至 5 月 9 日期间逮捕 15 名恐怖分子嫌疑人，其中包括 6 名菲律宾人和 1 名孟加拉人。[③] 新加坡加强警戒，在 2018 年年初已引入新的反恐社区应对模式。[④] 二是修改立法为严打提供法律保障。2018 年 5 月 25 日，印尼国会一致通过新反恐法，赋予执法部门在预防和打击恐怖活动方面享有更大权力。新反恐法将所有“威胁安全的行为”都视为“恐怖主义”，不仅警方要立即采取行动，军方参与其中。执法部门有权在未经审讯的情况下扣留涉恐嫌疑人 21 天，以及在立案调查后可关押 200 天；而那些在国外加入恐怖组织的印尼公民，一旦回国将面临长达 15 年的监禁；对于进入印尼开展恐怖活动者可能面临被判死刑。[⑤] 三是强化地区内合作。2018 年 1 月，印、马、菲、新、泰和文莱六国达成名为“我们的眼睛”的情报合作协定，要求高级防务官员每两周会面一次，交换与分享涉恐情报，并共同开发共享涉恐数据库。[⑥] 2018 年 2 月，东盟防长会将反恐列为首要议题，提出将通过联合演习与训练、情报分享、加强对话与经

---

① “印尼 13 年来再次重判恐怖分子 神权游击队头目阿曼被判死刑”，《联合早报》，2018 年 6 月 23 日，http：//www. zaobao. com/special/report/politic/attack/story20180623-869425。（上网时间：2018 年 11 月 20 日）

② 在戒严状态下，军方接管地方政府部分职能，军方和警方可在没有法院批准的情况下逮捕犯罪嫌疑人。

③ “马来西亚警方逮捕 15 名恐怖活动嫌疑人”，《人民日报》，2018 年 6 月 2 日第 11 版。

④ “Counter-terrorism priority as Singapore chairs Asean Defence Minister's Meeting：Ng Eng Hen”，https：//www. straitstimes. com/singapore/counter-terrorism-priority-as-singapore-chairs-asean-defence-ministers-meeting-ng-eng-hen. （上网时间：2018 年 11 月 20 日）

⑤ “印尼通过新反恐法令加强执法力度”，《联合早报》，2018 年 5 月 26 日，https：//www. zaobao. com/znews/sea/story20180526-862042。（上网时间：2018 年 11 月 20 日）

⑥ “加强情报分享、启动联合巡逻——东南亚国家强化反恐合作”，《人民日报》，2018 年 1 月 30 日第 21 版。

验交流等促进务实合作，尤其强调要合作对抗恐怖主义宣传，传递相互尊重、包容与温和的社会价值观。[①] 新提出在东盟框架下应对恐怖主义的“3R”框架。“3R”框架代指“韧劲、反应与恢复”，旨在提升民众面对激进化和错误信息时的韧劲，建立协调性的行动搜集情报并应对威胁，以及在暴恐袭击之后加快恢复。[②]

第三节　国际反恐需要注入新动能

当前，国际暴恐活动依旧猖獗并呈现新的发展态势，而美等国减少反恐投入和转向大国竞争，可能给暴恐势力喘息之机甚至再度坐大成势，从而使近 20 年的国际反恐成果付诸东流。国际社会亟需进一步凝聚共识、增进合作，为国际反恐注入新动力。

一、专题问题治理更显迫切

一是简易“圣战”持续高发。在“伊斯兰国”等的大肆宣传煽动下，以卡车、刀斧等为工具的恐袭日渐高发。2018 年以来，欧洲发生多起此类袭击。5 月 12 日，一名持刀男子在法巴黎袭击 5 名路人，造成 1 死、4 伤。8 月 14 日，英议会大厦再遭车撞恐袭，造成多名行人受伤。此类袭击中，车辆和刀具等工具易于获取，所需的事前准备少，袭击者不易暴露，执法人员难以侦测。可以预料，随着“伊斯兰国”加速外溢报复，未来或有更多此类袭击。二是无人机恐袭。近年来各种商用和民用无人机在市场上呈现井喷式发展，使其成为恐怖分子青睐的“新式装备”。2018 年 1 月，“伊斯兰国”动用 13 架无人机对俄驻叙空军基地和塔尔图斯海军基地发动袭

---

① “ASEAN to step up counter-terrorism cooperation”，https：//www. channel-newsasia. com/news/asean2018/asean-to-step-up-counter-terrorism-cooperation-9933944.（上网时间：2018 年 11 月 20 日）

② “New framework to combat terrorism in ASEAN”，https：//www. mindef. gov. sg/oms/imindef/resourcelibrary/cyberpioneer/topics/articles/news/2018/feb/07feb18_news2. html.（上网时间：2018 年 11 月 20 日）

击。目前，“伊斯兰国”在全球市场购置无人机相关零件再进行组装，并相应设置了多种无人机恐袭战术。未来恐怖组织可能把个体无人机串联编组成集群，实现同时针对多个目标的打击，威胁更大。三是核生化恐怖袭击。恐怖组织长期谋求搞核生化恐怖袭击，“伊斯兰国”鼎盛时期从控制区的医院和科研机构搜刮放射源，并试图从黑市购买核与放射性材料，图谋制造“脏弹”搞核恐袭。2018 年 8 月，“伊斯兰国”发布海报，鼓动支持者对西方发动生化袭击。“伊斯兰国”还发布视频，鼓动支持者自制细菌，向支持者们提供指导，教他们如何提取“最致命的病毒”。“伊斯兰国”的宣传攻势渐显成效。德警方 6 月挫败一起企图用蓖麻毒素制造“生化武器”的预谋袭击。

上述问题均为国际反恐领域亟须加以治理和应对的重大专题。以无人机等工具的新型恐怖主义威胁和以核生化材料为手段的大规模杀伤性恐怖威胁，是当前各国面临的共同威胁和全球安全治理的急迫议题，任何一个国家都无力独自应对。各国应在联合国等多边框架和平台下，携手合作共同探讨应对之道。

二、大国反恐合作亟需创新形式

国际社会对于恐怖主义没有一个能为各国所普遍接受的一个统一定义。由此导致世界一些国家和地区根据各自对恐怖主义的认识、理解和利益关系各下定义，并在这样的定义之下选择自己需要的反恐立场。尤其是欧美等发达国家长期奉行双重标准，对一些国家正常的反恐行动说三道四，甚至肆意歪曲，这一问题已成为制约国际反恐凝聚共识的重大障碍。为解决此类问题以推进国际反恐合作，大国反恐需要创新形式。一是加强磋商，增进彼此理解。恐怖主义是全人类的公敌，恐怖主义不论以何种形式出现，不论何时何地，针对何人何事，都必须予以打击，不能采取双重标准，更不能与特定的民族或宗教挂钩。大国之间需要就国际恐怖威胁加强认识，集中防范极端思想威胁大、活动范围分布广、暴恐能力破坏强的国际和地区恐怖组织。二是合力应对国际暴恐势力跨国流窜。极端分子和恐怖分子在各大洲各地区之间跨国流窜，已经成为国际反恐面临的突出问题，需要各大国与相关国际和地区组织建立协防机制，加强区域乃至全球范围内的通力合作，才有可能应对这一威胁。三是大国合作化解地区乱源。当前，南亚、中东等国际暴恐活动重灾区都深陷长期的战争和冲突。只有妥善解决矛盾，实现持久的和平与稳定，才能从根本上瓦解恐怖主义的生存基础。因此，大国合力治理地区乱局是决定国际反恐成效的关键因素，各国在追求自身利益时，要避免使反恐沦为追求私利的工具。相关大国需要加强在中东、南亚等恐怖主义活跃地区的沟通协调和务实合作，充分认识暴恐势力发展的方向和性质，相向而行推动地区摆脱乱局，巩固来之不易的反恐成果，形成协调有效应对地区暴恐威胁的合作新机制。

三、中国智慧可为国际反恐做出新贡献

中国是国际恐怖主义的受害者。中国也是国际反恐合作的积极倡导者，在国际反恐中发挥着重要的作用，为国际反恐提供了新方案、新路径，展现了中国在国际反恐问题上的担当和作为。一是进一步推动文明对话和包容发展。美欧十多年武力反恐未能奏效，反而深陷“越反越恐”的怪圈，其反恐战略弊端凸显。与美欧相比，中国与伊斯兰世界既无历史积怨、也无重大现实纠葛。中国长期以来，推行有别于西方的反恐思路，倡导消除暴恐根源和促进不同文明和谐共存。“一带一路”倡议更为中国推进与伊斯兰世界的经贸联系、文化交流和宗教对话提供了战略契机。二是强调发展优先的反恐治乱思路。在全球化条件下，国际社会出现明显的反恐分野，一些国家步入正常的发展道路，一些民族宗教情况复杂的贫困国家则陷入暴恐活跃怪圈。对此，中国长期坚持反对武力干涉、以暴制暴的做法，高举尊重领土主权旗帜，强调以发展解决问题的思路，推动“一带一路”建设从根源上消除暴恐土壤。

第二章 美国恐怖主义与反恐怖斗争形势综述

2018年，美国未发生由“基地”组织、“伊斯兰国”策动的重大恐怖袭击，但是本土右翼恐怖威胁却显著上升。美国在基本击溃“伊斯兰国”后，逐步减少国际反恐投入，同时进一步强化本土反恐举措。

第一节 美国面临的主要恐怖威胁

2018年1月19日，美国国防部长马蒂斯公布《国防战略报告》称“恐怖组织对稳定的威胁仍然存在”。[①] 美国总统国家安全事务助理博尔顿在10月4日接受媒体采访时表示，全球范围内的恐怖组织正呈现出复杂化及扩散性强的特点，这对美国构成跨边界威胁，也影响到美国海外利益。尽管美国支持的武装已收复了“伊斯兰国”几年前所占据的叙利亚和伊拉克大部分领土，但“伊斯兰国”还带来了“其他挑战”。博尔顿认为，经过17年的反恐战争，美国成功阻止了恐怖分子对美国本土的大规模袭击，但并未充分缓解恐怖主义对美国的整体威胁。12月10日，美国发布《反大规模杀伤性武器恐怖主义国家战略》，将生物恐怖主义列为“是我们这

① “Summary of the 2018 National Defense Strategy of the United States of America”, January 2018, p. 2.

个时代最大的挑战之一”，美国总统国家安全事务助理博尔顿在该战略的发布会上表示：“美国正在不断监测一系列国家和恐怖组织可能获得威胁性生物武器的能力”。美国国务院9月发表的年度恐怖主义报告警告，虽然全球发生的恐怖袭击事件已经减少，但“基地”组织、“伊斯兰国”等分散重组成多个秘密组织，使全球面对更复杂的威胁。它们的网络也从中东，扩大到包括东南亚在内的多个地区。

一、“伊斯兰国”持续叫嚣报复

4月19日，“伊斯兰国”发布海报威胁美国，海报中部分建筑正在燃烧，左右两边各站有一名持枪的暴恐分子。特朗普双手被绑低头跪在地上，后方有一名暴恐分子用枪对准他的头部。海报上还写着“灾难即将在你的土地降临，直到满地都是烧焦的头骨”。[①] 5月，“伊斯兰国”再次发布标题为“耐心点：美国”的海报，扬言斩首美国总统特朗普。海报上，特朗普身穿象征“伊斯兰国”人质的橘黄色连体衣，跪在地上，双手被绑在身后，一个带着黑色面罩，只漏出两个眼睛的刽子手一只手揪住特朗普的头发，另一只手举起尖刀准备“处决”特朗普。海报的背景是硝烟弥漫的纽约市。“伊斯兰国”在海报上警告美国：“战争还没有结束，你们也还没有胜利。你只需等待。我们的剑没有断，我们的臂膀也没有疲惫，我们的激情尚未褪去，我们永远不会疲惫或懦弱。”“我们比战争初期强大得多。每过一天，我们都会因真主的恩典变得强大，但你们会变得更加懦弱，我们会稳步前进，而你们会在特朗普失败的计划中痛苦挣扎”。

8月22日，“伊斯兰国”在网上发布了一段55分钟长的来自头目巴格达迪的录音。这距离上一次巴格达迪对外发声已有近一年时间。巴格达迪指责美国对穆斯林的攻击，说“美国正处于历史上最糟糕的时期”，煽动西方的支持者实施更多的“独狼式”袭击。虽然“伊斯兰国”节节败退，版图缩小，但联合国于8月初发布的一份报告警告称，伊拉克和叙利亚境内仍有大约2万—3万名“伊斯兰国”武装分子。

---

① “极端组织‘伊斯兰国’再发新海报 这次枪口指向了特朗普”，2018年4月19日，http：//world. huanqiu. com/exclusive/2018-04/11889404. html。（上网时间：2019年1月20日）

“伊斯兰国”对美国的无人机恐怖袭击威胁明显提升。12月，“伊斯兰国”威胁对纽约等美欧大城市发动无人机恐袭。无人机具有“小、快、灵”的特点，且易于获取，操作简单。对于购物中心、体育场、重大节庆活动及国际会议等采取的防护措施集中于建筑物周边防护以及入口控制。然而，恐怖分子利用小型无人机可轻易越过障碍，从内部发动攻击。与爆炸、汽车冲撞等传统手段相比，无人机大幅提高恐袭突然性、机动性、隐蔽性和精确性。美国国土安全部部长尼尔森5月15日在参议院国土安全委员会表示，“我们的敌人也在探索其他技术，比如无人机，以使我们的国家处于危险之中。‘伊斯兰国’利用武装无人机攻击叙利亚的目标，我们越来越担心他们会在我们的土地上尝试相同的战术。”尼尔森9月再次警告称，无人机是美国面临的五大威胁之一。“十年前，无人机是海外军事行动工具，几年前，是愿望清单上的热门玩具，现成国家安全的重大关切”。美国联邦调查局局长弗雷10月在国会参加听证会时称，“无人驾驶飞行系统对美国的威胁稳步上升，其将被用于袭击美国的脆弱目标”。

此外，“伊斯兰国”还预谋对美国发动核生化恐怖袭击。美国12月10日发布《反大规模杀伤性武器恐怖主义国家战略》认为，确保恐怖分子无法获取大规模杀伤性武器及其相关物质与技能“是我们这个时代最大的挑战之一。”该战略认为，恐怖组织发动核生化恐袭的意愿与能力上升。恐怖组织长期谋求搞核生化恐怖袭击，“伊斯兰国”近年来在伊拉克、叙利亚战场多次使用硫芥子气、氯气等化学物质发动袭击。该组织鼎盛时期从控制区的医院和科研机构搜刮放射源，并试图从黑市购买核与放射性材料，图谋制造“脏弹”搞核恐袭。“伊斯兰国”8月发布海报，鼓动支持者对西方发动生化袭击。“伊斯兰国”还发布视频，鼓动支持者自制细菌武器，向支持者们提供指导，教他们如何提取“最致命的病毒”。同时，该战略认为，大规模杀伤性物质流失风险增大。多个国家在秘密实施生化武器计划，其中部分国家是暴恐活动重灾区，一旦政局不稳，可能导致危险物质流入恐怖组织之手。相关技术人员也可能受到恐怖组织胁迫而协助其获取大规模杀伤性物质。此外，技术的进步与扩散降低恐怖分子获取门槛。新技术与工艺使得制造相关物质更加容易，甚至恐怖分子个体都能完成。

二、“基地”组织及其同盟对美国威胁未消减

“基地”组织全球扩张态势明显，逐步在南亚、中东、非洲形成相互联动的国际暴恐网络，长期威胁甚于“伊斯兰国”。据多家智库的评估，“基地”组织在全球有20多个分支或同盟组织，共拥兵约40000人，包括叙利亚1-2万人、索马里7000-9000人、利比亚5000人、也门4000人、马格里布、萨赫勒地区4000人、南亚1000人。① 例如，在阿富汗，尽管美国反恐17年，但近年当地恐怖组织数量却持续增加。《纽约时报》表示，阿富汗目前活跃着20多个恐怖组织，包括“基地”组织、“乌伊运”“东伊运”等，是全球恐怖组织最密集地区。同时，“基地”组织加速复兴，本·拉登之子哈姆扎有望成新一代头目，继而诱发暴恐磁吸效应。美国中央司令部约瑟夫·沃特尔3月在参议院军事委员会作证时称，“恐怖分子正以阿富汗为大本营策划袭击美国本土，”防止阿富汗沦为国际暴恐策源地是美国核心利益。

“基地”组织仍视美国为头号敌人，号召发动“圣战”。据新加坡《联合早报》报道，“基地”组织头目扎瓦希里5月13日对美国总统特朗普决定将美国驻以色列大使馆搬迁到耶路撒冷的决定做出谴责，并呼吁对美国发动“圣战”。扎瓦希里在一段5分钟长、名为《特拉维夫也是穆斯林的土地》的录像视频中称，特朗普的决定证明，“谈判”与“让步”根本行不通，他再次声称“美国是穆斯林的头号敌人”，向美国发动“圣战”是唯一选择。② 9月12日，“基地”组织头目扎瓦希里发放录音讲话，指责美国是穆斯林的头号敌人，呼吁所有穆斯林团结起来，在全球各地向美国发动“圣战”。在长达30分钟的录音讲话中，扎瓦希里将美国描绘成穆斯林的天敌。扎瓦希里向穆斯林发出14项指引去打击美国，包括穆斯林要团结一致、“圣战”分子需密切合作等。

---

① 根据美国战略与国际问题研究中心、兰德公司与西点军校反恐中心等综合评估而成。

② “美驻以大使馆迁至耶路撒冷　‘基地’头目号召对美发动‘圣战’”，2018年5月14日，http：//news. sina. com. cn/w/2018-05-14/doc-ihapkuvk3016743. shtml。（上网时间：2019年1月20日）

三、阿富汗塔利班持续做大做强，威胁美国

阿富汗塔利班不断壮大，频施恐袭。美国全国广播公司网站载文称，塔利班日趋壮大，扩张控制范围。美国官方虽未对外发布塔利班人数，但据美国多位匿名军方人士透露，2014 年塔利班约 2 万人，现已增至 6 万多人。美国 CNN 3 月发表评论称，塔利班 2015 年控制约 7%领土，目前已增至 14%，还有 30%在与阿富汗政府争夺中，阿富汗政府控制的人口也由 2016 年 9 月的 70%降至现在的 60%。美国《时代周刊》刊文称，阿富汗安全局势正进入更血腥阶段，塔利班近来加大对平民等“软目标”的袭击，以此凸显阿富汗政府在安防上的无能，激化民众对政府不满。如，喀布尔一政府大楼外人群密集区 1 月 27 日遭自杀式汽车炸弹袭击，造成百余人死亡。喀布尔大学附近一集市 3 月 21 日遭自杀式爆炸袭击，造成 26 人死亡。美国和平研究所认为，塔利班战术正由常规军事对抗转向不对称的城市暴恐战，大肆发动自杀式袭击。

四、美国本土恐怖威胁更趋复杂

2018 年，美国本土未发生由“基地”组织或“伊斯兰国”策动的重要暴恐袭击，但是其面临的威胁依旧复杂。美国联邦调查局局长雷 5 月在参议院拨款委员会的小组委员会听证会上表示，联邦调查局正在全美 50 个州对 1000 名疑似“独狼”极端分子及另 1000 名本土恐怖分子进行调查。他指出，“独狼”恐怖分子是联邦调查局目前反恐的最优先任务。另一名执法官员表示“独狼”恐怖分子常常是通过互联网或其他社交媒体接受极端思想而走向激进。雷表示：因为这些人相互联系不多，给调查工作增加了难度。他又指出，这些“独狼”分子选择好下手的目标，使用容易操作的武器，像是简易爆炸装置、车辆、刀械、枪支等。他表示，联邦调查局正寻求在警示工作上做的更好，以发现变得激进化的人，并在他们开始行动前进行抓捕。

同时，本土滋生的右翼极端主义已成美国严重恐患。2018 年，美国相继发生针对特朗普反对者的“连环邮包炸弹”事件和针对犹太人的匹兹堡枪击案等一系列右翼恐怖袭击案。美国舆论指出，以右翼极端主义为代表

的美本土恐怖主义及仇恨暴力事件上升，已成美国面临的最大恐怖主义隐患。根据美国智库战略与国际问题研究中心跨国威胁项目主任赛斯·琼斯的定义，右翼极端主义通常指以种族、族裔或宗教至上以及反对政府权威为目标的次国家或非国家行为体使用或威胁使用暴力的行为。右翼极端分子包括“白人至上”主义者、“新纳粹”分子、“主权公民”分子、反移民狂热分子、反犹主义者和反政府民兵组织等。《纽约时报》评论称，由于美国执法部门的漠不关心和有意忽视，愈发暴力的极右翼运动已大规模扩散，右翼极端主义在美国成功“复兴”。而互联网则成右翼极端分子主要联系渠道。琼斯称，右翼极端分子通过发布含有“民族主义者”“极右”等标签的推文、在“优兔”等网站上传暴力视频、建立“脸书”页面、在极右翼社交平台上分享排外信息等途径，传播右翼思想与言论，煽动暴力与仇恨。右翼极端分子甚至向“圣战”组织“偷师”，利用社交媒体平台招募极端人员、募集活动经费、恐吓异见分子，并同“臭味相投”者保持密切接触。美国《外交政策聚焦》杂志分析称，极右翼分子在网上刻意模仿伊斯兰“圣战者”的口吻和语气发表言论，号召美国人民进行“白色圣战”，激烈反对穆斯林等群体。

第二节　美国主要反恐措施

2018 年，美国领导的国际反“伊斯兰国”行动进一步取得重大进展，但是国际恐怖主义活动仍然猖獗。根据美国战略与国际问题研究中心 11 月发布的研究报告，当前全球活跃的萨拉菲“圣战”组织至少有 67 个，萨拉菲“圣战”分子人数则高达 23 万，创 40 年新高。尽管如此，美国日趋从自身私利出发，减少国际反恐投入，聚焦本土防范打击恐怖主义，收缩已持续 17 年的大规模境外反恐战争，重构新时期的反恐战略重点。2018 年以来，美国开始大幅调整安全战略，收缩反恐投入，将主要精力和资源用于应对来自中、俄的地缘战略竞争，反恐地位骤然下降。

一、发布新版国家反恐战略，加大打压伊朗

10 月 4 日，美国白宫发布新版《国家反恐战略》，这是特朗普上任后

的首份反恐战略，也是2011年后美国政府再次发布《国家反恐战略》。《国家反恐战略》设定六大战略目标，即大规模削弱恐怖分子对美国本土及海外重要目标发动袭击的能力；切断恐怖分子依赖的力量和支持源头；削弱恐怖分子在美国本土传播极端思想、招募人员和煽动暴力的能力；确保恐怖分子无法获取或使用大规模杀伤性武器及其他先进武器；防备和避免美国人在本土遭受恐怖袭击；美国公共、私营部门和国际伙伴在预防和打击恐怖主义方面发挥更大作用。为达成上述目标，新战略制定多种策略，包括对恐怖威胁追根溯源；切断恐怖分子的资金和物资来源；保护基础设施、加强防范措施；打击恐怖分子传播极端思想和招募人员的活动；利用现代化手段整合更多部门反恐；强化国际伙伴的反恐能力。

同时，伊朗在美国《国家反恐战略》中成为反恐“重点”。在奥巴马政府2011年发布的反恐战略中仅提及伊朗一次，指认其是支持恐怖主义的“活跃”国家；而新版反恐战略称伊朗是“支持恐怖主义的头号国家”，认为其支持多个“恐怖组织”，包括黎巴嫩真主党和巴勒斯坦伊斯兰抵抗运动（哈马斯），将伊朗列为美国面临的三大恐怖主义威胁源之一，誓言要“滚回伊朗的全球恐怖分子网络”。[①] 美国总统国家安全事务助理博尔顿称，伊朗自1979年起至今一直是“国际恐怖主义的中央银行”。新战略突出伊朗，显示特朗普政府试图遏制伊朗在中东地区影响力提升。为此，美国政府2018年多次以反恐为借口对伊朗实施制裁。美国财政部5月将伊朗央行行长瓦利奥拉·赛义夫和央行国际部助理主管阿里·塔扎里列入“特定全球恐怖分子”名单，指责其协助伊朗伊斯兰革命卫队为黎巴嫩真主党提供支持。

二、加速“后伊斯兰国”时代反恐布局

首先，计划从叙利亚撤军。特朗普4月3日表示，过去十余年，美国在中东地区的军事行动耗资巨大却“一无所获”，将于近期就是否从叙利亚撤军作出决定，他希望美军能从叙利亚撤离。白宫4月4日发表声明表示，美方在叙利亚打击“伊斯兰国”的军事行动将很快结束，该组织已几

① “National Strategy for Counterterrorism of the United States of America”, October 2018.

乎被全部消灭。但是美国没有对彻底打败“伊斯兰国”设定时间表。美方将与盟友继续追剿“伊斯兰国”在叙利亚的残余力量，并就未来行动计划与盟友磋商。为减少投入，美国欲将在叙打击“伊斯兰国”任务移交给当地武装。4 月 4 日，美国白宫发言人桑德斯表示，随着战事进展，美国将把在叙利亚打击“伊斯兰国”的任务移交给当地武装力量和地区盟国，并对当地武装力量进行培训，确保“伊斯兰国”不会卷土重来。桑德斯指出，特朗普呼吁美国在中东地区的盟友能够为打击“伊斯兰国”做出更多努力，“伊斯兰国”若在中东地区再次崛起，这些国家将面临最大风险。

其次，协调各方推动伊拉克战后重建。由美国主导的打击“伊斯兰国”国际联盟 2 月 13 日在科威特召开部长级会议。会议强调应继续反恐努力以推动伊拉克重建进程。会议由美国国务卿蒂勒森和科威特副首相兼外交大臣萨巴赫共同主持，来自 75 个国家和国际组织的代表出席会议。蒂勒森在会上表示，虽然伊拉克已成功夺回大部分被占领土，但“伊斯兰国”仍对地区安全构成威胁。国际联盟应继续努力，以确保“伊斯兰国”不会卷土重来。他表示，美国将为国际联盟提供 2 亿美元资金，以帮助实现伊拉克和叙利亚稳定，推动伊拉克重建进程，使难民早日返回家园。①

第三，防范打击“伊斯兰国”残余势力向域外流窜。2 月 27 日，约 90 个国家和组织的代表在美国华盛顿召开会议，探讨如何加强国际执法合作，进一步打击“伊斯兰国”的残余势力。与会代表呼吁各国加强执法合作，就下阶段反恐行动协调立场和策略。美国国务院负责协调反恐事务的官员塞尔斯在会上称，随着该组织势力日益分散，各国针对该组织的打击行动应进入新阶段，各国应采取措施防止“伊斯兰国”残余分子重新找到新的避难所，或通过虚拟网络洗脑和招募新成员，相应反恐行动也应从军事手段向执法手段转变。塞尔斯表示，这些执法手段应包括起诉恐怖分子及被“伊斯兰国”洗脑者、完善反恐立法、强化出入境检查程序、加强政

① “打击‘伊斯兰国’国际联盟部长级会议在科威特举行”。2018 年 2 月 14 日，http：//www.xinhuanet.com/world/2018-02/14/c_1122418389.htm。（上网时间：2019 年 1 月 20 日）

府内部和政府间的信息共享、建立恐怖分子监控系统等。[①] 此外，美国加大对“伊斯兰国”在中东地区以外的分支机构及同伙的打击力度。美国国务院 2 月 27 日发表声明，将“伊斯兰国”附属的 7 个组织和两名头目列入全球恐怖分子名单，其中三个组织被列入外国恐怖组织。根据声明，被列入外国恐怖组织名单的包括“伊斯兰国”在西非、菲律宾和孟加拉国的三个附属组织，它们和“伊斯兰国”在索马里、突尼斯、埃及等地的四个附属组织及两名领导人一并被列入全球恐怖分子名单。根据规定，禁止美国公民与这些恐怖组织和恐怖分子进行交易，这些恐怖组织和恐怖分子在美国境内的财产将被冻结。此外，为外国恐怖组织提供或试图提供物质支持的行为将被视为犯罪。[②]

三、大力推动与阿富汗塔利班和谈

美国最初拒绝与塔利班谈判，后来推动阿富汗政府与塔利班谈，如今则直接出面与塔利班谈，旨在为撤军创造政治条件。阿富汗总统加尼 2018 年 2 月底表示，愿在不设前提条件下与塔利班举行和谈，承认其为合法政党。加尼还提出可释放塔利班囚犯、不再将塔利班领导人列入国际制裁名单等条件。3 月 13 日，美国防部长马蒂斯称，“塔利班内部部分派别已表现出和谈意愿”。美方仍期待阿富汗战争取得“胜利”，但不再谋求军事上打败塔利班，而是促成这一反政府武装与阿富汗政府达成“政治和解”。

为了使塔利班走向谈判桌，美国加大对塔利班军事施压。美强化部署 F-16 战机、B-52 轰炸机等，加大空中火力打击。从 5 月 17 日到 26 日，美军在阿富汗南部赫尔曼德省发动了一系列精确打击行动，一共有 70 多名塔利班高级头目被打死，此次行动代号为“坚决支持”，是过去一年来北约联军在阿富汗发动的最大规模军事行动，重创了塔利班武装。

---

① “打击‘伊斯兰国’执法会议呼吁加强国际合作”，2018 年 3 月 1 日，http：//www.81.cn/jfjbmap/content/2018-03/01/content_200660.htm。（上网时间：2019 年 1 月 20 日）

② “美国将‘伊斯兰国’7 个附属组织列入恐怖分子名单 菲律宾表示欢迎”，2018 年 3 月 1 日，http：//world.people.com.cn/n1/2018/0301/c1002-29841406.html。（上网时间：2019 年 1 月 20 日）

此外，美国还频频向巴基斯坦施压要求其“付出更多”。特朗普政府认为巴基斯坦包庇塔利班等，成为阿富汗恐怖分子的“庇护所”，严重影响到阿富汗稳定，已成为美国推进阿和平进程的障碍。因此，美国要求巴基斯坦改变现行政策，为阿富汗营造和平创造条件。为此，美国通过威胁改变政策、减少援助等在内的手段逐步加大对巴基斯坦施压力度。美国务院 1 月 4 日暂停对巴基斯坦安全援助。美国防部 9 月 1 日宣布，将取消对巴基斯坦 3 亿美元援助，理由是巴基斯坦对美国的南亚政策缺乏有力支持。11 月 20 日，美国又宣布切断对巴基斯坦的 16.6 亿美元的安全援助。

9 月初，美国政府任命美前驻阿富汗大使哈利勒扎德为阿和解事务特使，加速推动阿和解进程。阿富汗塔利班代表 10 月 12 日在卡塔尔首都多哈与美国阿富汗问题特使哈利勒扎德举行会谈，双方会谈内容主要涉及外国军队撤兵以及寻求以和平方式结束阿富汗的动荡局势等。

随着与塔利班和谈取得进展，美国已着手缩减驻阿富汗美军。据美国《华盛顿邮报》网站 12 月 21 日报道称，美国军方官员正在努力应付特朗普总统从阿富汗撤走近半数美军的命令。在白宫会议上发布的制定撤军计划的命令，将把驻阿美军从 1.4 万余人减少到 7000 人左右。

四、强化本土防范措施

2018 年，美国采取多项本土反恐措施。美国 10 月发布的国家反恐战略突出“美国优先”，围绕本土防范打击恐怖主义提出一系列反恐政策，包括强化边境安全、加强入境检查、促进各级政府合作、启用新数据处理技术、健全恐怖分子身份识别系统、强化基础设施和“软目标”保护力度、优化应急处置预案、打击暴力极端思想和网络恐怖活动，等等。

第一，进一步改革移民政策，限制甚至禁止部分国家公民入美。2017 年 9 月，白宫向国会提交了一份文件，建议 2018 财政年度大幅减少接收难民数量，只让那些“对美安全没有威胁”的人入境。根据计划，2018 年美国最多接收 4.5 万难民，这是 37 年来的最低值。而国际救援委员会 6 月发布的一份报告显示，美国本财年预计仅会接收 2.1 万难民。

第二，加强外国人入境美国的安全检查。美国要求各国提供签证申请者更广泛的个人信息。特朗普总统曾表示，要对那些想进入美国的人进行“极端审查”。美国务院 3 月 30 日提出新签证规定，要求几乎所有申请美入境签证的人都将被要求提交他们在过去五年里使用的社交媒体用户名。

第三，强化无人机威胁的防范。美国众议院2018年9月通过《2018年防止新兴威胁法案》（被媒体称为“反无人机法案”），授权国土安全部、司法部在面对无人机安全风险时能够快速做出反应，包括：制定反无人机的政策和流程；研发、测试、评估反无人机设备的性能，确定合适的技术；“在高价值或引人注目的设施上集中部署反无人机技术”；“可以扰乱、破坏、拦截、干预、没收和控制无人机”，必要时可“进行摧毁”。10月5日，美国总统特朗普签署《美国联邦航空管理局再授权法》，授权该局对民用无人机制定新法规。新法严禁：无人机配备射击枪或其他危险武器；违反隐私政策的无人机商业活动；干扰紧急救援人员和载人航空，过于靠近航空跑道等。

第四，完善应对生物恐怖主义的措施。与前届政府相比，特朗普政府更加重视生物安全，推出一系列新战略和政策举措，防范措施日趋完善。2018年9月18日，美国发布特朗普政府首份《国家生物防御战略》，特朗普总统同日签署《国家安全总统备忘录》，就其实施提出要求并提供指导。《国家生物防御战略》由国防部、卫生与公众服务部、国土安全部和农业部共同起草，系统阐述生物安全总体形势，明确生物防御目标和路径，提出构建更加协调、高效和负责任的生物防御体系，建立一个分层的风险管理方法来应对生物安全威胁。

12月10日，美国发布《反大规模杀伤性武器恐怖主义国家战略》，聚焦防范和打击恐怖组织利用化学、生物、核、放射性等物质发动恐袭，是美国在该领域提出的“迄今最全面”战略。推出全面应对举措。新战略旨在“降低恐怖分子对美及其利益发动大规模杀伤性恐袭”，包括三大核心内容：美将领导国际社会防止恐怖分子获取相关物质；美将持续对有意获取和使用大规模杀伤性武器的恐怖组织施加压力；美将强化境内外防御能力。该战略提出八大具体措施：1. 防止恐怖分子获取危险物质和制造设备。美将与伙伴国、国际组织合作，建立有效管理机制，提高其对危险物质的保护能力。2. 美将通过情报搜集、数据共享与分析、技术侦测、执法等手段提前侦破恐怖分子的袭击预谋。3. 美将对恐怖组织的技术人员和头目实施“定点清除”，削弱其制造危险物质的能力。4. 威慑敌对国家、机构、个人支持或协助恐怖分子获取或制造危险物质。5. 着力推动国际合作。要求外国伙伴承担相应责任，美将向伙伴国提供设备、培训等相关援助，帮助其提高应对能力。6. 强化美防御能力。7. 加强美各级政府、社区、公众的防范能力。8. 避免“技术奇袭”，及时预知并防范恐怖分子获取和使用新型大规模杀伤性武器。

第三章 欧洲恐怖主义与反恐怖斗争形势综述

2018年，自2015年以来陡然高涨的欧洲恐怖主义活动呈现“退潮”之势。随着“伊斯兰国”瓦解和欧洲反恐力度不断增强，欧洲遭遇重大恐袭的频次和伤亡人数持续下降。根据欧洲刑警组织统计，2018年欧洲因恐袭死亡人数仅为13人，恐怖分子成功实施或失败的恐袭案为129起，均为2015年以来最低值。[①] 恐袭活动不再占据欧洲新闻的头条，对恐怖暴力的惧意在欧洲普通民众的脑海中亦逐渐淡化，但恐怖主义远未消失，赴伊、叙“圣战”分子的回流、极右翼恐怖活动的暗流以及通过网络扩散的恐怖主义潜流，依然汹涌难控，国际刑警组织秘书长约尔根·斯托克称，“我们可能很快将面临第二波恐袭，他们或与“伊斯兰国”有关，或者是激进化的个人，我们可以称之为‘伊斯兰国的2.0版’”。[②] 欧盟及其成员国仍将恐怖主义视为最主要的安全威胁之一，且形式上更隐蔽、更顽固、更难预测。欧洲各国未放松警惕，致力于不断完善反恐措施，进一步加强政策的执行力。

① Europol，“European Union Terrorism Situation and Trend 2019”，pp. 13-14，https：//www. europol. europa. eu/sites/default/files/documents/tesat_2019_final. pdf，（上网时间：2019年7月14日）

② Kim Willsher，“Returning jihadists threaten new wave of terror in Europe”，https：//www. theguardian. com/world/2018/dec/19/returning-jihadists-threaten-new-wave-of-terror-in-europe，（上网时间：2019年5月20日）

第一节 欧洲面临的恐怖主义形势

过去一年，欧洲腹地仍然是恐袭的重点地区。英、法、德、比等国均曾遭遇恐袭，伊斯兰极端分子制造的恐袭仍是最主要的恐怖袭击类型，在2018年的653起涉恐判决中有399起与伊斯兰极端恐怖主义相关。然而，欧洲重大恐袭的发生频率显著下降，恐袭死伤人数大幅减少，与此前数年相比，欧盟恐怖袭击和受害者的数量显著下降，无论是源自何种恐怖主义意识形态的暴恐活动，都呈现下降趋势。欧洲恐情明显好转。有学者称，自2015年起，欧洲连续大规模暴恐活动“现在已近尾声”。[①]

一、伊斯兰极端暴恐袭击事件减少

2018年伊斯兰极端分子发动的恐怖袭击共有24起，其中成功实施的仅7起。与2017年相比（2017年发动袭击33起，成功10起），均有下降。且造成的死伤人数更是创2015年以来新低，仅有13人因恐袭致死，46人受伤。具体来看，2018年恐怖分子实施的7起恐袭案中，3起发生在法国，2起在荷兰，英国和比利时各有1起。3月23日，法国南部城市卡卡索讷（Carcassonne）发生系列恐袭案，一名摩纳哥男子持枪劫车、袭警，并至特雷布超市随机枪杀市民，打伤数人，共导致4人死亡，多人受伤；5月5日，荷兰海牙一名恐怖分子持刀刺伤3人；5月12日，一名20岁车臣裔法国公民在巴黎携刀杀人，致1人死亡，数人受伤；5月29日，比利时东部城市列日发生系列抢枪、袭警事件，致3死4伤；8月31日，荷兰阿姆斯特丹一名19岁阿富汗青年持刀刺伤两名美国游客；12月11日，一名29岁的阿尔及利亚裔法国公民在法国斯特拉斯堡圣诞市场上，枪击刀刺，杀死5人；12月31日，一名索马里裔25岁男子在英国曼彻斯特维多利亚火车站持刀刺伤3人。2018年，有三名警员在恐怖袭击事件中为

---

① Jytte Klausen，“Why Jihadist Attacks Have Declined in Europe”，https：//www. foreignaffairs. com/articles/europe/2018-12-19/why-jihadist-attacks-have-declined-europe，（上网时间：2019年5月20日）

保护社区安全而丧生。

这一系列恐袭呈现出一些新的倾向值得关注。首先是恐袭目标复合多变。恐怖分子袭击目标同时包含警察和普通民众，恐怖分子在实施恐袭的过程中升级恐袭，形成复合型的，环环相扣的恐袭“套餐”。在法国南部的卡卡索讷和比利时列日恐袭案中，恐怖分子或者先劫车，或者先抢枪，都是在作案过程中升级恐袭工具装备。其次是恐袭地点流散难防。恐怖分子的袭击往往发生在流动性特点突出的场所，例如火车站、圣诞市场，且不局限在大都市，中小城镇也是恐怖分子的目标，在这些地方恐怖分子容易隐蔽，打一枪换一个地方。再次是恐袭实施个体简便。从 2018 年度恐袭情况看，基本上属于“独狼”行径，缺乏系统的策划和组织，也没有经过刻意的演练安排，采用的都是简易的物件，几乎不需要额外的资金援助，其恐袭攻击所需资金都能够由个人自己承担。实施恐袭的极端分子常常有其他犯罪“兼项”，是有过犯罪纪录的不法分子，或者是毒贩子，或者有小偷小摸的行为。其恐袭行为则得到“伊斯兰国”残存势力的事后追认。最后是恐袭路径因循套路。2018 年度发生的恐袭都有似曾相识的例子，无论是实施恐袭的目标、手段和地点都没有出人意料的突破，曾经发生过恐袭的火车站、圣诞市场依然是高危目标。在英国，8 月 14 日苏丹裔英国公民哈萨利赫·哈提尔驾车冲撞议会大厦，致 3 人受伤，与此前的冲撞议会大厦的恐袭事件如出一辙。这表明，当前伊斯兰极端分子在欧洲实施恐袭难有系统性“创造”，以零敲碎打、自发突变为主，已成强弩之末。

二、伊斯兰极端恐怖势力潜能犹存

虽然 2018 年的恐袭事件显著减少，但对伊斯兰极端分子的恐袭活动不能掉以轻心，其在欧洲实施重大恐袭的可能性依然存在。其一，伊斯兰暴恐活动在欧洲依然活跃。欧洲委员会反恐委员会秘书长克里斯蒂安·巴特林表示：“（2018 年）成功实施的恐袭案虽然有所减少，但这并不意味着实施恐袭的企图也相应减少。”① 事实上，2018 年被侦破阻止的恐袭数量为

① Euronews，“Why Europe is still fighting the war on terror”，https：//www.euronews.com/2019/03/19/why-europe-is-still-fighting-the-war-on-terror，（上网时间：2019 年 5 月 20 日）

16起，要高于2017年的11起。2018年，因涉恐嫌疑被逮捕的嫌犯达1056人，与2015年恐袭高峰期（1077人）不相上下。据英、法、德情报部门估计，欧盟内具有潜在威胁的恐怖嫌疑人数超过5万人，其中德国1.08万人，法国和英国各2万。[①] 其二，赴伊、叙“圣战士”回流风险依然高企。过去数年有超过5900名欧洲人赴伊、叙参加圣战，其中有近1/3归国。[②] 目前，因为“伊斯兰国”土崩瓦解，欧洲外籍恐怖圣战者前往或企图前往冲突地区的比例已经非常低，但大多数欧籍“圣战士”仍然滞留在伊拉克和叙利亚冲突地区，其未来仍可能回到欧洲，而目前已回到欧洲的大量欧籍“圣战士”流动并不可控，甚至不知所踪。[③] 与此同时，一批此前被判刑的伊斯兰“圣战者”因刑期较短（2-5年），将在近年内集中刑满释放。[④] 其中有臭名昭著，但在伊斯兰极端分子中却颇有影响力的人物，例如于2018年10月被释放的英国伊斯兰极端组织“侨民”创立者之一乔杜里。法国司法部长贝鲁贝称，2019年年底前将有大约450名极端化的犯人刑满释放，其中大约50人属于“伊斯兰恐怖分子”，[⑤] 由此带来一波“回锅”的恐怖主义威胁。其三，取代“伊斯兰国”的组织正在成长。欧盟成员国认为，“伊斯兰国”尽管已经失去了对领土的控制，但有可能被日益增加的“基地”组织所取代，“基地”组织正努力重塑在这些地区的

① Sofia Koller, “Western Europe”, in “Counter Terrorism 2019”, https://s3-ap-southeast-2.amazonaws.com/ad-aspi/2019-03/ASPI%20Counterterrorism%20YB2019_acc_1.pdf?VWvpiCRC_om4gXFvmBHvSn0NIDNOrMvM

② Amandine Scherrer (ed.), *The return of foreign fighters to EU soil: ex-post evaluation*, European Parliamentary Research Service, European Parliament, May 2018, http://www.europarl.europa.eu/RegData/etudes/STUD/2018/621811/EPRS_STU（2018）621811_EN.pdf（上网时间：2019年5月20日）

③ Sofia Koller, “Western Europe”, in “Counter Terrorism 2019”, https://s3-ap-southeast-2.amazonaws.com/ad-aspi/2019-03/ASPI%20Counterterrorism%20YB2019_acc_1.pdf?VWvpiCRC_om4gXFvmBHvSn0NIDNOrMvM

④ Kim Willsher, “Returning jihadists threaten new wave of terror in Europe”, https://www.theguardian.com/world/2018/dec/19/returning-jihadists-threaten-new-wave-of-terror-in-europe,（上网时间：2019年5月20日）

⑤ 呢喃：《法国将有450名极端犯人出狱 政府保证重点监控》，法国广播公司。

权力和影响力。“基地”组织的战略是基于构建与当地部落的联盟，同时利用对当地和国际政治的不满，包括对欧洲的不满，客观上形成了对欧洲新一波的恐袭压力。欧盟成员国“圣战士”网络的焦点正转移至如何在欧盟内实施恐怖活动。其四，伊斯兰极端恐怖分子的网络影响力犹存。“伊斯兰国”的军事溃败对于该组织的数字能力具有显著影响。在网络攻击技术方面，没有其他的恐怖组织有能力实施类似于“伊斯兰国”的网络攻击。同时，伊斯兰极端势力由于内部纷争，破坏了意识形态叙述的统一性，使其宣传功效大打折扣。尽管如此，“伊斯兰国”在网络空间依然十分活跃，这主要是由于存在大量的非官方网络支持者以及亲“伊斯兰国”的媒体端口。2018 年 3 月，“伊斯兰国”支持者甚至试图建立一个取代“脸书”的网站，即“穆斯林网络”，可用阿拉伯语、英语和法语。① 当前，无论是“伊斯兰国”还是“基地”组织，都在继续寻求新的在线载体用于宣传活动。他们使用平台和开源技术的手段正日益成熟。通过远程操控，伊斯兰极端恐怖组织刺激了欧洲本土恐怖分子的成长，欧洲反恐协调员德凯尔肖韦称，“一批本土成长的恐怖主义战士在欧洲完成了激进化，并没有前往伊拉克和叙利亚地区，这些人是欧洲国家的心腹大患”。② 其五，伊斯兰激进分子可资利用的恐袭资源犹存。恐怖资金渠道依然存在。以哈瓦拉银行为代表的地下银行系统仍是恐怖金融重要的工具，其利用信用系统、非盈利和慈善组织，以及小规模的商业企业，为恐怖主义筹集资金。2018 年，比利时以“为恐怖组织筹集资金”的罪名将 4 名库尔德工人党成员判刑。恐怖分子甚至获得了化学、生物和放射性武器。2018 年 6 月，德国科隆破获一起未遂恐袭案，已提炼出大量的蓖麻素，试图将其混合进爆

---

① Europol, “European Union Terrorism Situation and Trend 2019”, p. 20, https://www.europol.europa.eu/sites/default/files/documents/tesat_2019_final.pdf,（上网时间：2019 年 7 月 14 日）

② Gilles De Kerchove, “Counter-terrorism cooperation: achievements and challenges”, Institute of International and European Affairs, 5 July 2018, https://www.iiea.com/security-and-justice/counter-terrorism-cooperation-achievements-and-challenges/,（上网时间：2019 年 4 月 25 日）

炸物中，实施恐袭。[①] 2018 年，共有 3 起恐袭计划涉及化武等材料（CBRN），相应的恐怖主义宣传、培训也有所增加。总之，“伊斯兰国”的巅峰时刻已经逝去，但宣称战胜伊斯兰极端恐怖主义仍为时过早，恐怖袭击数量或将持续下降，但每一起袭击都将是致命的。

三、右翼极端恐怖活动有所抬头

近年来，英、法、德、意情报部门不断警告称，西方社会内部由于移民和伊斯兰极端恐袭造成的风险正急遽上升。英国智库“国际激进化研究中心”主任彼得·诺伊曼称，其观察到“在过去四五年中，所有西方国家的仇恨犯罪和极右翼暴力行为显著上升”。[②] 2018 年 2 月 3 日，意大利马切拉塔发生枪击案，恐袭嫌犯人宣称为报复尼日利亚人杀害意大利青年的行为，向形似非裔的路人开枪射击，致 6 人受伤。尽管 2018 年仅有此起极右翼恐怖袭击事件，但因极右恐怖活动而逮捕的嫌犯人数却有显著上升，达 44 人，是 2015 年的 4 倍。[③] 在德国，8 月 26-27 日，德国城市开姆尼茨发生极右分子骚乱，近千名极右分子非法集会，追打攻击移民，致数十人受伤。两周后，一群由 15 名极右分子组成的小组对许多具有移民背景的人士展开攻击。在奥地利、捷克、波兰、荷兰等地，许多极右翼组织如雨后春笋般出现，且出现了泛欧极右势力串联的现象。极右分子对政府的包容政策极度不满，意图对政府部门发动恐袭。10 月初，德国警察逮捕了 7 名臭名昭著的“开姆尼茨革命组织”成员，指控其涉嫌欲于国庆日袭击政府部门。11 月 6 日，法国对内安全总局逮捕 6 名极右翼分子，其涉嫌策划袭击

---

① Europol, “European Union Terrorism Situation and Trend 2019”, pp. 17-19, https: //www. europol. europa. eu/sites/default/files/documents/tesat_2019_final. pdf, (上网时间：2019 年 7 月 14 日)

② AFP, “European intelligence services see far right extremism as growing threat”, https://www. france24. com/en/20190319-europe-intelligence-far-right-extremism-growing-threat-christchurch, (上网时间：2019 年 4 月 25 日)

③ Europol, “European Union Terrorism Situation and Trend 2019”, p. 61, https: //www. europol. europa. eu/sites/default/files/documents/tesat_2019_final. pdf, (上网时间：2019 年 7 月 14 日)

法国总统马克龙。欧盟内逮捕了许多右翼恐怖分子嫌疑犯，其策划发起恐袭。这些事件表明，来自不同方向的极端分子日益将暴力视为合理的对抗手段。恐怖分子不仅为了杀戮、致残，而且也想要分裂社会，传播仇恨。欧洲政府机构呼吁广大民众对此保持警惕，反对使用暴力达成政治目的的企图，保护欧洲的公民和价值。欧盟委员会安全委员朱利安·金称，“欧盟的反恐行动针对的不只是与伊斯兰极端势力相关联的恐怖活动”。[①] 欧洲极右恐怖活动的抬头与欧洲整体政治氛围右倾有千丝万缕的联系。在欧洲，一系列标榜反移民的右翼民粹政党风头正劲，在诸多国家选举中不断蹿升，甚至组成了民粹政府。左翼政党力量不断溃败，导致欧洲政治上呈现只能选择“或右或极右”[②] 的窘境，这一政治氛围极大地助长了极右分子的气焰，由民粹主义思潮挑动的社会愤怒情绪也为极右势力的活跃积攒了土壤。

四、处理回归“外籍圣战者”成难题

过去一年，接收和处理回归的外籍圣战者问题再次凸显。目前大约有近 1/3 的欧洲籍圣战者滞留在伊拉克和叙利亚地区，总体而言，大多数欧洲国家拒绝接收遣返的“外籍圣战者”，也不愿在欧洲对其进行审判，但叙利亚北部的库尔德人武装“叙利亚民主军”（SDF）并不愿长期羁押“外籍圣战者”，目前其共 1000 人左右的圣战者以及超过 4000 人的妇女儿童，其中数百人来自欧洲，主要是来自英国、法国和德国。[③] 随着美国逐步撤出叙利亚地区，库尔德人武装风雨飘摇，“叙利亚民主军”称自身不具备

---

① David Bond and Guy Chazan，“Rightwing terror in Europe draws fuel from populism and xenophobia”，https：//www. ft. com/content/86f2645a-c7a2-11e8-ba8f-ee390057b8c9，（上网时间：2018 年 10 月 25 日）

② Slawomir Sierakoswski，“In Europe the Only Choice Is Right or Far Right”，https：//foreignpolicy. com/2018/05/21/in-europe-the-only-choice-is-right-or-far-right/，（上网时间：2018 年 6 月 25 日）

③ Anthony Dworkin，“In legal limbo：EU returnees in the post-ISIS era”，https：//www. ecfr. eu/article/commentary_in_legal_limbo_eu_returnees_in_the_post_isis_era，（上网时间：2019 年 7 月 6 日）

无限期容留这些圣战者的能力，欲遣返其回国。此举令欧洲国家深感不安。针对回归的“圣战者”，欧洲国家面临许多法律、种族和实践的挑战。欧洲仍然缺少统一的战略和共同的措施，比如，对于失踪人员的起诉；指控和审判前的羁押；剥夺双重国籍；对犯罪责任的追诉年限等等问题。目前，成员国对于此类事情是“一事一议”，主要取决于可能获得的证据。并非所有回归的“圣战者”都构成威胁，仅有10%-25%的人承认其实施过攻击，但是他们可能发起致命的攻击，或者在创立或强化恐怖组织中发挥关键性的作用，激进化和招募新的恐怖分子。另一个问题的焦点是如何处理回归圣战者中的妇女和儿童问题。在欧洲的“伊斯兰国”追随者中，有大约44%是妇女和儿童，至少730名婴儿出生在“伊斯兰国”。欧盟成员国因此面临大量法律、种族和安全方面的挑战。它们必须平衡儿童福利和安全两方面的问题，在欧洲，儿童首先被视为受害者，但也可能被看成是“定时炸弹”。一些欧洲国家因此对其持强硬的立场。比如说，在比利时，12岁以上的儿童可被归类为“外籍圣战者”，在荷兰这一年龄界限则只有9岁。各国也都有自己的心理评估和风险分析标准。荷兰和法国对接纳回归的“外籍圣战者”态度消极，而德国则出于人道主义原因，愿意接收婴幼儿，尤其是在伊拉克监狱中的。2018年2月，德国从伊拉克监狱接收一名14个月大的婴儿。在荷兰，女性“圣战者”一旦回归即面临牢狱之灾，而她们的孩子将被送往寄养家庭。欧洲人对欧洲籍“圣战者”视而不见的做法亦引起了美国的不满。2018年2月，在罗马召开的“全球反伊斯兰国联盟”15国防长闭门会议后，美国防长表示，希望被俘的外籍圣战者能够被遣返回各自的祖国。[①] 特朗普亦发推文，要求欧洲人处理自己的公民问题。[②] 欧洲人在该问题上的处理方式已影响自身国际形象，无法再

① Ali，“As IS Shrinks in Syria，U. S. -Led Coalition Grapples with Foreign Detainees”，https://www. reuters. com/article/us-mideast-crisis-syria-detainees/as-is-shrinks-in-syria-u-s-led-coalition-grapples-with-foreign-detainees-idUSKBN1FV0YM（上网时间：2019年3月23日）

② Anthony Dworkin，“In legal limbo：EU returnees in the post-ISIS era”，https：//www. ecfr. eu/article/commentary_in_legal_limbo_eu_returnees_in_the_post_isis_era，（上网时间：2019年7月6日）

“装傻充愣”，需要找出合适的解决方案。

第二节 欧洲主要反恐措施

2018 年欧洲恐袭的退潮，除了伊斯兰极端组织本身影响力衰减之外，欧洲政府各部门、社会各层面对反恐的重视及采取的一系列反恐举措发挥了不可忽视的作用。2015 年以来欧洲经历了一场恐怖主义猛增的高潮。经过这场恐怖斗争的洗礼，欧洲各成员国纷纷加大反恐力度，欧盟机构在协调反恐方面力争有所作为，政府机构和私人组织曾经各行其是，如今也逐步建立了新的创造性合作方式。反恐已成为“欧洲安全联盟建设”的重要内容。与此同时，欧盟亦将 2018 年恐怖活动的低潮期视为强化反恐措施的窗口期，加紧制定长期的反恐措施，包括完善一系列“软措施”，以应对恐怖主义和激进化问题。①

一、主要大国持续完善反恐体系

2018 年，欧洲主要国家纷纷通过新的反恐策略，进一步完善反恐方略。在英国，经历了 2017 年一系列连续恐袭之后，英国政府痛定思痛，重新评估反恐战略，6 月 4 日，公布新版“反恐战略”，着重强化跨部门、由下至上的反恐措施。在经费上加大了对反恐部门的支持，将预算周期反恐经费提升 30%，扩大安全部门认定恐怖嫌疑人权限，延长恐怖主义罪犯刑期，并在罪犯出狱后加强监视。② 最重要的举措升级是，英国对内情报部门 MI5 将开始与地方、社区分享情报，甚至与非政府组织交流信息，重点

① Sofia Koller, “Western Europe”, in “Counter Terrorism 2019”, p. 86, https: //s3-ap-southeast-2. amazonaws. com/ad-aspi/2019-03/ASPI% 20Counterterrorism% 20YB2019 _ acc _ 1. pdf? VWvpiCRC_om4gXFvmBHvSn0NIDNOrMvM

② Tim Shipman, “ Police and MI5 to get greater powers to fight terror”, https: //www. thetimes. co. uk/article/police-and-mi5-to-get-greater-powers-to-fight-terror-05ch6g0jg（上网时间：2018 年 10 月 22 日）

是追踪具有极端主义思想和有过极端主义行动的个人的活动轨迹。[①] 此外，充满争议的“预防”计划也获得了升级，在该计划内新设立“停止与脱离”项目，主要致力于使激进化的人群脱离与极端势力的接触，重新融入社会。此前的“预防”计划充满争议，它的一些措施使穆斯林社区感到受到侮辱，而且对该计划的成果难以衡量。此次“升级”，英国政府尤为关注即将被刑满释放的“圣战者”，要求政府部门加大对这类人士的监督和关注。

在法国，政府出台了新的“预防激进化与打击恐怖主义的行动计划”。[②] 该计划突出预防的重要性，提出了加强教学机构的防范意识、加强监狱集中看管极端分子，以及利用网络平台自动识别并删除恐怖主义宣传信息等手段。7 月 13 日，法国总理菲利普提出一项拥有 32 项具体措施的新反恐计划，从识别、阻止、保护、惩戒和共同行动 5 方面入手，设立专门机构，应对“不断演变的恐怖主义威胁”。[③] 该反恐计划增加了法国对内情报部门（DGSI）权力增加，令其负责指挥行动，协调安全与调查部门，不过其仍将接受法官的管理和监督。在机构设置上加大了力度，如成立专门小组，由法国司法警察总局（DCPJ）负责，对恐怖分子的特征及恐怖分子的行为要素进行分析，这些特征要素来源于对每一个司法程序的收集与分析，例如对事件发生前几个小时的问讯调查、对其家庭的问询、对其所访问的网站的调查等，以此更好地对恐怖主义行为作出预判，加强恐袭识别，采取干预行动；成立特别机构，对出狱的恐袭作案者或有极端倾向的普通罪犯进行跟踪和观察，应对监狱中激进化的倾向及即将刑满释放的极端分子。此外，法国还在国家公共检察官机构中成立了反恐办公室，有媒体称之为“国家反恐检察院”，取代目前的巴黎检察院反恐小组，专门负

① BBC，“MI5 data sharing will help track ‘extremist thought’”，http：//www. bbc. com/news/av/uk-politics-44354980/mi5-data-sharing-will-help-track-extremist-thought，（上网时间：2018 年 10 月 22 日）

② French Government，“‘Prévenir Pour Protéger’ Plan national de prévention de la radicalisation”，23 February 2018.

③ 龚鸣：“法国反恐形势不容乐观 再出新招加以应对”，新华网，http：//www. xinhuanet. com/world/2018-08/14/c_129932228. htm（上网时间：2018 年 10 月 22 日）

责反恐案件的调查。根据该计划，法国将在全社会范围内提升警戒强度，并应用人工智能技术进行反恐，加强与各级市政府的信息交换，编织一张覆盖全境的反恐网络。此外，法国政府还表示将简化跟踪、拘禁嫌疑人的程序，加重对恐怖主义罪行的处罚等。菲利普表示，法国将进一步推动欧洲范围内的反恐合作，加大网络反恐的力度。该计划与 2017 年颁布的新“反恐法”和此前的“去极端化”计划，构成了法国新政府反恐“三支箭”。2018 年，法国内务安全部队预算高达 128 亿欧元①，足见法国政府对反恐问题的高度重视。

在德国，政府修订了《预防极端主义、促进民主战略》，制订了新的“预防伊斯兰极端主义联邦计划”。② 德国政府将伊斯兰极端主义视为整个社会的挑战，因此该计划致力于进一步加强各利益攸关方之间的合作。该计划包括，联邦政府将推动地方成立预防委员会，加大咨询力度，支持融合，增加预防互联网线上激进化的措施，例如监督极端主义内容，提供替代性叙述的指南。其他内容，包括改进惩戒体系中现存的预防和去激进化措施。德国也致力于提高跟踪性科学评估的有效性。该计划将为此前的类似项目新增 1 亿欧元投入。过去几年中，德国已经在制定全面的、跨部门的预防暴力极端主义方法上获得了重大的进步，并且将相应的责任从内政部转移到了社会部。

二、欧盟机构积极协调反恐措施

欧盟反恐职责属于各成员国的主权范畴，主要由成员国来承担，欧盟机构则主要发挥协调、补充的作用，但反恐领域是欧洲民众最希望欧盟机

① French Government, Budget 2018 de la police et de la gendarmerie nationales, 7 October 2017. https://www.interieur.gouv.fr/Actualites/Communiques/Budget-2018-de-la-police-et-de-la-gendarmerie-nationales,（上网时间：2018 年 7 月 14 日）

② Bundeszentrale für politische Bildung, “Nationales Prävention sprogramm gegen-is lamistischen Extremismus (NPP): diese Schwerpunkte fördert der Bund”, 3 July 2018, http://www.bpb.de/politik/extremismus/radikalisierungspraevention/271943/nationales-praeventionsprogramm-gegen-islamistischen-extremismus-npp # footnode1-1,（上网时间：2019 年 2 月 14 日）

构介入的领域，且对欧盟介入的满意度亦逐年提升。[①] 近年来，欧洲日益认识到在反恐领域共同行动的必要性和有效性，欧盟机构在该领域也推出了一系列法令和措施，不断深化在反恐方面的行动与合作。

在信息共享方面，2018 年，欧盟通过了加强申根区信息系统（Schengen Information System）新的规则，引入了新的与恐怖主义相关的警报系统，数据库允许警察和边境警卫进入，查询相关的警报，以便核实相关的或失踪的人和财物。欧洲刑警组织的信息系统（Europol Information System），欧盟成员国通过该信息系统可以直接获得，嫌犯的通讯方式、金融账号、武器资料及其与犯罪组织、恐怖活动的关联等信息。截至 2018 年底，该系统已存储了 63353 名与恐怖主义相关的人员信息。

在打击网络恐怖传播方面。欧盟互联网仲裁小组（EU Internet Referral Unit）负责应对网络恐怖主义宣传，并为反恐行动提供支持。截至 2018 年底，该小组共支持了 222 次行动，提供了 339 个行动产品，评估了 87819 条网络内容，成功移除了 84.85%的非法内容。[②] 2018 年 9 月，欧盟委员会提出新的立法，强制社交媒体网络和网页在接到通知后一个小时内移除恐怖主义内容，否则将面临巨额罚款。

在司法和执法力量方面，欧盟委员会计划在 2020 年将边境和海岸警卫队的人数增至 1 万人，以便有效地守护欧洲 1.3 万千米的陆地边境和 6.6 万千米的海岸线。欧盟还成立了欧洲检察官办公室，负责协助在欧洲范围内对圣战士进行司法诉讼。欧洲针对恐怖活动的审判效率在过去一年里得到大幅提升。2018 年，据 17 个欧盟成员国统计，共有 653 名涉恐嫌疑人经过法庭宣判，这一数字高于过去两年。

---

① European Parliament, "The fight against terrorism", p. 4, http: //www. europarl. europa. eu/RegData/etudes/BRIE/2019/635561/EPRS _ BRI (2019) 635561 _ EN. pdf,（上网时间：2019 年 6 月 14 日）

② Europol, "European Union Terrorism Situation and Trend 2019", pp. 75-76, https: //www. europol. europa. eu/sites/default/files/documents/tesat_2019_final. pdf,（上网时间：2019 年 7 月 14 日）

在截断犯罪资金方面，2018年10月，欧洲议会修订了新的《反洗钱指令》，增加透明度，避免犯罪嫌疑人以公司为掩护，应对虚拟货币及匿名预付卡方面的风险。同时新指令还着力加强欧盟内部应对金融犯罪的一体化。据估计，欧洲犯罪活动涉及的金额每年高达1100亿欧元，但是仅有1.1%的犯罪所得被罚没。鉴此，新指令简化了欧盟内部冻结和剥夺犯罪财产的程序。新的指令将从2020年开始执行。5月16日，欧盟委员会推出打击“低成本”恐袭系列措施，包括禁止购买爆炸物原料、加强公共场合安保、摧毁恐怖主义资金链等。

在应对激进化方面，根据德国和法国倡议，欧盟成立激进化高级专家小组，为欧盟委员会提供咨询，以便改进合作与协调，提出具体措施，确保欧盟成员国更有力地参与预防暴力极端化战略的制定和行动的指挥，进一步整合研究力量。欧盟委员会目前执行的许多措施都是来自该小组的报告。例如，成立预防暴力极端化欧盟行动执委会，完善关注激进化网络组织的工作。欧洲议会则建议制定针对仇恨传播者的“欧盟观察清单”，以免这些人在欧盟内部跨国流窜，逃避监管。成员国还建议在欧盟内部推广将激进化的罪犯单独或分开羁押的做法，并对欧盟及成员国的官员进行专门的反极端化培训。与此同时，2018年，欧盟还批准了欧洲委员会《预防恐怖主义公约》及其附加协议，该公约目的是加强打击恐怖主义，并重申所有打击恐怖主义的举措必须坚持法治、人权和基本的自由。

在国际合作方面，欧盟代表欧洲与第三方就反恐问题进行了密切的磋商。2018年11月，欧盟与美国举行了内务与司法事务的部长级会晤，双方就旅客姓名登记、网络犯罪与安全议题进行了深入的交流。欧盟还与加拿大就修订旅客姓名登记协议进行了谈判。此外，欧盟与土耳其、以色列、埃及、阿尔及利亚等相关职能部门就打击恐怖主义，交换恐怖分子信息进行了交流。① 2018年，欧盟还与联合国举行了首轮高级别反恐对话，欧盟外交与安全事务高级代表莫盖里尼和联合国负责安全事务的副秘书长

---

① EU Commission，“Seventeenth Progress Report towards an effective and genuine Security Union ”，https：//ec. europa. eu/home-affairs/sites/homeaffairs/files/what-we-do/policies/european-agenda-security/20181211_com-2018-845-security-union-update-17_en. pdf，（上网时间 2019 年 3 月 12 日）

就反恐协作问题进行了深入的讨论。①

2018 年 11 月 14 日，欧洲议会反恐特别委员会经过一年的调查研究，形成报告并获得欧洲议会的批准。报告建议，应使欧洲刑警组织成为欧盟层面反恐领域真正的信息交流与合作协调中心，赋予其更多的权力，呼吁下一任欧委会主席继续设置独立的安全委员，负责“安全联盟”建设。欧盟委员会主席容克称，“恐怖分子没有边界，我们不能允许自己因为无法协调合作而成为无意识的共犯。”②

三、着力解决“外籍圣战者”回归问题

2018 年 1 月，欧盟年度首份安全联盟建设进展报告称，从冲突地区回归的“外籍圣战者”问题是欧盟安全联盟建设必须应对的优先事项。在内部，欧盟成员国加强政策的协调和统一。2018 年 3 月，比利时国家安全委员会制定了相对详细的路线图，宣布将采取新的措施，协调处理回归的儿童圣战者。尽管仍然采取一事一议的基本方针，但在程序上实现了统一，针对这些儿童，比利时政府应通过六大步骤，从威胁评估、资料核对、家庭状况及儿童“受训”状况等方面入手，最终决定对儿童的处理方式。③ 德国拟于 2019 年启动新项目，为每个联邦州设立“回归圣战者事务”协调员，以促进相关政策在全国的一致性。在域外，欧盟进一步加强相关情报信息的搜集和应用，2018 年 2 月，欧盟启动“西弥斯女神计划”，以取代之前的“特里同海神计划”，继续执行在地中海中部海域的巡逻计划，以搜寻和拯救移民。该计划新增行动目标，要求“搜集情报信息，采取措施侦测域外外籍圣战者和

① UN Office of Counter-Terrorism，“European Union United Nations to Strengthen Partnership on Counter-Terrorism”，https：//www. un. org/press/en/2018/pa26. doc. htm，（上网时间 2019 年 3 月 12 日）

② Claude Juncker，“State of Union 2018，The Hour of European Sovereignty”，http：//www. europarl. europa. eu/RegData/etudes/STUD/2018/621811/EPRS _ STU （2018） 621811_EN. pdf，（上网时间 2019 年 3 月 12 日）

③ Amandine Scherrer (ed.)，*The return of foreign fighters to EU soil：ex-post evaluation*，European Parliamentary Research Service，European Parliament，May 2018，http：//www. europarl. europa. eu/RegData/etudes/STUD/2018/621811/EPRS_ STU （2018） 621811_EN. pdf (上网时间：2019 年 5 月 20 日)

其他恐怖威胁的情况”。所获信息将由指派的官员直接上报欧洲刑警组织及相关成员国。① 但事实上，欧盟在解决回归外籍圣战者的问题上态度依然矛盾。一方面，欧洲国家希望将其尽量阻挡在国境之外，减少其回归带来的安全风险和监管负担，欧盟成员国呼吁叙利亚库尔德人武装和伊拉克政府就地审判这些“外籍圣战者”。② 另一方面，欧洲国家又不愿意承担道德风险，要求保护这些“外籍圣战者”的基本人权和自由。德国政府私下为其在伊拉克被捕的公民提供咨询，避免其被判处死刑。法国政府则公开反对伊拉克政府判处多名法籍圣战者死刑，称法国将从最高层面进行干预。③ 2018 年 11 月，欧洲邀请伊拉克军事和执法人员前往意大利威尼斯接受培训，以期提高其收集战场证据的能力，从而加强其对“外籍圣战者”的审判公平性。

总体而言，2018 年欧洲恐情相对缓解，伊斯兰极端分子发动恐袭案的频次、规模和影响力都大幅减小，欧盟及其成员国在反恐领域的一系列举措也在持续推进。但欧洲在处理恐怖主义方面存在的问题依然没有得到彻底的解决，其在欧洲整体层面上缺乏足够统一的情报力量和执法标准，仍是欧洲反恐体系的短板，官僚程序和扯皮现象突出，本应于 2018 年 5 月 25 日纳入全部成员国法律体系的“旅客信息登记指令”，截至 12 月仍有 9 国未能完成既定法律程序，以致引发欧盟委员会启动对成员国抗令不遵的诉讼程序，类似的还有“网络信息系统安全指令”“反恐法”“控制获取与拥有武器指令”等，都未能得到全面落实。④ 欧洲政治结构性的问题难解，

---

① “Frontex lanching new operation in central med”，https://frontex.europa.eu/media-centre/news-release/frontex-launching-new-operation-in-central-med-yKqSc7

② Anthony Dworkin，“In legal limbo：EU returnees in the post-ISIS era”，https：//www.ecfr.eu/article/commentary_in_legal_limbo_eu_returnees_in_the_post_isis_era，（上网时间 2019 年 7 月 6 日）

③ 颜观潮：《9 名法籍 IS 成员在伊被判死刑 法政府称将进行干预》，中新网，http：//news.cri.cn/20190603/cf232bd8-c194-4835-31b9-e5e04bcfdb8d.html，（上网时间 2019 年 3 月 12 日）

④ EU Commission，“Seventeenth Progress Report towards an effective and genuine Security Union”，https：//ec.europa.eu/home-affairs/sites/homeaffairs/files/what-we-do/policies/european-agenda-security/20181211_com-2018-845-security-union-update-17_en.pdf，（上网时间 2019 年 3 月 12 日）

反恐篱笆就难以扎紧。恐袭案数量有大年有小年，但欧洲酝酿恐袭的土壤并没有发生质的变化，应对恐袭的方式仍处于“应激式”轨道，不排除欧洲未来重大恐袭、大规模恐怖主义活动卷土重来的可能。

第四章　俄罗斯恐怖主义与反恐怖斗争形势综述

第一节　俄罗斯面临的恐怖主义形势

2018 年，俄罗斯的反恐怖斗争继续在国外和国内两个战场展开。国外方面，俄驱敌、御敌于国门之外的反恐策略卓有成效。一是俄军在叙利亚战场对极端组织“伊斯兰国”的持续打击，极大削弱和牵制了恐怖分子的有生力量。俄国防部发言人伊戈尔·科纳申科夫少将透露，情报部门在叙利亚伊德利卜省的非军事区发现了武装分子袭击阿勒颇市的武器发射装置。随后，俄罗斯空天军的飞机轰炸了炮击平民的恐怖分子阵地，摧毁了反叛武装分子的所有目标。二是与独联体、集安组织、上合组织等国际组织的反恐合作，有效阻滞了恐怖分子从阿富汗、中亚方向向俄罗斯的回流渗透，为俄国内的反恐怖斗争营造了较为有利的外部环境。5 月 22 日，俄罗斯安全会议秘书尼古拉·帕特鲁舍夫在上合组织安全会议秘书会议上表示，上海合作组织成员国遭受的恐怖主义和极端主义威胁首先来自于阿富汗，任何通过武力解决该国局势，并绕过国际法准则和原则的单方面企图只会加剧事态发展，制造额外安全风险。他表示，俄罗斯与上合组织其他国家一贯赞成通过政治解决方式恢复阿富汗和平与稳定。阿富汗方面的任何倡议都应尽可能考虑到地区国家的利益，并排除对这些国家施加不可接受方案的可能。三是恐怖分子正在世界范围内寻找新的薄弱环节和新的合作伙伴，国际反恐期待更深层次地合作。

目前，俄罗斯在独联体层面的反恐合作卓有成效，为保障俄国内安全提供了有利的屏障。11 月 7 日，俄联邦安全会议秘书帕特鲁舍夫在情报、安全和执法部门负责人会议开幕式上表示，俄情报部门与外国同事合作，成功防止了俄罗斯世界杯期间发生恐怖袭击。他说："今年的俄罗斯世界杯是这方面成功国际合作的一个鲜明例证。世界杯期间，在共同努力下成功避免了恐怖袭击的发生。"但是，目前的国际反恐机制还难以应对国际"圣战"人员的跨区域流动，国际反恐合作有待进一步深化。俄罗斯国防部长绍伊古表示，曾在伊拉克和叙利亚作战的武装分子重返亚太地区，加剧了这一地区恐怖主义威胁。这些极端组织为了达成其目标使用武力并设法与国际恐怖组织建立持久联系。俄防长表示："在叙利亚和伊拉克获得作战经验的恐怖分子重返亚太地区，仍是一个严重的问题。他们补充了当地恐怖主义组织的队伍。"绍伊古表示，进入亚太地区用来支持当地恐怖组织并实施恐怖袭击的现金流越来越频繁地出现。他指出："我们当前的任务是，国际社会共同努力给武装分子的军事和经济实力造成不可挽回的损失，同时为其财务和后勤补给设置牢固的障碍"。俄副防长亚历山大·福明在第八届北京香山论坛期间发言时也表达了类似的观点。他说，亚太地区迄今政治和经济稳定，但恐怖主义威胁并未绕行，叙利亚和伊拉克被赶出的武装分子目前正"涌向"这里。福明表示："亚太地区目前是世界发展最具活力的中心之一，大规模的一体化进程前所未有。但在金融经济和政治相对稳定的情况下，亚太地区继续面临着恐怖主义严峻的挑战和威胁。"

国内方面，俄反恐形势呈现总体平稳、局部突出的态势。一方面，依赖于强力部门的高效工作，俄罗斯将绝大多数恐怖案件消灭在萌芽状态；另一方面，带有恐怖主义性质的恶性犯罪仍然层出不穷，难以确保重点目标"万无一失"。这表明俄罗斯的社会面治理与管控能力仍有待提高，根除恐怖主义和极端主义产生的土壤仍将是俄罗斯今后面临的艰巨任务。2018 年，俄罗斯的国内反恐形势表现出以下几个特点：

一是继续保持对恐怖分子、极端分子的高压态势，大部分恐怖案件被提前打掉。2018 年 12 月 11 日，俄罗斯国家反恐委员会主席、俄联邦安全局长亚历山大·博尔特尼科夫在国家反恐委员会会议上宣布，本年度俄境内消灭了65名恐怖分子，包括10名匪帮头目。抓获了36名头目，236名匪徒和589名帮凶。同时还阻止了37个在达吉斯坦共和国、印古什共和国、车臣共和国和斯塔夫罗波尔边疆区策划恐袭的恐怖主义组织分支活动。”俄罗斯国家反恐委员会办公厅第一副主任库利亚金透露，得益于各反恐机构的不懈努力，俄境内恐怖主义犯罪案件持续减少，2018年发生9起此类案件，仅为2017年的1/3。库利亚金透露，俄情报部门2017年挫败了恐怖分子于5月9日胜利日和总统选举当日的恐怖袭击图谋。此前，普京总统在俄联邦安全局局务会议上曾表示，过去3年以来，俄罗斯每年在国内挫败约20起恐怖袭击图谋。普京说：“我想提醒注意的是，被挫败的恐袭数量仍然很多，约每年20起。过去3年来都保持在这个水平上。”

俄罗斯内务部也公布了2018年度的数据。在《2018年度犯罪情况报告》中称，年内恐怖袭击案件的数量下降了16%以上，其中炸弹袭击假预警数量降低近50%。报告中指出，“恐怖袭击案件共31起”。文件没有透露这些案件的事发地点和时间。内务部指出，这比2017年的同类指标低16.2%。文件称，“恐怖主义攻击假预警1530个”，比一年前低49.5%。内务部成功破获了797起假预警犯罪，查处假预警消息发布者756人。

5月5日，俄安全局发布消息称，五名策划在俄境内实施恐怖袭击的“伊斯兰国”恐怖组织分部的成员，分别于5月3日和4日在雅罗斯拉夫尔市内被逮捕。消息指出，企图在俄境内实施恐袭的部分组织工作是境外势力从国外操控的。安全局称，“搜查嫌疑人住所期间，查获一批自制炸弹、爆炸物、枪支和弹药”。6月4日，安全部门在克拉斯诺亚尔斯克抓获11名基层宗教极端分子，他们为叙利亚和阿富汗的恐怖组织招募人员，其中来自吉尔吉斯斯坦的两名嫌疑人负责通过地下渠道将招募到的恐怖分子输送到阿富汗或叙利亚从事恐怖活动。7月26日，莫斯科地区军事法庭在圣彼得堡的巡回庭审中，判处被俄罗斯禁止的伊扎布特恐怖组织圣彼得堡分支机构8名成员5年至10年的徒刑。6名俄罗斯公民和2名塔吉克斯坦公民出庭受审。其中7人表示认罪。被诉人分别于2016年至2017年在圣彼得堡被逮捕。8人全部被控参与恐怖主义的活动。根据起诉书，被诉人从事招募新的成员，并对其进行培训。9月15日，据国家反恐委员会信息中心发布消息称，达吉斯坦塔尔吉村地区的反恐行动中3名武装分子被清除。10月26日，俄罗斯联邦安全局公关中心发布消息表示，安全局成功制止6

名深藏在莫斯科地区的恐怖组织“伊斯兰国”分支成员的活动。10 月期间，俄联邦安全局还成功阻止了一系列针对俄学校的袭击事件。2018 年年初以来，俄境内共发生 3 起类似的校园袭击事件。彼尔姆校园持刀袭击造成 15 人受伤；乌兰乌德一名九年级学生制造的袭击造成 7 人受伤；卡卢加州一名学生持刀刺伤同学。10 月中旬，俄克里米亚共和国刻赤市一所工职业技术学校的四年级学生罗斯利亚科夫在该校制造了枪击和爆炸，造成 21 人死亡，50 多人受伤，枪手本人后在图书馆自杀。11 月 7 日，博尔特尼科夫在情报机关、安全部门和执法机构领导会议开幕式上表示：“俄罗斯世界杯期间，联邦安全局各部门采取了一切必要措施，以发现和制止恐怖分子使用无人机的企图。”他并未透露细节，据悉，未遂袭击不仅发生在世界杯期间，还发生在其他“大型政治和体育活动”筹备和举办期间。12 月 13 日，强力部门人员在莫斯科地区、车臣共和国、达吉斯坦共和国、印古什共和国拘捕了 7 名以慈善借口为国际恐怖组织“伊斯兰国”和“征服阵线”武装分子募款的人员。藏匿于境外的激进伊斯兰教信徒艾哈迈德纳比耶夫（他因恐怖主义及财政问题被国际通缉）以慈善为借口组建了一个拥有广泛分支的秘密网络，旨在为恐怖分子提供财政支持。这伙极端分子以 Muhajiroun 和 Salsabil 慈善基金会名义，以建造伊斯兰教堂并帮助低收入教徒为借口获得并兑现募集的资金，然后转账给恐怖主义组织。有消息称：“2016 年以来，以资助恐怖主义为目，有超过 3800 万卢布（约合人民币 394 万元）被转账给上述人员。12 月 19 日，一个“伊斯兰国”武装团伙在斯塔夫罗波尔向特种部队开火，随后被歼灭。此外，2018 年，俄罗斯在打击极端主义领域也取得了丰硕的成果，封堵关停了 6.4 万个传播恐怖和极端主义信息的网站。俄联邦安全局与内务部协作，将 1 万多名涉嫌参与极端、恐怖主义活动的外国人列入禁止入境人员名单，另有 60 多名俄罗斯和外国公民被阻止出境前往中东冲突地区。

二是恐怖袭击由传统的北高加索地区向俄中部、东部扩散的趋势加剧。10 月 24 日，俄安全会议秘书帕特鲁舍夫表示，西伯利亚联邦区的恐怖活动水平不断上升，位于该联邦区的目标正进入国际恐怖分子的视野内。他表示：“理由是该地区恐怖主义活动水平在提高，国际恐怖主义组织代表向西伯利亚地区渗透的几率很高，来自中亚和外高加索地区国家的劳务移民强度增加。”他说，2018 年头 9 个月内在西伯利亚联邦区已起诉

56起有恐怖主义犯罪特征的刑事案件。帕特鲁舍夫指出："收到的信息显示，位于该联邦区内的目标正处于国际恐怖和极端组织的视野内。"10月30日，俄联邦安全局在俄中部地区的鞑靼斯坦开展特别行动，破获一个密谋恐怖组织，该恐怖主义分支机构系国际恐怖组织"伊斯兰国"的海外分支。消息中称：从卡马河畔切尔内窝点缴获武器时，还当场抓获了一名该组织成员。同时，还有6名组织成员及11名受其影响的公民被捕。在搜查期间，从18个地点查获枪支及弹药、极端主义文献和'伊斯兰国'服饰。该组织的领导者是卡马河畔切尔内的一名居民，有传播恐怖组织"伊斯兰国"思想的前科。该组织成员打算在俄罗斯境内实施一系列破坏行动，并加入叙利亚武装分子。为此，该组织从激进青年中招募支持者，并购买了实施恐怖行动的工具。

三是中亚籍劳工成为恐怖袭击的重要主体。早在2017年4月11日，博尔特尼科夫即表示，来自独联体国家的公民已成为俄联邦内部恐怖组织的骨干①。2018年11月7日，他再次指出，"渗透到移民中的武装分子在当地人民中开展广泛的宣传和招募工作。"② 独联体反恐中心主任安德烈·诺维科夫上将表示，9000多名独联体公民因恐怖主义和极端主义犯罪行为遭联合体国家间通缉。"约5000人为雇佣兵，他们曾在第三国领土加入非法武装队伍和国际恐怖主义组织并参与作战行动。"诺维科夫表示，该中心一直收集和交换有关被通缉人员的信息。他说："自2015年起，在独联体反恐中心的协助下，共逮捕了83名因涉嫌恐怖主义活动而被通缉的人。根据独联体反恐中心（2015—至今）的数据，独联体成员国的金融情报机构共查出207名参与资助恐怖主义的人员。

四是"伊斯兰国"在互联网上教唆"休眠基层组织"自我激进化。11月1日，上合组织地区反恐怖机构执委会主任叶夫根尼·瑟索耶夫日称，

---

① Директор ФСБ А. Бортников: Трудовые мигранты начинают составлять основной костяк террористических групп в России，https://migrant.ru/direktor-fsb-a-bortnikov-trudovye-migranty-nachinayut-sostavlyat-osnovnoj-kostyak-terroristicheskix-grupp-v-rossii/.

② Глава ФСБ: совершаемые мигрантами теракты ведут к росту экстремизма，https://tj.sputniknews.ru/russia/20181107/1027344904/glava-fsb-migranty-terakty-rost-levogo-pravogo-ekstremizm.html

国际恐怖组织建立“休眠小组”正成为上合组织空间内的主要威胁。在塔什干召开了以“打击恐怖主义——合作无国界”为主题的上合组织地区反恐机构第5次研讨会。瑟索耶夫在会上表示：“主要问题是在所取得成绩背景下，在叙利亚军事压力背景下，武装分子被逼进阿富汗和巴基斯坦地区，但他们正回到自己的国家和逃往其他国家。正运用所谓的‘休眠小组’组织方法。”据其称，在上述条件下，寻求和采取联合及适当的对策是上合组织地区反恐机构活动的主要内容。他指出：“一个人不引起任何关注地离开，在他收到‘唤醒’信号之前不会采取任何受谴责的行动。这种活动正在展开。”瑟索耶夫称，上合组织国家情报机构力图追踪所有来自中东作战区的人。他表示，这些恐怖分子冒用他人证件，通过其他秘密方式潜入潜出。他们中的大部分人被消灭，但仍有一部分具有战斗经验的恐怖分子流窜到世界各地并在当地发展组织，给世界安全带来严重威胁。

第二节　俄罗斯主要反恐措施

2018年，面对国内外反恐出现的新形势、新问题、新变化、新挑战，俄罗斯不断总结经验，调整政策，完善法律法规体系，强化科技建安措施，加强网络监管，向科技和管理要效益，推动跨地区和国际组织反恐合作的深入发展，以适应国内外反恐形势的新变化和新要求。

一、向科技要战斗力

2018年度是俄罗斯安全保卫工作的“大考之年”。为确保在本年度举行的总统选举、总统就职典礼、胜利日阅兵和世界杯足球赛四场安保“大考”的绝对安全，俄安全部门除了依靠强大的情报系统之外，将提升安防科技水平列为工作的重中之重，一系列先进安防设备和技术被用于大型安保活动。1. 人脸识别系统。据英国《简氏》报告指出，“3月18日总统大选之后，俄罗斯安全部门就处于高度戒备状态。5月7日总统就职典礼以及5月9日胜利日期间一直保持高度警戒。同时安全部门将利用这些年来积累的经验，为世界杯保驾护航”。报告还指出，人脸识别技术在应对恐袭威胁方面起到了重要的作用。“莫斯科市政府大力推广人脸识别技术，从2017年9月起在街头安装了5000个视频头并联入监控网，目的是用采集的画面与数据库中通缉犯的照片进行对比。这些措施将及时排除隐患，在通缉犯实施攻击前将他们捕获”。2. 人工智能。俄罗斯科学院副院长弗拉基米尔·切霍宁在接受科学院官方周刊《寻找》采访时谈到项目时称：“即将开发出的人工智能系统可根据外部行为迹象（包括网络活跃度）发现对社会有潜在危害的对象。系统能够帮助分析出可能发生的危害社会的行为，并制定必要的预防措施。”切霍宁还表示，人工智能还可提高军队战斗力、解决一系列广泛的信息和网络安全任务，保证面对人为和自然紧急情况时发出可靠预警并采取最佳应对方式。3. 即时通信软件。即时通信软件Telegram公司律师帕维尔·奇科夫表示，即时通信软件Telegram将根据法院裁定向安全部门提供涉恐用户信息。他说：“Telegram从未否认过政府有权、有义务打击恐怖主义，正相反，我们提出另一个办法，向法院申请公开用户信息。不是对话记录，而仅仅是IP地址和电话。应找到国家安全和个人隐私之间的利益平衡。律师指出，Telegram仅同意提供有关涉恐用户的信息，不会大规模提供用户资料。此外，即时通信软件Telegram将每6个月发布一份报告，公布与反恐安全机构开展合作的情况。对此，俄罗斯莫斯科塔甘斯基法院作出判决，支持俄联邦通讯、信息技术和传媒监督局因为Telegram拒绝向联邦安全局提供加密密钥而对其禁用的请求。俄联邦通信监管局依照法院判决对Telegram实施禁用，局长扎罗夫向RT电视台表示，由于Telegram利用亚马逊的IP地址来避开俄方封锁，因此通信监管局对该IP地址进行了阻止。据媒体报道，Google网站的IP地址也遭到阻止，随后其他一些网络服务也表示受到影响。

二、完善法律体系

12月28日，普京总统签署了《俄罗斯联邦刑法典》有关极端主义的第282条部分进行除罪化的法律，相关文件已在法律信息网站上公布。根据这些文件，将不对首次违反上述法律的人员提起刑事诉讼，条件是其行为未对宪法制度基本原则和国家安全构成严重威胁。假设在一年内违规行为多次发生，将追究刑事责任。同时，正如对普京提交的法律草案的一条解释性说明所述，对执法实践的分析表明，“并非所有情况下，追究刑事责任（根据第282条）都是合理的”。根据俄联邦总检察院的统计数据，极端主义刑事案件的很大一部分都是因互联网上的各种公告消息而发起的。例如，2017年涉及该条的全部案例中，有75%涉及互联网。仅从2018年初以来，俄罗斯一些地区提起了数百起涉及该方面的刑事案件。围绕该议题的众多报道产生了强烈的社会反响。

三、高度重视多层次的国际反恐合作

传统上，独联体和集体安全条约组织一直是俄反恐“朋友圈”的核心。近年来，随着上海合作组织影响力的日益扩大，上海合作组织在地区安全事务中的作用与日俱增，合作日益深化。不仅如此，随着“伊斯兰国”溃败后，恐怖分子向世界各地扩散，跨区域、跨组织、多层次的反恐国际合作日益频繁，反恐国际网络日渐织密、织实。普京总统表示，俄罗斯始终对与任何国家紧密开展反恐工作持开放态度。他在俄联邦安全局局务会议上说：“当然，必须推进合作，与外国同事们协调配合。首先，当然是与集体安全条约组织和上海合作组织的伙伴，以及其他国家的同事。对此我想再次强调，无论我国与其他国家的现有关系如何，俄罗斯始终对为打击恐怖主义开展最紧密、互信的工作持开放态度，这是全人类共同的挑战。”3月20日，俄联邦安全局在资助恐怖主义刑事案件框架内与阿富汗伙伴一起拘捕了一名藏匿在阿境内的俄罗斯人。消息称：“在资助恐怖主义活动和招募新人参与被禁国际组织一方的作战行动的案件框架内，与阿富汗伙伴一起锁定并拘捕了一名被国际通缉并藏匿在阿境内的俄罗斯公民。”随后，俄与国际刑警组织合作，将这名被拘留者从喀布尔乘飞机送往莫斯科，并被移交给俄强力部门人员。

支持联合国在反恐事务中的作用，既是俄罗斯作为联合国安理会常任理事国的义务，也是提高俄罗斯在反恐事务中国际公信力的保障。6月16日，上海合作组织秘书长阿利莫夫表示，上海合作组织将于今年11月底与联合国反恐怖主义办公室签署合作协议。需要特别指出的是，上海合作组织与联合国安理会反恐委员会以及在联合国刚刚成立的反恐怖主义办公室的合作迈出了建立全球层面国际反恐合作机制的重要一步。上海合作组织准备和这些机构签订备忘录。组织已经通过内部协商达成一致，联合国方面也已经同意了提升反恐方面的合作。12月17日，联合国大会通过了俄罗斯提出的名为《防止将信息通信技术用于犯罪目的》的决议。此前，联大第三委员会 11 月批准了该决议。俄罗斯常驻联合国代表团表示：“决议为寻求和形成应对迫切全球威胁之一——网络犯罪问题的回应奠定开端。”俄方还称：“第一阶段，决议规定在联大就该议题开启有联合国秘书长参与的广泛的政治法律讨论。”该决议联合起草方为 36 个国家，其中包括俄罗斯的金砖国家伙伴。俄罗斯的倡议得到了广泛的地区间支持，其中包括集体安全条约组织和上海合作组织成员国、许多非洲、拉美和亚洲国家。值得一提的是，美国和欧盟国家投了反对票。

在双边层面，俄罗斯的反恐合作更加注重务实合作。12 月 18 日，在北京举行的俄中第三次副外长级反恐安全磋商期间，两国商定在打击恐怖主义和极端主义领域扩大双边协作。俄外交部指出，双方相互通报了两国为预防和制止恐怖主义、防止外国武装分子流动所采取的努力。俄外交部称，双方一致认为，必须建立广泛的反恐战线打击“伊斯兰国”“基地”、东伊运等恐怖组织。在联合国的协调下，以国际法规定和原则为基础，摒弃双重标准，本着高效伙伴关系的精神开展工作。此外，俄中两国还商定在打击恐怖主义和极端主义领域扩大双边协作，包括扩大在联合国、上海合作组织、金砖国家、反洗钱金融行动特别工作组等关键国际平台的双边协作。

安全合作自上海合作组织成立以来一直是各成员国合作的基石。上海合作组织成立近 15 年来，在成员国共同努力下，上海合作组织地区反恐怖机构经受住了各种安全威胁与挑战的冲击，执法安全合作从无到有、由简入繁，做了许多开创性工作，在促进地区安全与稳定方面发挥了积极作用，成绩斐然，积累了许多宝贵经验。

上海合作组织成员国元首理事会第十八次会议于 2018 年 6 月 9 日至 10 日在山东青岛举行，此次会议是上海合作组织扩员后召开的首次峰会。会后，成员国领导人共同发表了《上海合作组织成员国元首理事会青岛宣言》，批准了《上海合作组织成员国长期睦邻友好合作条约》未来 5 年实施纲要等合作文件。

上海合作组织秘书长阿利莫夫在接受俄罗斯卫星通讯社采访时表示，该组织成员国在打击网络犯罪、恐怖主义和贩毒方面的相互协作正进入崭新水平。他说，在这方面合作中最主要的是坚决、不妥协地消灭地下恐怖主义赖以生存的法律、资金和社会基础。恐怖分子应该清楚，他们无法在上海合作组织空间隐藏。他说，上海合作组织系统性打击恐怖主义，经常举行联合反恐演习，不断扩大国际合作并采取措施完善条约法律基础。

10 月 18 日，俄罗斯联邦安全局第一副局长谢尔盖·斯米尔诺夫大将表示，上海合作组织地区反恐机构已建立安全通讯通道，用于各国情报机构之间的情报共享。在地区反恐机构执行委员会会议后，斯米尔诺夫对记者表示："我们已经完成建立安全通讯通道的工作。对我们来说非常重要的问题是扩大我们数据库。"此外，他补充说，上海合作组织地区反恐怖执行委员会制定了关于对涉嫌参与国际恐怖主义和极端主义组织活动的人进行调查的方法建议。来自俄罗斯、中国、吉尔吉斯斯坦、印度、哈萨克斯坦、巴基斯坦、塔吉克斯坦和乌兹别克斯坦的代表团参加了上合组织地区反恐机构执行委员会第 33 次会议。上合组织地区反恐怖机构执行委员会 18 日在吉尔吉斯斯坦首都比什凯克讨论人群聚集地反恐保护和打击恐怖分子的网络资源。会议议程包括："执委会讨论组织上合成员国主管机构就保护重要设施和人员聚集地以及应对恐怖主义风险互动协作。各方还讨论了封禁用于恐怖主义、分裂主义和极端主义目的的网络资源。"会议称："上合组织地区反恐怖机构执委会将讨论如何在全球信息空间范围内开展监控，预防恐怖主义、分裂主义、极端主义风险滋生。"与此同时，会上还讨论了上合组织成员国在应对有极端倾向的萨拉菲运动带来的风险与挑战时可采取的联合措施。此外，上合组织地区反恐怖机构执委会还与东盟警察首长协会（ASEANAPOL）秘书处签署了互谅和合作备忘录的计划。6 月 10 日，上合组织成员国元首理事会第十八次会议在青岛闭幕。会上，成员国元首们呼吁形成广泛国际联盟，制止青年被吸收加入恐怖主义和极端主义组织。会议认为，青年参与各类恐怖主义、分裂主义和极端主义组织活动对和平稳定构成重大威胁，引发冲突，使宗教及意识形态对抗升级，破坏传统社会秩序，也剥夺了青年对美好未来的期望。会议要求必须采取协调一致和刻不容缓的措施，应对在青年中传播激进和破坏性思想，包括预防和制止恐怖主义、分裂主义和极端主义宣传、煽动，以及互联网招募活动等。会议着重指出应进一步加强国际合作，制止青年被吸收加入恐怖主义和极端主义组织；呼吁国际社会团结起来，形成广泛国际联盟，打击包括信息空间在内的全球恐怖主义和极端主义；强调各国及其主管部门应为应对在青年中传播恐怖主义、分裂主义和极端主义发挥决定性作用，包括在上合组织地区反恐怖机构框架内开展密切合作。除国家外，必须发挥上合组织成员国社会组织、媒体、宗教团体、教育和科研机构的潜力，以有效反制恐怖主义、分裂主义和极端主义对青年的威胁，提高公民对激进思想的免疫力。会议建议，制定防范措施，鼓励青年培养对教育、科技、艺术和文学的兴趣，加强对青年包括使用信息通信技术在内的法律教育。发扬包容和人道主义精神，增强民族间和公民间和睦与相互理解，开展跨文明对话。推动共同的经济、人文倡议，吸引青年参与创业和创新项目以提高他们的就业率，提升其精神面貌和生活水平。开展青年组织间合作，共同打击各种形式的国际恐怖主义、分裂主义和极端主义，防止青年参与恐怖主义和极端主义组织活动。

10 月 12 日，上合组织成员国“和平使命-2018”联合反恐军事演习在俄罗斯切巴尔库尔训练场结束。演练最后部分被称为“积极阶段”。俄罗斯、中国、哈萨克斯坦、吉尔吉斯斯坦、塔吉克斯坦、印度和巴基斯坦专门组成的武装力量联合集群的兵力和装备，主要投入到更接近实战的区域。部队完成封锁、摧毁侵入假想国的极端主义团伙，反击被困匪徒突围的企图，追踪和驱赶剩余残匪。可以说，“和平使命-2018”无论从规模和参加国数量（8 个国家）还是军员人数和装备，都是前所未有的。俄罗斯国防部邀请大批国内外记者、其中包括卫星通讯社记者到切巴尔库尔演习场并非偶然。俄联邦中央军区总指挥亚历山大·拉兵对演习的意义和结果进行了评估。他表示：“演习的规模在于，上合组织相对‘年轻的国家’印度和巴基斯坦也派出军队参演。另外，乌兹别克斯坦也派出了代表。从具体数字看，军员超过 3000 人，约有 600 辆地面装备，60 架飞机和直升机以及 20 架无人机。演习的精道之处是明显的。目前，世界上的恐怖主义威胁和地缘政治风险不断增长。因此，上合组织成员国正团结起来，共同努力反击任何方向的威胁。”演习中，俄军负有特殊任务。不仅在于俄方是主办国，同时，俄军在叙利亚打击伊斯兰国恐怖团伙（在俄受禁）的实战经验具有重大意义。亚历山大·拉兵中将指出：“我们在与这个邪恶势力斗争中取得了极其丰富和宝贵的经验。俄罗斯有可以向上合组织其他成员国同行分享的经验。我们展示了反恐战争中的新方法，如何找到和摧毁国际恐怖团伙。比如，使用所有装备打击敌人火力系统，其中包括侦查、火控、战时通讯管理和电子战。也就是说，凶猛的火力打击，可摧毁远近距离的敌人。这种多层次系统，可更为有效地打击对手。我们还使用了新的战术方法，打击高机动恐怖分子武装团伙‘机动杰哈德’。运用消灭对手攻击无人机的手段，再加上独特的装甲装备：即‘坦克旋转木马’。这些在叙利亚战斗中均有相当出色的表现，同时更为有效地实施封锁行动。”任何作战行动，尤其是多国武装力量，最主要的是要有一套清晰的、一体化的管理系统。在“和平使命-2018”演习中，这套系统运用的相当完善。拉兵中将指出：“成立了统一的战时管理机构，实施统一领导。我完成的是演习总指挥的职责，我的副手是上海合作组织其他参演国军方代表。成立了各军种联合指挥部，在各方建议基础上作出决策。”

第五章　中亚地区恐怖主义与反恐怖斗争形势综述

第一节　中亚地区恐怖主义形势

2018年，中亚地区的恐怖主义形势较为平稳。在经济与和平研究所公布的2018年全球恐怖主义指数排名中，塔吉克斯坦位列第74位（比2017年下降4位），是中亚国家中恐怖主义威胁排名最高的国家。哈萨克斯坦位列75位，吉尔吉斯斯坦位列80位，乌兹别克斯坦位列132位，土库曼斯坦138位。与俄罗斯排名第34位，中国排名第36位相比，中亚国家的恐怖主义指数明显低于两国。全球恐怖主义指数是过去五年来的四项指标：恐怖事件总数、恐怖袭击造成的死亡人数、恐怖袭击造成的伤害总数、恐怖袭击造成的财产损失程度，具有较高的权威性。但另一方面，由于大量"伊斯兰国"残余恐怖分子逃窜到阿富汗，使阿富汗的安全格局重新洗牌，极大增加了该地区安全形势的不确定性。根据反恐专家预测，"伊斯兰国"的商业利益将在该地区扩大，将阿富汗的矿产控制视为另一个融资来源。此外，"伊斯兰国"不仅对油田本身感兴趣，而且对运输走廊也感兴趣。

一、中亚各国恐怖主义形势的基本情况

哈萨克斯坦。哈萨克斯坦总统卡瑟姆-若马尔特·托卡耶夫称，2018年1月，47名哈萨克斯坦公民从叙利亚撤离，包括30名儿童。其中7人

（6男1女）涉嫌从事恐怖活动。5月7日和9日又有231名哈萨克斯坦公民，包括156名儿童从叙利亚撤离，其中20人（16男4女）涉嫌与恐怖组织“伊斯兰国”有染被捕。8月13日，哈萨克斯坦国家安全委员会透露，2018年初以来，警方在首都阿斯塔纳、东南部城市阿拉木图及西北部城市乌拉尔斯克共挫败3起恐怖袭击，逮捕了13名策划袭击的极端分子。这些恐怖袭击被挫败时尚处于早期谋划阶段，策划者企图对政府大楼、护法机构及国家机关的工作人员实施恐怖袭击。哈安全机构还逮捕了26名宣扬恐怖主义和18名加入“伊斯兰国”等极端组织和恐怖组织的哈萨克斯坦人。哈萨克斯坦国家安全委员会主任巴黑特别克·拉黑姆别尔季耶夫表示：“我们不能让犯罪分子在国外逍遥法外。显然如果这些武装分子留在境外，他们会继续从事反哈恐怖活动。我们每年会挫败数起来自境外的恐怖图谋。他们会在这里接受审判，然后接受再教育。”

吉尔吉斯斯坦。2月7日，吉尔吉斯斯坦内务部工作人员对楚河州索库鲁克区几名公民的住处进行了搜查，以阻止相关人员参与极端和恐怖活动。在搜查过程中，警方从极端分子手中收缴了一批无许可证的枪支，包括143个5.45毫米口径子弹弹匣、12毫米短筒枪和88个弹匣、军刀、手工打造的刀具、以及含有宗教内容的资料等。内务部继续对此案展开调查，以确定该极端组织是否参与其他犯罪行为。6月9日，在国家反恐斗争论坛上，吉尔吉斯斯坦国家安全委员会副主席科热别科夫说，2018年，十多名国际恐怖分子在吉尔吉斯斯坦境内被击毙。吉国家安全委员会和俄罗斯执法部门共同阻止了俄4起恐怖袭击。

土库曼斯坦。长期以来，土库曼斯坦一直是中亚地区对民族宗教管制最严格的国家，因此少有恐怖案件发生。影响该国外部安全的过去主要是在土阿边境的塔利班和土乌边境的乌兹别克斯坦伊斯兰运动，现在则是恐怖组织“伊斯兰国”。

塔利班与土库曼斯坦的关系十分微妙。在塔利班当政时期，土库曼斯坦曾是中亚唯一与阿富汗互设大使馆的国家。土库曼斯坦对塔利班的诉求主要是，需要塔利班管控、接纳约90万的土库曼族移民，防止这些已移居阿富汗的土库曼同胞重返故国，冲击既有利益格局。作为回报，土库曼斯坦则默许塔利班过境土领土，向欧洲输送毒品。近年来，土库曼斯坦开展了更加有力的禁毒运动，导致塔利班无法通过土库曼斯坦输出毒品。基于这一原因，土库曼斯坦南部经常受到塔利班的袭击。

“乌伊运”近来与“伊斯兰国”关系密切。有分析指出，“伊斯兰国”看重土库曼斯坦丰富的能源资源和广阔的地理位置的优点，以及军事力量脆弱、没有与军事强国有军事合作等弱点，希望在土库曼斯坦扩大自己的势力范围。“乌伊运”在武器装备、人员训练等方面得到“伊斯兰国”的支持，从而在土库曼斯坦边境活动频繁。

塔吉克斯坦。在中亚国家中，由于与阿富汗比邻，塔吉克斯坦面临的恐怖主义威胁最为严峻。恐怖分子“回流”和国内民众的极端化以及复杂艰难的去极端化工作，是塔吉克斯坦面临的安全治理难题。塔阿边境是中亚安全的薄弱环节。在地区安全合作和塔吉克斯坦的严密防控下，塔阿边境的安全问题得到高度重视。2018 年，塔吉克斯坦的形势总体平稳。但源于阿富汗的恐怖主义和贩毒集团与塔吉克斯坦的反对派武装相结合可能进一步引发局势的动荡。

恐怖主义势力在塔吉克斯坦仍较活跃。2018 年，中亚国家没有出现大规模恐袭事件。塔吉克斯坦却发生两起严重的暴恐事件。7 月 29 日，塔吉克斯坦发生袭击 7 名外国游客的恐怖袭击。袭击事件导致 4 名西方国家游客死亡，3 名游客受伤。塔吉克斯坦警方在随后的搜捕行动至少抓获 4 名嫌疑人，击毙 5 名反抗的袭击者。7 月 30 日，“伊斯兰国”宣布对这起袭击外国游客事件负责，而塔官方在 31 日则称是塔吉克斯坦“伊斯兰复兴党”策划并实施了此次袭击事件。8 月 1 日。塔吉克斯坦国家安全委员会宣布，被该国禁止的恐怖组织“伊斯兰复兴党”的地下分支已被消灭，该分支成员曾策划对俄罗斯军事基地等设施发动袭击。该分支全部 14 名成员于 2018 年 2 月被国家安全委员会人员逮捕，他们原计划在 3 月诺鲁孜节期间发动大规模袭击，对象包括俄驻塔第 210 军事基地。杜尚别市法院判处两名主谋 26 年有期徒刑，其余成员被判 7 年有期徒刑。所有罪犯均被判犯有组织极端主义和恐怖主义活动罪。塔吉克斯坦安全部门表示，策划者曾在阿富汗贾拉拉巴德市郊的“基地”组织特训，之后参训者作为恐怖组织“伊斯兰国”分支的成员参与武装行动。11 月 8 日，索格德州首府胡占德市发生监狱暴动，造成 24 人死亡。一名被关押的极端组织“伊斯兰国”成员袭击狱警并抢夺自动步枪，随后与其他囚犯联合向狱警和工作人员发起攻击。这起监狱暴动事件是塔吉克斯坦近 8 年来发生的最严重的监狱事件之一。2018 年，塔吉克斯坦共逮捕 298 名恐怖组织和极端组织成员，制止 11 起恐怖主义行为，其中包括 4 起暗杀案件。

“伊斯兰国”暴恐分子的“回流”给塔带来的安全威胁大幅上升。2018 年 11 月，塔吉克斯坦国家安全委员会指出有 1899 名塔吉克公民在叙利亚和伊拉克加入了“伊斯兰国”恐怖组织。塔吉克斯坦籍“伊斯兰国”恐怖分子的国际活跃程度很高。伊拉克、库尔德人民保护部队（YPG）都有逮捕塔吉克斯坦籍“伊斯兰国”武装分子的记录。“伊斯兰国”的网络招募活动是塔国民众极端化的重要途径。“伊斯兰国”的支持者称计划于 2018 年 11 月 13 日袭击俄罗斯驻杜尚别军事基地和一所俄罗斯学校。11 月 4 日，塔吉克斯坦国家安全委员会承认拘留 12 人，他们都是通过互联网招募的。同年 11 月 15 日，塔吉克斯坦杜尚别法院判处招募公民加入“伊斯兰国”的英语教师卡西莫夫（Касымов）19 年徒刑。

塔阿边境地区武装贩毒活动猖獗。塔吉克斯坦位于阿富汗毒品走私的“北方路线”的第一站。阿富汗毒品经此进入中亚、流向俄罗斯和欧洲。塔阿边境毒品走私、绑架案件时有发生。塔国边境安全部门与非法越境者经常发生交火。2018 年前 9 个月，塔吉克斯坦边防部队与塔阿边境的走私者发生了 20 次冲突，11 名罪犯被杀，超过 1300 公斤毒品被缉获。在塔阿边界，塔吉克斯坦设立了 22 个新的检查站，以防止武器和毒品走私。毒品走私是地区恐怖主义活动最主要的经济来源，打击毒品走私活动对于塔国来说是长期的斗争。毒品走私及塔国内以此衍生的非法经济对正常经济活动的发展产生巨大冲击。这些对塔吉克斯坦国内的社会稳定和经济发展都有着很大的制约和破坏。

塔阿边境阿方一侧国际恐怖主义分子的活动十分活跃。2018 年初，塔防安全机构估计，在近 1400 公里的塔阿边境，有 6825 名塔利班武装分子，其中大多是当地人。塔利班运动武装分子从阿富汗南部向北部的巴尔赫、昆都士、塔哈尔和巴达赫尚省转移并建立训练基地。最新数据显示，2018 年世界一半多的恐怖袭击发生在阿富汗。在靠近国家边界的 28 个阿富汗行政区中，23 个被武装分子完全或部分控制，只有 5 个被国家军队和警察完全控制。在 2018 年前 9 个月里，塔阿边界有 20 起边境冲突，11 名武装分子被击毙，30 多人被捕。武装分子试图恐吓边防警卫，并建立自己的渠道来运送毒品，实际上是为了控制边境。而塔吉克斯坦政府则持续加强边防部队的防御能力。当地居民说，现在的塔阿边界比两到三年前更难偷越。由于边界管控持续加强，毒品没收率急剧上升。2017 年，塔边防部队拦截了大约 1.7 吨毒品（几乎是一年前的两倍）。2018 前 9 个月，拦截了 1.35 吨。包括海洛因在内的昂贵和最危险物质的没收率也在上升——达到 6.4%，而在 2017 年还不到 2%。专家认为，由于塔吉克斯坦的风险增加，毒品贩子正在寻找其他途径。来自塔吉克斯坦边境地区的毒贩在伊朗和阿塞拜疆被抓获，案件增多间接地证实了一些积极的动态。即在塔吉克斯坦，毒品的国内市场已经停止增长，一些“街头价格”近年来增加了几倍。在俄罗斯，因贩卖毒品而被捕的俄罗斯原住民数量下降了 36%，吸毒者的数量下降了 8%。在传统的“阿富汗”毒品走私目的地乌拉尔地区，西方进口的合成毒品相比开始增加。毫无疑问，俄罗斯警察的工作、预防措施和市场安排在这里起到了作用，但阿富汗边境局势的变化所起的作用不容小觑。目前，边境地区最脆弱的部分是塔吉克斯坦的哈特隆州（特别是吉利库尔、库伯丁、哈赫里杜斯地区）和巴达赫尚山脉（喀拉伊乌姆郊区、伊希姆西部和罗什塔林区西南部）。

塔利班对中亚的主要诉求是保证其毒品走私北方通道的安全，没有进入中亚的政治意图，因此塔阿边境地区局势虽然紧张，仍然可控。但混迹其中的国际恐怖分子，尤其是在这一区域活动的“伊斯兰国”武装分子对塔吉克斯坦构成安全威胁。另外，值得注意的是，俄罗斯和塔吉克斯坦对塔阿边境局势的认知和诉求并不相同。俄罗斯方面有着利用塔阿边境安全问题以加强与塔吉克斯坦的安全合作的考虑。塔吉克斯坦客观上有着提升本国自主地位和防止社会恐慌的心理。总的来说，塔吉克斯坦是区域安全合作组织的成员国，也是大国安全合作的伙伴。塔吉克斯坦对塔阿边境局势的恶化不断进行关注、研判和准备。

二、中亚地区恐怖与反恐怖斗争的特点

1. 国际恐怖主义组织正在加强与贩毒组织和有组织犯罪方面的联系。12 月 13 日，上海合作组织地区反恐机构执行委员会主任叶夫根尼·瑟索耶夫表示，国际恐怖主义组织正在加强与制售毒品组织和有组织犯罪方面的联系，开始通过世界各地区的分支机构向其他运营模式过渡。瑟索耶夫表示：“虽然打击国际恐怖主义取得了很大的成果，但恐怖分子依然是最

严重的威胁，他们正在适应不断变化的现实。”瑟索耶夫评估认为，恐怖分子获取财政、物资和技术支持的来源和渠道正在多元化。他指出：“恐怖分子通过包括巩固与毒品制售和有组织犯罪方面的联系在内的多种手段，依托地区分支机构的运作正在向网络经营模式过渡。

2. “独狼”和“休眠组织”成为中亚安全最大威胁。“伊斯兰国”的核心是占阿富汗人口结构60%的30岁以下的年轻人。招聘过程非常复杂。所谓的“休眠组织”正在招募与叙伊战区无关的面孔。这些人以前从未出现在情报和执法部门的视线中，一直过着守法的生活。

3. 劳动移民是网上招募的主要对象。独联体反恐怖主义中心主任安德烈·诺维科夫说，与大家想象不同，招聘地点绝大多数不是在清真寺，而是在建筑工地、市场和宿舍中完成的。处于不同文化，语言环境中的劳动移民生活在极大的心理压力之下。根据抽样调查，在塔吉克斯坦3000名网民中，约80%的人经常面临恐怖主义和极端主义的宣传。在塔吉克斯坦，伊斯兰基金会一直在宣扬激进的伊斯兰思想，约85%的塔吉克斯坦被招募者是在俄罗斯首次被招募人员看中的。塔吉克斯坦新一代的伊斯兰主义者，在意识形态上接近伊斯兰教，否认“国家”和民族传统，一些年轻人不再接受像诺鲁兹这样具有历史意义的民族节日，只被要求遵守普遍的伊斯兰节日。官方神职人员缺乏公共权威，导致在阿拉伯国家和巴基斯坦的宗教中心接受教育的非正式宗教领袖的出现。正是这些人客观地构成了“伊斯兰国”向塔吉克斯坦渗透的社会基础。根据塔吉克斯坦司法部长的说法，“伊斯兰国”有1094名塔吉克公民，他们是萨拉菲思想的支持者。其中400名哈特隆人，272名索格特人，254名直属联邦区的人，139名杜尚别人，26名巴达赫尚人，他们85%是在俄罗斯工作的移民。

4. 恐怖组织改变策略，招募出现新趋势。一是新兴社交媒体成为恐怖分子招募新宠。最近，独联体国家反恐部门发现，招聘活动已转移到各种社交软件WhatsApp，Viber和Skype，这种趋势很明显。二是“伊斯兰国”不仅对招募野战步兵感兴趣，而且对招聘IT技术，语言学，医学和其他行业的人才感兴趣。因此，具有专业知识的大学生处于危险之中。三是自治恐怖主义兴起。除了使用社交网络进行传统招聘之外，“伊斯兰国”还推出了一个新的“项目”——在互联网上发布关于培养“自治恐怖组织”的培训课程 。课程内容包括制造简易爆炸装置的教科书、说明、视频、在黑市上获得武器等。

第二节　中亚地区主要反恐措施

2018 年，中亚五国继续完善各项反恐措施，严厉打击极端组织和有组织犯罪集团。更加注重源头治理，完善各项法律法规，通过国际合作走联合反恐之路，已成为各国共识。

一、严厉打击极端主义

乌兹别克斯坦。从 2017 年起，乌兹别克斯坦开启了一项对宗教极端分子进行转化，以使他们回到正常生活的计划。这项计划包括下列几方面内容：1. 制定“黑名单”。首先，乌兹别克斯坦政府制定了一份“黑名单”，将社会中的宗教极端主义分子分为三类：悔过的极端主义分子、摇摆不定的极端主义分子、顽固不化的宗教极端主义分子。其次，为监控这些“黑名单”上的人员，乌兹别克斯坦在全国各地都成立了特别工作小组，由政府工作人员、内务部工作人员、国家安全部门人员、宗教神职人员等组成。特别工作小组每天关注“黑名单”上人员的动态，并对他们的家人、邻居进行走访，获取最新情况。如果“黑名单”上的人员不愿彻底抛弃他们的极端主义思想，那么有关部门将有可能剥夺其公民权，对他们处以监禁及其他刑罚。相反，宗教极端主义的追随者如果意识到了参与恐怖活动的后果，并放弃自己的极端主义观点，那么政府有可能对他们“宽恕”。“黑名单”计划在乌兹别克斯坦已取得了初步成效。目前，乌兹别克斯坦政府确认，有 1.8 万名宗教极端组织的参与者已经悔过。除此之外，被从“黑名单”上去除的人员，地方政府将在就业方面对其提供帮助，并让他们参加社会公益活动。2.《2018-2021 年国家优先发展方向行动战略》的国家方案。2018 年初，乌兹别克斯坦政府批准了一项实现《2018-2021 年国家优先发展方向行动战略》的国家方案。该方案由 5 个章节组成，其中特别提到了保障国家安全、民族团结、宗教宽容等方面内容。此外，乌兹别克斯坦政府还计划实施一系列措施，对受到宗教极端主义影响的公民进行社会感化，让他们回到健康的环境氛围当中。乌兹别克斯坦总统米尔济约耶夫还指示，政府将起草一份法案，以加强打击有害宗教思想的传播，让公民特别是青年人过上健康的生活。值得一提的是，乌兹别克斯坦是中亚第一个在打击宗教极端主义工作中采用新方法的国家。

哈萨克斯坦。哈萨克斯坦也高度重视反恐、反极端主义。近年来，哈萨克斯坦面临的恐怖主义威胁日益复杂。为防范和打击恐怖主义，哈萨克斯坦加大打击恐怖主义力度，措施包括对大量法律条文进行修改，对从事恐怖活动的人加大惩戒力度，对易遭受恐怖袭击的各种设施加强安保等。为此，国家反恐预算将增加三倍，以支持打击恐怖主义新五年计划的实施。3 月 6 日，总理府召开的政府工作会议审议并通过了国家安全委员会反恐五年计划。该计划是此前一系列规划方案的延续。据国家安全委员会副主席努尔哈利·比勒斯别科夫介绍，此前制定的打击宗教极端主义和恐怖主义国家规划已于 2017 年完成。此外，宣传领域的工作也得到了有效开展，对大众媒体上极端宗教思想的打击取得了良好效果。努尔哈利·比勒斯别科夫说："相关计划共斥资 980 亿坚戈，其中来自国家预算支出 278 亿坚戈，地方预算支出 702 坚戈。"他还表示，新的五年计划将延续此前的相关方案和政策。2018-2022 年将要实施的工作指标也已明确，其中包括减少持极端宗教思想的人员数量、强化反恐机构的物质条件、增加符合安保条件的设施数量以及其他等。"新计划框架下将实施 80 多项工作，其中 35 项为专项行动。为确保任务的妥善完成，5 年间需获得预算拨款 2700 亿坚戈，其中国家预算支出 2093 亿坚戈，地方财政支出 607 亿坚戈。"比勒斯别科夫说。

塔吉克斯坦。拉赫蒙总统强调，当今世界，极端主义和恐怖主义威胁与日俱增，打击极端主义和恐怖主义永远是塔吉克斯坦护法机构和强力部门最重要的任务之一。拉赫蒙说，为阻止塔吉克斯坦公民到其他国家参与武装冲突，塔政府修改了刑法。根据修改后的刑法，已停止参与其他国家武装冲突的塔吉克斯坦人，且并未犯有其他罪行，将被免除刑责。塔政府采取这些措施目的是让那些"受骗"到其他国家参与武装冲突的塔吉克斯坦公民回到亲人身边。

二、积极探索"去极端化"的新方法

如何让"回流"人员重新融入社会，是各国去极端化工作普遍面临的难题。对"回流"极端分子的"去极端化"工作是一项长期、艰巨、复杂的系统工程，"再极端化"的风险很高。加入"伊斯兰国"的塔吉克斯坦人中，有400多名塔吉克妇女和儿童在伊拉克监狱和叙利亚的联合国难民营。塔吉克斯坦外交部与伊拉克开展协调，希望遣返塔籍"伊斯兰国"留在伊拉克的孤儿，这将增加塔吉克斯坦政府"去极端化"的工作量。之前，塔国内务部鼓励加入极端分子行列的年轻人的回归。对自愿回国并真心悔罪的本国公民，在不犯其他罪行的情况下，塔国内务部免除其刑责。但是，对被赦免的人员或被关押的人员真正实现思想意识的"去极端化"难度很大。实际上，塔吉克斯坦屡次出现回流人员的再极端化现象。2018年2月，索格特州警察局就表示，从伊拉克和叙利亚回国，被塔吉克当局赦免的72名激进分子中有30多人重新加入"伊斯兰国"。塔吉克斯坦并未有效遏制宗教极端主义思潮的蔓延和极端组织的发展，去极端化工作任重道远。

三、妥善管控劳动移民问题

塔吉克斯坦。4月17日，俄罗斯领导人弗拉基米尔·普京在莫斯科与塔吉克斯坦总统拉赫蒙举行了会谈。会后，双方参加了签署双边文件的仪式。目前，俄罗斯境内大约有120万塔吉克斯坦公民。2018年，他们共获得了471000项工作专利，[①] 但仍有大量塔国劳动移民找不到工作，沦为"三非"（非法入境、非法拘留、非法务工）人员，这些非法劳工是恐怖分子招募的最大群体。在过去的一年里，俄罗斯的劳工移民人数增加了近20万，超过了500万。

四、协调立场，增进交流，积极推动多层次安全合作

在多边层面，俄罗斯、吉尔吉斯斯坦和阿富汗共同打击毒品的行动正在进行中。为了满足边境巡逻队的需要，俄罗斯向两国提供了武器、运输、技术控制和监视工具。此外，还制定了从俄罗斯增调增援部队的计

① http://www.aif.ru/society/rossiya_i_tadzhikistan_podpisali_soglashenie_o_nabore_trudovyh_migrantov

划，以防恐怖分子突破边境。在国际组织层面，中亚各国在独联体、集安组织和上海合作组织“三个同心圆”合作架构下展开了积极合作。1. 独联体。独联体反恐中心负责人警察上将安德烈·诺维科夫 9 月 25 日在“伊塞克湖反恐 2018”演习开始第二阶段期间称，“伊斯兰国”组织试图在中亚建立据点并激活“休眠基层组织”。诺维科夫在演习框架内举行的独联体国家安全机关和情报机构反恐分队负责人集训开幕式上则表示：“通过对当前作战情况的分析，决定在制定联合反恐演习方案轮廓时对核心问题予以实质性关注，因为包括‘伊斯兰国’试图在该地区建立‘哈里发’新据点，组建并激活那些已建立的‘休眠团体’等核心问题不仅对吉尔吉斯斯坦共和国，而且对整个中亚地区的安全构成了威胁。”2. 集体安全条约组织。近年来，塔吉克斯坦及其集体安全条约组织盟友在加强边界方面做了大量工作。集安组织副秘书长瓦列里·谢梅里科夫表示，集安组织集体安全委员会已同安理会反恐怖主义委员会签署备忘录。谢梅里科夫说，打击恐怖主义是 2018 年集体安全条约组织的一个优先事项。为此，集安组织与安理会反恐委员会进行了密切的合作，并签署了备忘录。3. 上海合作组织。4 月 24 日，俄国防部长绍伊古在北京举行的上合组织防长会议上表示：“在所谓的‘伊斯兰国’武装分子被击溃后，武装分子正在从叙利亚和伊拉克向其他地区转移，包括中亚和东南亚，并在那里建立新的恐怖组织。”俄外长拉夫罗夫称：“由于恐怖分子使用现代武器，其中包括作战无人机，因此局势更加复杂。”绍伊古表示：“因为叙境内武装分子使用的无人机能够在超过 100 公里的范围内飞行。没有发达国家的技术援助，他们不可能制造出来。在人口稠密地区使用这种武器可能造成灾难性后果。”“长期以来，由美国领导的 30 多个军事先进国家组成的最强大联军集团对付不了武装分子。而‘伊斯兰国’控制的领土却在扩张。显然，这是另有目的：动摇该地区局势、巩固其军事和经济存在。”

第六章　南亚地区恐怖主义与反恐怖斗争形势综述

2018 年，受本土恐情发酵和外来恐毒传染的双重夹击，南亚仍然面临较大的恐怖威胁，南亚多国纷纷采取措施予以应对。

第一节　南亚地区恐怖主义形势

一、阿富汗恐怖主义形势

2018 年，阿富汗塔利班反扑势头凶猛，不断在战场上取得胜利，占领的领土逐渐增多，“基地”组织和“伊斯兰国呼罗珊分支”等恐怖势力也异常活跃，导致阿富汗暴恐大案频发，伤亡巨大。同时，美国开始与阿富汗塔利班进行和谈，试图以此推进阿富汗政治进程，但和谈前景不容乐观。

据统计，阿富汗 2018 年共发生了 2400 起袭击事件，其中死亡人数多达 16000 人，11000 人受伤，比 2017 年增加了 7%。在 2017 年的 2390 起袭击中，大约有 14600 人丧生，16010 人受伤。在这其中，法利亚布是阿富汗受袭最严重的省份，发生了 258 起袭击，其次是楠格哈尔省（242 起）、赫尔曼德省（152 起）、加兹尼省（112 起）、法拉赫省（112 起）、坎大哈省（111 起）和喀布尔省（100 起）。余下的除了巴米扬省以外，其他省份也发生了 1257 起袭击事件。同时，自 2015 年以来，大约有 28529 名阿富汗安全成员在阿富汗丧生。阿富汗士兵牺牲人数约每周 175 人。这一数字在 2015 年为 5000 人，2016 年为 6700 人，2017 年为 1 万人。[①] 2018 年 8 月，阿富汗国防部长塔里克·沙阿·巴尔哈米（TariqShahBarhami）、内政部长维斯·巴尔马克（WaisBarmak）和安全顾问汉菲·阿特马尔（HanfiAtmar）因安全局势恶化而辞职。当年 10 月，塔利班还杀害了有较大影响力的反塔利班指挥官和坎大哈警察局长拉齐克将军。阿反恐形势严峻。

其一，塔利班异常活跃，扩张态势明显。2018 年，塔利班势力不断增强，其通过在农村地区扩张、高调攻击城市中心以及短暂占领加兹尼和法拉赫等方式向阿富汗政府不断施加压力。据统计，包括正规军、后勤人员和支持者等，塔利班的人数从此前的 25000 人增加到 75000 人，在 59 个地区取得控制权（占阿全境 14.5%），在 119 个地区有影响力（占阿全境 29.2%）。据阿富汗问题专家安东尼奥·朱斯托奇（AntonioGiustozzi）称，塔利班的人数在 6 万至 15 万左右，包括全职战士、兼职民兵、情报、后勤、宣传、司法和民事管理等其他方面人员。2018 年，塔利班发起了“哈达格”行动，该行动以穆罕默德在公元 627 年麦地那的历史性战役命名，目标是美国和阿富汗军队。在“哈达格”行动中，塔利班调整行动和战术策略，其没有袭击失去大量战斗人员且无法保持控制的省会，而是集中力量加强对农村地区的控制，以此包围城市中心。塔利班的攻势迫使阿安全部队放弃农村而撤退到省会等城市，以加强对关键地区的防御和降低高伤亡率。同时，塔利班还保留了在城市中心随意发动引人注目的袭击的能力。塔利班在中部和北部省份取得了不小进展，而这些地区一度处于阿富汗政府的控制之下。同时，塔利班进一步巩固了对其大本营——阿富汗南部的控制。11 月，塔利班甚至进入了加兹尼什叶派聚居区，该地原为反塔利班势力的大本营。

塔利班还擅长利用网络和新媒体等方式加强宣传和招募新人。如，塔利班攻占新地区并迫使政府军投降的视频和图片被广泛传播，以鼓舞塔利

---

① Ahmad Shah Erfanyar, “2018 Casualties Indicate 7 Percent Surge,” Pajhwok, January 3, 2019, https://www.pajhwok.com/en/2019/01/03/2018-casualties-indicate-7-percent-surge.（上网时间：2019 年 7 月 4 日）

班的士气。这些精心设计的图片和视频给人一种塔利班即将取胜的印象，从而招募更多新人和筹集更多资金。同时，塔利班还通过非军事手段削弱阿政府的控制。此外，塔利班还增加援助项目，建立政府机构，促进治理以赢得当地居民的忠诚。在其控制或影响下的地区，塔利班有效管理着学校、医院和法院，并收取税款和水电费。由于阿富汗普通民众对国家治理不善和机能失调感到失望，这使得塔利班的管理更加容易。与此同时，塔利班还利用其在卡塔尔的办事处来获得国际合法性并增进其外交关系。现在，塔利班已经与巴基斯坦、俄罗斯、伊朗、土耳其、卡塔尔、沙特阿拉伯和中亚一些国家建立了工作关系。

其二，“伊斯兰国呼罗珊分支”逆势发展。“伊斯兰国呼罗珊分支”以阿巴部落区为基础，倚重边境两侧山地渗透，现已扩展至阿巴腹地，甚至在两国全境都有眼线。在阿富汗，“伊斯兰国呼罗珊分支”2015-2017年间控制范围急扩，不仅在东部楠格哈尔、库纳尔和帕克蒂亚等地占山为王，还向法拉、朱兹詹和法利亚布等西部、北部省份扩张，并延伸到南部赫尔曼德省，甚至恐袭首都喀布尔。2018年来，因遭打击，“伊斯兰国呼罗珊分支”从东部和北部撤退，现重兵集结在楠格哈尔、朱兹詹和喀布尔三地。自成立以来，“伊斯兰国呼罗珊分支”在阿富汗实施了多达211次恐怖主义袭击，在楠格哈尔139次，喀布尔52次，朱兹詹20次，造成1511人死亡，3220人受伤。[①] 目前，“伊斯兰国呼罗珊分支”主要分为两派：一是巴基斯坦派，主要是居住在阿富汗东部和东北部的前巴基斯坦塔利班恐怖分子；二是乌兹别克派，其成员大量躲藏在阿富汗北部。截至2018年，“伊斯兰国呼罗珊分支”在阿富汗30个不同地区有4000—6000名成员。其中3500—4000人在东部，1500—2000人在北部。由于“伊斯兰国”核心在中东的溃败，大量成员赴南亚加入“伊斯兰国呼罗珊分支”。根据联合国安全理事会（UNSC）的报告，在2017年12月至2018年3月期间，“伊斯兰国”在中东的大约67名成员已经迁移到阿富汗东部。同时，“伊斯

---

① Amira Jadoon，“Allied and Lethal：Islamic State Khorasan’s Network and Organizational Capacity in Afghanistan and Pakistan，” CTC West Point，December 2018 p. 11，https：//ctc. usma. edu/app/uploads/2018/12/Allied-Lethal. pdf.（上网时间：2019年7月5日）

兰国呼罗珊分支”与巴阿其他暴恐武装，如“虔诚军”“自由军”“乌伊运”和“巴塔”一些分支等构建同盟，扩大了其在阿富汗和巴基斯坦的活动范围。

此外，“伊斯兰国呼罗珊分支”2015-2017年间急速扩张，逐步蚕食一些原“阿塔”势力范围。“阿塔”对其极力打压，双方多次兵戎相向。一方面，“阿塔”通过“脸书”和旗下媒体等渠道进行反“呼罗珊分支”宣传，称其“展示了伊斯兰的负面形象，制造恐慌情绪”。另一方面，“阿塔”利用兵力优势逐渐夺回地盘。例如，自2018年下半年起，“阿塔”分别围剿阿东部和北部的“呼罗珊分支”势力。在双方8月的一场战斗中，约40名“呼罗珊分支”成员被打死，其余200多名成员被迫向政府投降。目前，因“阿塔”势力强大，“呼罗珊分支”处于守势，其势力范围保留在“阿塔”影响力较小的东部和北部一些地区。

其三，“基地”组织在阿富汗仍然较为活跃。依靠多年在阿富汗打下的根基，以及与阿富汗塔利班的庇护关系，“基地”组织在阿富汗潜滋暗长，多次跟随阿富汗塔利班搞恐袭，势力遍布阿富汗多个地区。据美国估计，“基地”组织核心在阿富汗有100—300名士兵，而阿富汗则称该组织在阿富汗大约有500名士兵。这个数字不包括“基地”组织的附属组织，如“基地”组织的印度次大陆分支。“基地”组织主要成员分布在库纳尔、努里斯坦、巴达赫尚、楠格哈尔、赫尔曼德省、坎大哈省、乌鲁兹干和扎布尔等省。

二、巴基斯坦恐怖主义形势

近年来，尤其是2014年巴基斯坦陆军学校惨剧发生以来，巴基斯坦大力反恐，取得不少进展。然而，巴基斯坦恐怖势力尾大不掉，该国2018年仍然面临较大的恐怖威胁。

其一，新兴宗教团体的恐怖隐患增加。自2017年以来，巴基斯坦见证了新型宗教团体的兴起，特别是代表新一轮极端主义浪潮的激进巴雷维主义（berelvis，苏菲主义的追随者）。“先知追随者运动”（Tehrik-i-LabbaikPakistan，TLP）是这些组织中最臭名昭著的一个，该党在2018年国家议会选举中成为第五大政党，在旁遮普省成为第三大政党。该党多次发起抗议活动，并随意煽动暴力活动，如2018年11月下旬，TLP在全国范围内进行抗议，反对最高法院宣布一名叫比比的基督教女子无罪的决定。该女子被指控亵渎神明，在死囚牢房关押了 8 年多。TLP 要求公开处决比比，呼吁推翻当地政府，并鼓励其追随者杀死宣布她无罪的最高法院法官。抗议活动结束前，政府满足了 TLP 的要求。巴雷维人的主流激进化可能会导致巴基斯坦境内各宗教团体之间的进一步冲突和暴力化，如德奥班迪和萨拉菲派。相比之下，德奥班迪派约占 15%，什叶派占 15%至 20%，萨拉菲派占 5%。巴雷维的暴徒暴力，对宗教少数的私刑正义，以及企图定点清除知名领导人可能会在将来一段时间内越发突出。

其二，境内恐怖组织加速重组演化。巴基斯坦境内恐怖势力众多，盘根错节，各恐怖势力常根据形势加以联合或者分道扬镳，故不断出现新的恐怖网络和团体。在这其中，巴基斯坦塔利班的重组尤为值得重视。美国军方 6 月 15 日证实，美军对阿富汗东部实施的一次无人机空袭行动杀死了被美国悬赏 500 万美元的巴基斯坦塔利班头目法兹卢拉。美国军方此前宣称，于 6 月 13 日在阿富汗东部库纳尔省实施了一次无人机空袭行动，该地区靠近阿富汗与巴基斯坦交界。这次行动针对一位重要恐怖主义组织头目，但美军没有透露此人的姓名，也没有披露结果。阿富汗国防部官员 15 日证实，被美国悬赏 500 万美元的恐怖组织塔利班头目法兹卢拉，13 日在阿富汗东部库纳尔省遭美国无人机击毙。与此同时，巴基斯坦国防部发言人拉德马尼（Mohammad Radmanish）向美国有线电视新闻网（CNN）证实，法兹卢拉在 13 日的一次美军空袭行动中死亡。巴基斯坦《论坛快报》（Express Tribune）引述没有透露姓名的消息人士表示，无人机发动攻击，法兹卢拉和“巴基斯坦塔利班运动”的另外几名指挥官死亡。法兹卢拉曾多次以美国和巴基斯坦为目标发动恐怖攻击，包括 2014 年 12 月对巴基斯坦白沙瓦（Peshawar）陆军公立学校发动恐怖攻击，造成 151 人死亡，其中包括 130 多名儿童。美国指称法兹卢拉 2012 年曾试图暗杀诺贝尔和平奖得主马拉拉（Malala Yousafzai）。法兹卢拉死后，2018 年 6 月 23 日，TTP 的舒拉委员会任命瓦利·马哈苏德（MuftiNoorWaliMehsud）担任该组织的新领导人。瓦利来自南瓦济里斯坦，在被任命为新领导人之前，他负责巴基斯坦塔利班运动在卡拉奇的行动和该组织的宣传工作。他是一位宗教学者和“圣战”主义作家，以坚决反对脊髓灰质炎疫苗接种运动，支持巴基斯坦针对卫生工作者的暴力行为而闻名。瓦利还撰写了一本 690 页的书，于2017年11月发行。2018年9月，巴基斯坦塔利班还发布了一份重新定义的该组织行为守则。瓦利上台后，标志着巴基斯坦塔利班核心重回传统的马哈苏德部落，影响深远。

其三，“伊斯兰国呼罗珊分支”在巴基斯坦较为活跃。“伊斯兰国呼罗珊分支”成立后，不少当地恐怖势力加盟或投靠。2018年，当地恐怖势力对该组织的效忠上有所减少。这主要是因为当地的恐怖组织，特别是巴基斯坦塔利班，已经发表声明和宣传反对“伊斯兰国呼罗珊分支”在该国立足。尽管如此，一些自我激进，对“伊斯兰国呼罗珊分支”进行支持和同情的恐怖小组仍在不断出现，巴基斯坦2017年来已发生多起此类恐怖袭击案件。此外，“伊斯兰国呼罗珊分支”在巴仍有较强的活动能力，在俾路支和信德省大搞恐袭，以什叶派、苏菲派和政府代表为目标。该组织针对知名人士、宗教集会和公众抗议发动了大规模伤亡袭击。2018年7月，俾路支斯坦的默斯东地区发生自杀式爆炸，造成128人死亡，180人受伤。这是巴基斯坦历史上死亡人数第三多的恐怖袭击，仅次于2007年导致前总理贝娜齐尔·布托（BenazirBhutto）死亡的卡萨斯（Karsaz）爆炸案和2014年的陆军学校爆炸案。

其四，“基地”组织次大陆分支在巴重在宣传。2018年8月，“基地”组织次大陆发言人乌萨马·马哈穆德发表了一份题为《巴基斯坦是我们的地区》的声明，认为在巴基斯坦成立的目的是在全国执行伊斯兰教法。值得注意的是，在这段声明中，马哈茂德没有讨论“基地”组织次大陆分支的行动，也没有威胁进一步攻击。“基地”组织的宣传取得一些成效，此前在2017年6月，一个名叫“安萨拉-沙利亚”，的支持“基地”组织的团伙在卡拉奇浮出水面，该组织麾下拥有包括从叙利亚返回的曾为“努斯拉阵线”战斗的外国恐怖分子。2017年7月，报告显示该组织参与了卡拉奇和俾路支斯坦省的5起恐怖袭击，。

其五，俾路支分离势力活动增强。2018年来，俾路支分离势力活动幅度和烈度增强，尤其是针对中国，这些分离势力认为中国在当地开发是对当地资源的掠夺。有6个当地分离组织都表达对中国的“不满”，2018年8月初，俾路支解放阵线（BalochLiberationFront）指挥官阿拉·纳扎尔·俾路支（AllahNazarBaloch）威胁中国驻巴基斯坦大使，称包括渔民、劳工和游客在内的中国公民是其目标 。2018年8月，“俾路支解放军”发动自杀式炸弹袭击，攻击一辆运送中国工程师的巴士；11 月，“俾路支解放军”袭击中国驻卡拉奇领事馆。

三、印度恐怖主义形势

2018 年来，印度仍然面临不小的反恐压力，境内三股恐怖威胁较为活跃：一是涉克（什米尔）恐怖势力的威胁；，二是“基地”组织和“伊斯兰国”等国际恐怖势力威胁；三是印度教极端恐怖主义威胁。

其一，涉克恐怖威胁加大。2018 年，在联合国划定的克什米尔印度和巴基斯坦部分之间的控制线发生了多达 1432 起违反停火事件。这个数字几乎是 2017 年记录的两倍。[①] 分析认为，这主要因为印度政府对巴基斯坦的强硬立场和近年来查谟一克什米尔邦地区的动乱所引发。2018 年，印度安全部队制服了多达 200 名试图越境进入印控克什米尔的武装渗透分子。克什米尔另一个值得注意的趋势是叛乱武装“真主穆斯林游击队”（Hizb ul Mujahideen）杀害和绑架警察人员。因此，40 多名特别警察为了保护他们的家人而辞职。同时，2018 年，约有 40 至 80 名受过教育的克什米尔青年加入了不同的克什米尔叛乱团体。分析认为，这凸显了政府的严厉镇压，这种镇压疏远了受过教育的年轻人，缩小了政治异见人士的空间，以至于一小部分边缘人士加入恐怖组织。更令人担忧的是，“伊斯兰国”和“基地”组织通过社交媒体平台，不断招募那些深感被边缘和被疏远的克什米尔的年轻人。

其二，“伊斯兰国”与“基地”组织的威胁不断。2018 年，国家调查局（NIA）在新德里和北方邦镇压了一个由 10 名成员组成的支持“伊斯兰国”的小组“伊斯兰运动”（Harkat-ul-Harbe-Islam）。该小组计划在 2019 年选举之前袭击首都地区的政治人物、安全设施和公共场所。此外，11 月在喀拉拉邦失踪的 10 人已经加入了在阿富汗的“伊斯兰国呼罗珊分支”。根据警方的说法，他们是来自迪拜的移民，在那里他们被“伊斯兰国”的

① Amir Karim Tantray, “2018 Sees Highest Ceasefire Violations By Pak In 8 Years,” Tribune India, August 13, 2018, https://www.tribuneindia.com/news/jammu-kashmir/2018-sees-highest-ceasefire-violations-by-pak-in-8-years/636411.html.（上网时间：2019 年 7 月 5 日）

意识形态激进化。他们以迪拜和德黑兰为中转站，从喀拉拉邦前往阿富汗。值得注意的是，尽管“伊斯兰国”已经提高了在印度的作战能力和外联能力，但它仍然是一个中低水平的威胁。2018 年，包括首领达伍德在内的 10 名“伊斯兰国”成员在克什米尔被杀。随着 2019 年即将到来的选举，“伊斯兰国”的支持者可能会增加他们的活动，以获得公众的关注。未来，“伊斯兰国”可能试图通过从包括印度在内的该地区旧网络中招募成员或与其他激进组织结盟，例如伊斯兰孟加拉国圣战者组织和伊斯兰圣战组织。

近年来，在孟加拉国当局的镇压下，“孟加拉国圣战者组织”（JMB）开始小规模地搬迁到印度西孟加拉邦。这给了这个组织一些喘息之机，其逐渐恢复活力，开始逐步进入印度的一些地区，并策划搞恐怖袭击。例如，2 月份，那些移居印度的 JMB 分子后来将自己改名为所谓的“印度圣战者组织”（JamaatulMujahideenIndia，JMI）。JMB 的宣传人员和理论家试图利用罗兴亚问题大肆宣传，企图在印度的佛教地区煽动恐怖主义。

另一方面，“基地”组织核心及其在南亚的分支——“次大陆基地组织”（AQIS），一直是暗中发展，该组织在印度招募不少人员，“基地”组织在当地的分支“伊斯兰捍卫者组织”（AnsarGhazwatalHind）在克什米尔的人数也稳步增长，未来可能成为新的隐患。

其三，印度教极端主义威胁加大。据统计，2018 年在印度发生了十年来最多的仇恨犯罪，93 起袭击导致 30 人死亡，305 人受伤。[①] 社交媒体和虚假新闻的传播进一步促进了这一进程，这些虚假新闻放大了各种仇恨言论、阴谋论和谣言的产生，导致信仰不同宗教的人们仇恨情绪迅速的蔓延。在印度教的观念中，穆斯林和基督徒被排除在外，因为他们的“圣地”位于印度之外。在印度教的论述中也讨论了“印度教的软弱”的问题，将其归因于外来者的历史进步——穆斯林国王和大英帝国（基督徒）。多年来，这些故事在印度引发了骚乱和社区紧张局势。最近，印度教极端分子因怀疑穆斯林吃牛肉而杀害了 141 名穆斯林，并改变（或正在改变）以穆

---

① “2018 Saw Most Religious Hate Crime，Most Deaths in Decade，” The Wire，December 27，2018，https：//thewire. in/communalism/2018- saw -most-religious -hate -crimes - against -religions .（上网时间：2019 年 7 月 5 日）

斯林命名的城市和历史纪念碑的名称。此外，这些印度教极端分子经常指责穆斯林强迫印度教妇女皈依伊斯兰教，这种现象现在被称为“热爱圣战”。印度教极端主义在印度的增长部分归因于人们日益认识到印度教身份正受到威胁，尽管事实上印度教徒占印度人口的80%。网络团体和新闻媒体也在热烈讨论印度教日益萎缩的身份认同和影响力。根据他们的说法，这是西方世俗主义、好战的伊斯兰主义以及印度的资本主义冒险的产物。2018年已经发生了多起此类恐怖袭击事件。

四、孟加拉国恐怖主义形势

2018年，对孟加拉国国内安全的主要威胁来自“基地”组织和“伊斯兰国”及其附属组织。尽管孟加拉国持续地开展反恐行动，但这些恐怖势力见缝插针，不断衍生重组，建立多个联盟，孟加拉国仍然面临较大的恐怖威胁。

其一，“孟加拉国圣战者组织”(JMB)威胁不断增大。“JMB”不断分化重组，日益分裂成两大组织：一称为新的“JMB”，称之为“新圣战者组织”，其主要与“伊斯兰国”联系紧密，是“伊斯兰国”在当地的关联组织。受“伊斯兰国”流毒传染，该组织较为活跃。自2016年达卡咖啡馆恐怖袭击案件以来，孟加拉国加大了打恐力度。根据孟加拉国执法机构提供的资料，2016年以来开展的行动中，警方逮捕了约906名新JMB恐怖分子，打死了近100人。这给该组织内部造成了暂时的领导危机，并大大削弱了该组织筹集资金和实施恐袭的能力。值得注意的是，JMB虽然受到了削弱，但并未伤筋动骨。目前，新“JMB”成员集中在达卡附近地区，如纳拉扬甘杰、诺尔辛迪和加济布尔等地，并不断招募新人以补充新鲜血液。其通常从一个家庭中招募多个成员进行恐怖袭击。例如，2018年2月22日，一名22岁的新“JMB”女成员在达卡刺伤了一名警官。此前的2月9日，她的妹妹在澳大利亚墨尔本刺伤了一名警察。同时，该组织还不断通过各种社交媒体平台在网上传播其极端意识形态，效果显著。自2016年7月以来，孟加拉国的网络激进主义增长了10倍，网上出现大量支持“伊斯兰国”的宣传视频和资料。二为老的“JMB”，该组织主要与“基地”组织进行勾连。根据孟加拉国当局的说法，老JMB和“基地”组织当地分支“安萨尔·伊斯兰组织”(AnsaralIslam)正在相互合作。2018年7月11日，作家兼出版商、前左翼政治家沙贾汗·巴楚(ShahjahanBachchu)

被杀就是一个恰当的例子。在他的世俗博客中，巴楚受到了两个联手暗杀他的恐怖组织的监视。为了这次袭击，安萨尔·伊斯兰组织进行了侦察，而“JMB”消灭了他。因此，这两个集团之间的协同合作，对孟加拉国的安全威胁产生了严重影响。2018 年，老 JMB 在印度开设了一个分部。该组织提倡借助武装斗争来清除“多神论和建立伊斯兰”，其宣称印度将是未来建立哈里发国的基地。老 JMB 在孟加拉主要袭击“开明人士”，而在印度则袭击佛教徒。老 JMB 主要通过银行抢劫等犯罪活动以及生产和分发假币等方式积累资金。同时，该组织还从其在孟加拉国的支持者和同情者中得到大量捐助。孟加拉国西北部的偏远地区仍然是 JMB 招募和培训的主要基地。老 JMB 的复活进一步加重了孟加拉国可能出现新一轮恐怖主义浪潮的可能性。JMB 的重新出现突出了孟加拉国和印度面临的“基地”组织为中心团体日益增长的威胁。虽然孟加拉国和印度一直在开展一系列联合行动（大约 100 次）打击 JMB，但除非制定长期战略，在实体和网络领域制止恐怖分子，否则反恐运动难以成功。目前，关押在监狱的几百名 JMB 领导人正在制定他们的战略，并组织他们在监狱中的活动。JMB 旗下拥有几名简易爆炸装置专家，其中包括一些在阿富汗和巴基斯坦受过训练的简易爆炸装置。目前，该组织主要依靠大砍刀和手工制作的炸弹等武器。除了与“基地”组织联系紧密外，老 JMB 还与阿富汗塔利班有联系，并得到沙特阿拉伯和其他海湾国家的支持，渗透到海外孟加拉国侨民中。

其二，罗兴亚问题不断发酵。孟加拉国目前收容了 100 多万罗兴亚难民，其中 70 万是在缅甸军队镇压若开“罗兴亚救世军”（ARSA）后抵达的。此外，孟加拉国跨国犯罪和恐怖活动联系日趋紧密，特别是在孟加拉国-缅甸边界沿线。由于边境穿过山丘、森林和河流，边境管理对孟加拉国来说很困难。由于迫切需要谋生，孟加拉国的罗兴亚难民还经常参与各种形式的跨国犯罪，如人口贩卖、毒品走私和贩运军火。

第二节　南亚地区主要反恐措施

一、美阿政府试图推动和谈解决阿战

2018 年是美国在阿富汗战争的 17 年，也是美国总统特朗普的阿富汗

和南亚政策的第一年。可以看到，阿富汗整体上仍处于一个“僵局”之中，塔利班的势力还在急速扩张，为此，美阿政府开始推动与塔利班和谈。此外，包括俄罗斯在内的其他国家也推动相应和谈。

加尼的和解努力。2018 年 2 月，阿富汗总统阿什拉夫·加尼向塔利班提出无条件停火，并表示愿意接受塔利班作为一个得到承认的政党，允许他们在权力结构中占有一席之地，并释放塔利班囚犯。加尼在 6 月的开斋节前后重申了他的提议。开斋节是穆斯林的宗教节日，标志着斋月的结束，塔利班接受了这一提议，结果达成了为期三天的休战协议。与此同时，一系列草根阶层的和平游行和集会表明了对和平的普遍支持。然而，塔利班拒绝了加尼在阿富汗提出的第二个有条件的停火提议。相反，他们坚持与美国举行直接会谈。在日内瓦举行的联合国阿富汗问题会议上，加尼总统宣布了一项为期五年的和平计划。加尼还宣布成立一个 12 人小组，主要由政府官员组成与塔利班举行会谈。

美国主动推动与塔利班的和谈。2018 年 9 月，美国国务院任命前美国驻阿富汗和伊拉克大使扎勒米·哈利勒扎德为阿富汗问题特别代表，这给阿富汗和平进程注入了活力。更重要的是，美国放弃了不与塔利班直接对话的反对意见，改变了长期以来支持阿富汗自主和阿富汗主导的和平进程的立场。从那时起，塔利班驻卡塔尔办事处与美国首席副助理国务卿爱丽丝·韦尔斯在 6 月和扎勒米·哈利勒扎德在 10 月和 12 月举行了 3 次会议。12 月在阿拉伯联合酋长国举行的和谈上，双方虽没能达成一致，但美国释放了更多的塔利班囚犯，包括“哈卡尼网络”的重要指挥官阿纳斯·哈卡尼。此外，塔利班还参与了其他和平倡议，如莫斯科首脑会议，阿富汗、中国、伊朗、俄罗斯和印度等国也参加了这次会议。这次首脑会议的目的是促进阿富汗内部的和解，建立共识，防止阿富汗境内不断扩大的伊斯兰危机局势，并在会谈开始时就不干涉内政达成区域共识。

二、孟加拉国注重社区反恐

在社区参与战略方面，政府一直在让穆斯林神职人员参与宗教学校教育改革，以提高对极端主义和恐怖主义的认识。例如，孟加拉国当局继续在不同层面组织社区参与方案和宗教间对话。孟加拉国尚未制定防止和打击暴力极端主义的战略，以改造恐怖分子、极端主义被拘留者和囚犯。目前，一些机构正在与当地学者合作，以获得对去极端化的深入了解。此外，孟加拉国还加强在网络领域等管控。在网络领域，孟加拉国已经认识到利用网络平台促进节制的重要性。孟加拉国当局还加强了对社交媒体的监控，并关注网络激进化和可能的动员。

三、巴基斯坦加强国际反恐合作

俄罗斯外交部长拉夫罗夫 2 月 20 日表示，俄方期待与巴基斯坦加强反恐合作，打击极端组织“伊斯兰国”在中亚的残余势力。据俄外交部网站当天发布的消息，拉夫罗夫在与到访的巴基斯坦外交部长阿西夫会谈后对当地媒体说，俄方愿继续协助巴基斯坦提高反恐能力，并认为这有助维护巴所在地区的安全利益。“去年俄方向巴方提供了 4 架可用于反恐的直升机，俄方决定继续与巴方在山地反恐方面开展合作。”拉夫罗夫表示，俄巴双方关注阿富汗局势，对该国境内恐怖活动抬头、毒品威胁加剧、“伊斯兰国”残余势力试图站稳脚跟感到忧虑。他指出，俄方对美国和北约在阿富汗滞留多年却未给阿人民带来和平稳定感到遗憾。“去年美国公布的阿富汗新战略侧重对阿国内武装派别施加军事压力。鉴于阿富汗当前迫切需要启动内部和解进程并发挥阿富汗人民的主导作用，美国的上述立场没有前途。”拉夫罗夫还表示，巴基斯坦去年正式成为上海合作组织成员国后，积极参与上合组织各项工作。“俄方欢迎巴方参与上合组织地区反恐机构的工作，打击与恐怖主义孳生密切相关的毒品交易。”此外，巴基斯坦还注重与伊朗的反恐合作，伊朗外长访问巴基斯坦期间，双方对阿富汗安全局势表示关切，认为有必要就共同打击跨国恐怖组织加强合作。巴基斯坦外交部发表声明说，两国外长就地区及国际安全局势进行了沟通，双方对极端组织“伊斯兰国”势力在阿富汗境内的存在及该组织对本地区构成的安全威胁表达关切，强调两国有必要进一步加强合作，共同打击跨国恐怖组织。声明还说，两国外长在会谈中强烈谴责一切形式的恐怖主义，支持政治解决阿富汗国内冲突，促进阿富汗和地区的持久和平与稳定。

第七章　东南亚地区恐怖主义与反恐怖斗争形势综述

2018年，东南亚地区恐怖主义形势依然严峻，地区恐怖势力潜滋暗长，利用地区民族宗教矛盾以及新兴技术等兴风作浪。东南亚国家政府亦保持高度警惕，继续加大防恐、打恐力度，取得一定进展。

第一节　东南亚地区恐怖主义形势

尽管东南亚各国政府高度重视防恐和打恐力度，但东南亚地区的地理环境、宗教信仰及与国际恐怖势力的现实联动，都使得该地区依然是国际上重大的暴恐策源地之一。

一、借助地区乱源潜滋暗长

菲律宾南部、泰国南部及缅甸若开邦等地民族宗教矛盾突出，近年来一直成为暴恐势力渗透的重要目标。2018年，这些地方恐情依然严峻。例如，在2017年马拉维战斗中被打散的恐怖分子依然藏匿在菲南的棉兰老岛和苏禄群岛等地，他们仍然设法重组极端势力，并伺机发动恐怖袭击，建立“哈里发国”。据菲军方透露，一名“马巫德”组织头目胡玛姆（Humam Abdul Najib）正利用从马拉维市掠夺的财物在南拉瑙省招募青少年和雇佣兵。而且，由于2017年恐怖分子夺占马拉维市长达5个月之久，使得该地区“名噪一时”，对国际和地区的恐怖分子形成一定的吸附效应，一些国际恐怖分子纷纷前往该地，企图建立暴恐据点。据马来西亚警察总长弗兹2月21日透露，最近在马落网的10名恐怖分子就企图在沙巴成立阿布沙耶夫支部，以作为东南亚“伊国”成员前往菲南的“中转站”。[①] 而菲“摩伊解”主席穆拉德·易卜拉欣2月20日透露获得情报，称在叙、伊战败的武装分子正陆续潜逃到菲律宾，并策划袭击菲南的伊利甘和哥打巴托。到了2018年年底，菲律宾和平、暴力与恐怖主义研究所所长班劳伊警告称，棉兰老岛已多达100名外籍武装分子，他们试图重建2017年5月在马拉维市建立的所谓“伊斯兰国东亚省”。[②]

同样，近年来动荡不安的缅甸若开邦，也面临着被暴恐势力渗透的危险。2018年初，缅甸若开邦发生了多起暴力袭击事件，肇事者既有自称“寻求捍卫罗兴亚人利益”的阿拉干罗兴亚拯救军（ARSA），也有由佛教徒组成的以争取若开民族自治为目的的若开军。尽管他们宣称这些袭击与恐怖主义无关，但由此导致的难民潮或已成为恐怖主义势力渗透的目标。印尼防长里亚米扎尔德就此警告称，“我们必须特别关注缅甸的罗兴亚问题，若不加以妥善应对，难民可能被‘伊斯兰国’组织所利用”。此外，泰国南部长期不稳，不仅成为地区武器走私的重要通道，也成为暴恐分子的藏身之地。美国布鲁金斯学会高级研究员Vanda就曾警告称，泰马边境很容易成为武装团体的庇护所。[③]

总之，2018年，国际和地区暴恐势力继续以该地区的这几个乱源为切入点，潜滋暗长，以期在东南亚地区建立“哈里发国”。同时，新加坡内政部长兼律政部长尚穆根还警告称，“正当注意力集中在‘伊斯兰国’时，‘基地’组织和‘伊斯兰祈祷团’一直悄悄聚集力量、进行重组、发布宣

① “马国再捕10恐嫌 涉策划在沙巴成立阿布沙耶夫支部”，http：//www.zaobao.com/special/report/politic/attack/story20180222-836983。

② Philippines：scores of Islamic State fighters on Mindanao island，https：//www.theguardian.com/world/2018/nov/11/philippines-scores-of-islamic-state-fighters-on-mindanao-island.

③ How the Thai Conflict Is Boosting Islamic State in Malaysia，https：//thediplomat.com/2018/10/how-the-thai-conflict-is-boosting-islamic-state-in-malaysia/.

传材料、招募新人、筹措资金，以在适当时候发动重大袭击”。[①]

二、利用新兴技术扩张势力

恐怖主义势力善于使用社交媒体、加密数字货币、暗网等技术发展人员、转移资金以及策划恐袭。例如，在网络和社交媒体上传播恐怖主义和极端主义思想，已经使越来越多的人尤其是年轻人面临被激进化的危险。据马来西亚东南亚反恐中心的调查，每5名马来西亚大学生当中就有一人认为恐怖主义是实现目标的有效战略，并有超过半数的首访学生认为他们有可能被影响而产生暴力激进思想并可能将其化为实际行动，甚至有7%的受访者认为恐怖主义尽管造成无辜群众丧命，但不算是不道德或非法的行为。而在受访的新加坡、印尼、菲律宾及泰国大学生中，也有20%-30%的人认同恐怖主义是达成目标的有效方法。有该中心研究员塞缪尔指出，这些受访的大学生之所以有这种想法，很可能受到“伊国”等恐怖组织的影响，这些组织近年来通过社交媒体宣扬其极端理念，对许多活跃于脸书、推特等社交媒体的人，尤其是年轻人造成重大影响。[②] 新加坡内政部长兼律政部长尚穆根在2018年8月指出，2015年至今的三年半内，新加坡内安局已逮捕或依法处置20名极端分子，而其中18人是经网络被激进化的。尚穆根进一步警告称，由于网络便利化，一些人能够在短时间内被洗脑，有些甚至只需3-4天，他们可能会在毫无预警的情况下随时发动袭击。[③] 新加坡南洋理工大学拉惹勒南国际关系研究院院长廖振扬指出，科技正发挥越来越重要作用，包括使用数字和社会媒体作为通讯、招募和宣传的手段等，重要的是，网络技术可以超越地理限制而在虚拟空间创造一种归属感和认同感。[④] 此外，东南亚恐怖分子还可能利用无人机实施恐袭。据马来西亚警方政治部反恐组主任阿育汉透露，菲南地区之前就出现

---

① https：//www.zaobao.com/znews/singapore/story20180812-882484.

② “调查：两成马国大学生认为恐怖主义有助实现目标”，http：//www.zaobao.com/special/report/politic/attack/story20180728-878665。

③ https：//www.zaobao.com/znews/singapore/story20180812-882484.

④ Joseph Chinyong Liow，Shifting sands of terrorism in South-east Asia，https：//www.straitstimes.com/opinion/shifting-sands-of-terrorism-in-south-east-asia.

过恐怖分子利用无人机拍摄恐袭画面并放在网上“激励”支持者的事。①

三、策划制造重大恐袭案件

为博得国际暴恐势力的青睐并吸引更多的暴恐分子加入，地区恐怖主义势力还处心积虑地发动恐袭，例如，据马来西亚警察总长弗兹还透露，恐怖主义组织曾试图安排恐怖分子担任保安员，以使其可以随时接触武器并发动恐袭。2018 年，东南亚地区发生了多起恐袭。例如，1 月 22 日，菲军方人员在棉兰老岛南拉瑙省遭遇 10 名“马巫德”武装分子，双方爆发冲突并导致至少 6 名士兵受伤；5 月 8 日，印尼雅加达附近的一座关押有恐怖主义分子的监狱发生暴动，导致 5 名狱警被害；5 月 13-14 日，印尼泗水发生连环爆炸，成为 2009 年以来印尼遭遇的最大恐袭；8 月初，一辆货车在菲律宾巴西兰岛的一处军事检查站发生爆炸，造成 10 人死亡；8 月 28 日晚，菲律宾棉兰老岛苏丹库达拉省伊苏兰市的一处夜市发生爆炸，造成至少 36 人受伤 3 人死亡；9 月 2 日，菲律宾伊苏兰市再次遭遇炸弹袭击，一家网络咖啡屋受到袭击，导致一人死亡 15 人受伤；等等。其中，印尼泗水的连环爆炸案令人最为震惊，这不仅是因为其多点爆发、连环爆炸，而且在于其是东南亚首次出现的“家庭式恐袭”，实施恐袭者不仅有成年男子，还有妇女和孩童。菲律宾防长洛伦扎纳表示，家庭式恐袭，这在东南亚是新出现的，当地的恐怖分子以前从未这样干过。印尼防长里亚米扎尔德则将这一现象称为“第三代恐怖主义”。显然，正如印尼冲突政策分析研究所（IPAC）研究员纳瓦所指出的，利用女性，特别是携带儿童的妇女发动恐袭，具有隐蔽性，较不容易被发现。②

此外，一些恐怖分子还从事违法犯罪活动，为暴恐活动提供掩护与支撑。例如，1 月 14 日，泰国警方逮捕了一名长期伪造护照的巴基斯坦籍男子。据泰国防部部长巴维介绍，该男子属于一个为“伊国”提供假护照的

---

① “马国再捕 10 恐嫌 涉策划在沙巴成立阿布沙耶夫支部”，http：//www. zaobao. com/special/report/politic/attack/story20180222-836983。

② “国际特稿：全家出动 恐袭新模式”，http：//www. zaobao. com/special/report/politic/attack/story20180527-862271。

集团。[①] 2 月，菲律宾警方逮捕了一名持有伪造突尼斯护照的中东男子，该男子据称是“伊国”在叙利亚的一名指挥员，此次赴菲主要是为了招募人员。[②] 3 月，马来西亚柔佛警方则逮捕 6 名“伊国”恐怖分子，并起货数千令吉、“一粒眠”和“哥冬水”等毒品，他们涉嫌通过贩毒以取得资金。[③]

四、地区联动性增强

东南亚地区的恐怖主义势力跨境流窜与协同作案，给地区防恐打恐制造困难。例如，印尼的“苏亚迪案”透露，印尼与菲律宾武装分子联系密切。苏亚迪涉嫌恐怖活动已被雅加达地方法院判处 10 年监禁。据介绍，苏亚迪曾受恐怖分子伊万（Iwan Darmawan）的指使多次从菲南叛乱武装“摩伊解”采购武器，并在印尼各地开展恐袭。[④] 又据马来西亚英文报《星报》报道，被通缉的马来西亚籍炸弹专家阿敏·巴科（Amin Bacho）据称曾参与马拉维恐袭，目前藏匿在菲南和乐岛，与阿布沙耶夫组织有联系，还通过绑架获取赎金资助沙巴东海岸的恐怖网络。

第二节 东南亚地区主要反恐措施

东南亚各国政府高度重视防恐、打恐工作，2018 年针对恐怖主义新形势，采取了一系列措施，取得一些进展。

---

① “疑助伊国组织分子潜入 泰警方逮捕专做假护照巴国男子”，http://www.zaobao.com/special/report/politic/attack/story20180120-828446。

② “伊国组织两恐嫌在马尼拉落网 警方也起获军火爆炸装置”，http://www.zaobao.com/special/report/politic/attack/story20180220-836420。

③ “柔佛落网六恐嫌 通过贩毒筹资购军火”，http://www.zaobao.com/special/report/politic/attack/story20180326-845647。

④ “向菲摩伊解买武器 印尼激进分子图恐袭判监 10 年”，http://www.zaobao.com/special/report/politic/attack/story20180208-833641。

一、加大搜捕打击力度

1月18日，新加坡警方逮捕一名企图前往叙利亚加入“伊国”的马来西亚籍男子，并于2月2日将其移交给马来西亚柔佛警方。而据新加坡内政部长兼律政部长尚穆根在2018年8月介绍，新加坡内安局在2015年至今的三年半内已逮捕或依法处置20名极端分子。马来西亚警方也加大抓捕力度。据不完全统计，马来西亚警方2018年至少抓捕了55名恐怖主义嫌犯。而在泗水连环爆炸案之后，印尼警方也展开了大搜捕行动，击毙和逮捕多名武装分子嫌犯，其中一名死者据称是神权游击队的第二号人物。菲律宾则继续延长在菲南棉兰老岛的“戒严令”，并开展收缴枪械运动，对暴恐势力保持高压态势。3月28日，菲总统杜特尔特到菲南部和乐岛视察60多名阿布沙耶夫投诚者缴出的600多支枪械。

二、充实强化反恐力量

例如，印尼不仅计划在2018年增聘600名反恐人员，将现有反恐特遣队（Densus 88）扩充至1300人队伍，还计划恢复设立专责反恐的军事部队——“联合特别行动部队”（Koopsusgab），并与国会一道加快修订新的反恐法。据介绍，联合特别行动部队将由陆军特种部队（Kopassus）、海军特种部队（Denjaka）以及空军特种部队（Bravo 90）成员组成，随时待命，在印尼遭受恐怖威胁时立即出动，辅助印尼警方行动。而新的反恐法也于5月24日在印尼国会通过，并赋予执法部门更大的权力来对付恐怖主义。据介绍，新法规定，警方不仅可先行扣留嫌疑分子，还可扣留更长时间，对于那些加入武装组织或为武装组织招募人员者也会被提控等。随后，7月31日，印尼南雅加达法院裁定效忠于“伊国”的神权游击队是“被禁组织”，下令立即解散，禁止一切与它有关的活动，以及解散所有与神权游击队有关联的组织。而执法部门则可根据新反恐法，逮捕任何与神权游击队有关的人。该法新增的第12A条规定，执法部门可起诉那些加入被禁组织或是为被禁组织招募人员的人，罪名成立者将面临2-7年监禁。

三、打击极端主义思想的散播

极端主义思想的传播日益引起地区国家的重视。2018 年 1 月 3 日，印尼总统佐科宣布成立网络安全机构，以对抗网上传播的宗教极端主义、仇恨言论以及社交媒体上泛滥的假新闻。而且随着恐怖主义形势的发展，印尼南雅加达法院还以涉嫌煽动和策划多起恐怖袭击案件的罪名，于 6 月 22 日判处该国伊斯兰教士阿曼·阿卜杜勒-拉赫曼死刑。据介绍，阿曼在监狱里还通过社交媒体和网络不断散播其圣战极端主义思想。而这起判决也成为了印尼 13 年来第一次对恐怖分子处以极刑的案例。而且，为防止媒体直播涉及恐怖主义的审讯会产生负面效果，例如导致极端意识形态的潜在传播和恐怖分子的偶像化，印尼当局还下令不得直播任何与恐怖主义相关的审讯。印尼警方发言人表示，媒体长时间直播对恐怖分子的审讯，可能引起一些人的同情，甚至误将恐怖分子当作模范。同样，马来西亚也对极端主义思想的散播保持高度警惕。例如，马哈蒂尔上台后，马来西亚关闭了由沙特资助建立的“萨勒曼国王国际和平中心”。尽管该中心的建立意在反极端主义思想，但越来越多的人担心，沙特对伊斯兰教极端保守的解读，可能会导致该地区的温和伊斯兰走向极端化。

四、强化地区合作反恐

鉴于恐怖主义势力的地区联动性不断增强，东盟各国也不断加强地区层面的反恐合作。1 月 25 日，印尼、马来西亚、菲律宾、新加坡、泰国和文莱六国在印尼巴厘岛达成一项名为“我们的眼睛”（Our Eyes）的情报合作协议。据介绍，签署方将“加强有关恐怖主义、激进主义和暴力极端主义的战略情报交换”，具体而言，各国高级防务官员将每两周进行会晤，交换有关极端团体的信息并建设一个有关暴力极端主义分子的数据库。① 2 月 6 日，东盟防长召开非正式会议并发表联合声明，强调恐怖主义是“对

---

① Southeast Asian nations launch intelligence pact to counter terrorism threats, https://www.channelnewsasia.com/news/singapore/southeast-asian-nations-launch-intelligence-pact-to-counter-9896178.

东盟进步、繁荣和生存方式的严重威胁”，也对本地区恐怖主义威胁日益严峻表达严重关切，同意加强各国防务部门的反恐合作，包括联合演习、信息共享、加强对话与分享最佳实践经验等。据称，东盟各国防务部门将形成新的反恐合作形式。新加坡国防部表示，东盟防长同意在“韧性、应对、复原”三方面加强合作——即预防恐怖袭击、协调应对当前威胁及恐袭后迅速复原，并将“提升东盟集体应对恐怖组织和流氓国家生化武器和辐射性物质威胁的能力”作为下一步工作重点之一。此外，东盟国家还开始就包含引渡程序的条约进行谈判，以对涉嫌策划或发动恐怖袭击的嫌疑分子进行引渡，进而加强对该地区恐怖主义分子和极端主义分子的围捕。

五、积极与域外大国开展反恐合作

东南亚国家不仅借助域外大国打恐的力量，还积极与它们开展合作，强化打恐合力。例如，3 月 1 日，美国政府宣布将菲律宾“马巫德”组织和 Dawlah-Islamiya 列入恐怖组织黑名单，冻结这两组织和头目在美境内的财产，也禁止美公民与这些组织和个人进行交易。8 月，美国财政部将出现在 2016 年“伊斯兰国”斩首俘虏影片中的三名东南亚人列入制裁黑名单，这三人分别是马来西亚人尤丁、印尼人菲兹和菲律宾人吉拉姆。据称联合国安理会也将对他们提出指控，这将使所有联合国成员国有义务冻结他们的财产并阻止他们使用国际金融系统。[①] 菲军方发言人表示，美此举将有助于菲反恐行动，“最大优势是能限制资金和物流来源，同时还可限制当地暴力极端分子与外国恐怖组织接触的管道”。不仅如此，美国还通过对外军事援助计划向菲律宾交付了 6 架扫描鹰无人机。该型号无人机由美波音公司与英西图公司（Insitu）联合开发，拥有两个摄像头，每次升空可持续飞行 24 小时。2017 年，菲军正是依靠美军提供的侦查手段对攻占马拉维市的恐怖分子进行打击。除美国外，东盟还加强了与澳大利亚的反恐合作。3 月 17 日，首届东盟-澳大利亚特别峰会召开，其中反恐成为重要议题之一，双方为此签署了《东盟-澳大利亚合作对抗国际恐怖主义谅解备忘录》，承诺将共享情报和警力资源，并制定一套符合国际标准的反

① https：//www. voanews. com/a/us-sanctions-senior-is-recruiters-from-southeast-asia/4543458. html.

恐法律框架，以有效地调查、提控和惩罚恐怖分子，当前重点可能打击网络加密通信和新型恐怖融资。① 在签署“我们的眼睛”情报交换协议时，印尼防长里亚米扎尔德甚至表示未来可邀请美国、澳大利亚和日本等国参加该协议。②

总之，2018 年东南亚地区的恐怖主义形势依然严峻，恐怖势力在地区动乱地带潜滋暗长，并不时制造大规模恐袭，给地区稳定造成重大威胁。但地区各国也高度重视防恐、打恐工作，采取了一系列应对举措，取得了一定的成效。

---

① “亚细安与澳洲 共享情报联合警力打恐”，http：//www. zaobao. com/special/report/politic/attack/story20180318-843533。

② Southeast Asian nations launch intelligence pact to counter terrorism threats，https：//www. channelnewsasia. com/news/singapore/southeast-asian-nations-launch-intelligence-pact-to-counter-9896178.

第八章　中东地区恐怖主义与反恐怖斗争形势综述

2018年，中东地区恐怖主义形势整体看较2016年、2017年有明显好转，伤亡人数、案件数量有所下降。随着“伊斯兰国”实体逐步解体，2018年中东正式进入“后伊斯兰国”时代，暴恐策源地的消失令全年恐患呈“去中心化”方向发展。纵观全年，包括西亚北非在内的大中东地区未发生诸如2017年土耳其伊斯坦布尔跨年夜暴恐案、埃及拉瓦达苏菲派清真寺暴恐案这样的恶性恐袭，土耳其、沙特、伊朗、以色列、埃及等中东主要大国未遭大规模恐袭；叙利亚、伊拉克两大战乱国家恐袭数量总体呈下降趋势；西奈半岛、马格里布山区等边缘地带恐情管控初见成效；但利比亚、也门因内战持续给恐患滋生提供新土壤。美、俄、欧等域外大国在中东反恐重点有所变化，从注重地面打击转向防控暴恐回流，更注重高科技反恐投入；中东其他国家继续加强高压防控态势，安全局势有所改善。但整体看，随着“伊斯兰国”在中东溃败，反恐的国际共识土壤正在流失，大国竞争在各国政策议程重要次序上升，各国反恐合作的难度上升，对中东未来反恐斗争形势构成不利影响。

第一节　中东地区恐怖主义形势

一、“伊斯兰国”死而不僵，加大扩散力度

总体上看“伊斯兰国”对中东的暴恐威胁呈下降趋势。“简氏恐怖主

义和叛乱中心”（JTIC）对 2018 年中东暴恐形势的评估认为，由于伊拉克、叙利亚局势的好转，世界范围内的暴恐袭击数量下降到 2011 年以来的最低水平。[①]“简氏恐怖主义和叛乱中心”记录了非国家武装组织（NSAGs）发动的 15321 次袭击，造成 13483 名非武装分子死亡。该数字较 2017 年记录的攻击次数减少 33.2%，较前 5 年平均每年 22474 次攻击减少 31.8%。同时非国家武装袭击过程中造成的平民死亡人数较 2017 年同期减少了 27.0%；与过去 5 年记录的平均每年 31334 人死亡人数相比，减少了 57.0%。该机构的研究报告认为，上述趋势是由于在前几年经历高度暴力的伊拉克和叙利亚等暴恐活动下降促成的结果。从全球范围看，极端组织“伊斯兰国”在 2018 年跌至第二活跃的非国家武装组织，袭击事件比 2017 年减少了 71.1%，平民死亡人数减少了 51.5%。[②] 在这一年中，“伊斯兰国”的大部分行动是对叙政府安全部队或库尔德人领导的叙利亚民主军进行负隅顽抗的努力。尽管死亡人数大幅减少，但“伊斯兰国”仍是 2018 年非激进分子死亡人数最多的组织。

2018 年，“伊斯兰国”在各方联合打击下由此前的“准国家形态”向更隐蔽的地下恐怖组织继续转型。“伊斯兰国”在暴恐形式上回归到其 2014 年“建国”前的模式，不再以战场上正面对抗为主。随着“伊斯兰国”失去大量地盘和人员，已不具备大规模军事行动能力，开始将队伍分化成多股小分队，更多采用游击战和骚扰战，借助暗杀和爆炸等手段对叙利亚和伊拉克的军警和政府目标发动袭击。借助此类手段，“伊斯兰国”对伊、叙政府军和民众造成了巨大杀伤。继续借助其在伊拉克、叙利亚以外分支搞扩张。“伊斯兰国”在伊、叙失势，迫使其进一步利用外围分支，加强各分支之间的联动，以此实现战略资源和人员在总部与分支之间流动，转移、弥补核心区域的风险与损失。在利比亚，估计有 3000—4000 人的“伊斯兰国”分子分散在全国各地。尽管“伊斯兰国”老巢苏尔特失

---

① “Worldwide Terror Attacks Shrink to Lowest Level Since 2011, Reveals New Report from Jane's by IHS Markit”, January 23, 2019. https://news.ihsmarkit.com/press-release/aerospace-defense-security/worldwide-terror-attacks-shrink-lowest-level-2011-reveals-n.（上网时间：2019 年 7 月 14 日）

② Ibid.

守，同时遭遇持续空袭，但“伊斯兰国”仍有能力在利比亚境内境外发动重大袭击，再度采用非对称战术和简易爆炸装置。“伊斯兰国”小股人员在西部的黎波里、米苏拉塔和萨布里塔周围继续潜伏，在利比亚南部的加特和乌瓦纳周围以及东部的艾季达比耶和德尔纳周围还大有人在。在利比亚的中央指挥部可能设在贝尼瓦利德、苏尔特南部和朱夫拉地区之间的三角地带，其头目是伊拉克国籍的暴恐分子阿布·提克里克（Abu Moaz Al-Tikriti）。在埃及，尽管 2018 年 2 月以来埃及政府在西奈持续开展军事行动，继续打击“伊斯兰国”分支“耶路撒冷支持者组织”，但该团伙可能多达 1000 多名极端分子。在突尼斯西部山区，“伊斯兰国”分子仍在藏匿，2018 年 4 月，突尼斯武装部队开始在卡塞林周围对伊斯兰“马格里布”“基地”组织和突尼斯的哈里发战士组织展开反恐行动，捣毁了地区内“伊黎”“伊斯兰国”几个潜伏小组。

二、“基地”组织持续作乱，伊德利卜成主要盘踞地

沙姆解放组织的前身为“支持阵线”，成立于 2012 年，早期自称为“基地”组织在叙分支，在叙内乱中趁势壮大；2016 年 7 月，该组织头目乔拉尼宣布脱离“基地”组织自立门户，并更名为“征服沙姆阵线”；2017 年 1 月 28 日，“征服沙姆阵线”与安萨尔丁阵线（Ansar al-Din Front）、哈克旅（Liwa al-Haqq）、哲师逊纳武装（Jaysh al-Sunna）和努尔丁赞奇运动（the Nour al-Din al-Zenki Movement）等萨拉菲伊斯兰分子为主的组织共同成立“解放沙姆组织”（Hay'at Tahrīr al-Shām，HTS）。该组织宣布成立后，许多小股武装和个人纷纷加入。为了方便协调指挥，其成立了由不同派别组成的最高司令部。虽然号称是“结盟”，但“解放沙姆组织”主要还是由原“基地”分支成员领导，各国政府、军方、媒体仍然将该组织称为“支持阵线”或“征服阵线”，并不认可其新的名称，意在将其“锁定”在反恐行动的名单内。事实上，新成立的“解放沙姆组织”虽然表面上脱离“基地”领导，但仍然在为“基地”组织秘密卖命。其目的是在叙利亚为“基地”组织建立新的大本营。值得一提的，该组织成员虽然大多信奉保守极端的萨拉菲主义，但其中的努尔丁赞奇运动曾经得到过美国的援助。

据估计，该组织在伊德利卜约有 10000 多人，其中很大一部分是非叙

利亚人。该组织由于有“基地”组织背景，尽管频频改头换面，但包括美俄在内的大部分国家仍将其认定为恐怖组织。伊德利卜省位于叙利亚西北部，与土耳其接壤，面积占叙利亚总面积的 3%。2011 年叙利亚危机爆发后，这个地区成为反对派盘踞的据点之一。从 2017 年以来，阿萨德政府已经与各个叙反对派组织达成了 100 多个劝降协议，允许数千反对派武装人员从包围圈中撤离，大部分都被驱赶至叙北部的伊德利卜省。① 2018 年 9 月，伊德利卜问题在俄、土的协商下达成暂时的停火，但阿萨德政府仍想收复这块反对派的最后控制区，这对叙利亚的内战具有里程碑式意义。就目前局势看，伊德利卜集中了 300 多万叙利亚逊尼派民众，国际社会普遍担忧一旦大规模开打会造成严重的难民危机和人道主义灾难。阿萨德政府收复伊德利卜的时机并不成熟，无论是在政治上还是军事上都很难“毕其功于一役”，此事仍取决于俄土两大外部力量的博弈结果，这也给了“沙姆解放阵线”苟延残喘之机，一旦伊德利卜战事吃紧，该组织很可能混入难民群体伺机外逃。

此外，“解放沙姆组织”内部在 2018 年也出现一些新变化，值得关注。2018 2 月底，一些原属于该组织的成员发布了两页纸的声明，宣布建立“宗教守护者组织”，效忠于“基地”组织头目扎瓦赫里，表达出对 HTS 与“基地”组织切割的不满。此后，一些来自阿富汗、伊拉克、约旦的“基地”组织追随者加入了新组织。“宗教守护者组织”在其出版物中的宣传中以外籍武装分子为首的领导层明确与“基地”组织关系，并且该组织活动范围超越了叙利亚目标。该组织的头目据称是阿布·胡曼·萨米（Abu Human al-Shami）。20 世纪末曾前往阿富汗喀布尔附近的古拉巴训练营“学习”并且“成绩斐然”，所以他留校成为所谓的“教官”，还曾担任过“基地”组织头目赛义夫·阿德尔的高级助手。2003 年前后，他受“基地”组织差遣抵达伊拉克，2005 年之后他相继被叙利亚和黎巴嫩逮捕。2012 年，他从黎巴嫩监狱获释，立即前往叙利亚参加叙利亚内战，在“伊

① Jonathan Steele, “If ending Syria's war means accepting Assad and Russia have won, so be it”, the Guardian, 21 Sep. 2018, https://www.theguardian.com/commentisfree/2018/sep/21/syria-war-russia-assad-western-proxies.（上网时间：2019 年 2 月 6 日）

斯兰国”与“支持阵线”关系破裂之际，他一直试图从中斡旋，但未果。2015 年叙利亚媒体曾报道他被击毙，但没有其他确凿证据确认。对于“宗教守护者组织”的规模，外界估计其人数从数百人到约 2000 人不等。与“解放沙姆组织”和叙利亚北部的其他反对派相比，数量仍然很少，但该组织吸引了大量叙利亚境内残余的“伊斯兰国”势力，潜在威胁不容小觑。

三、中东暴恐典型案件

（一）叙利亚仍为中东乱源

就叙利亚而言，从 2017 年到 2018 年，“简氏恐怖主义和叛乱中心”记录在案的叙利亚境内的袭击次数减少了 63.6%，死亡人数减少了 44.7%。[①] 这一下降反映了“伊斯兰国”在 2017 年的重大领土损失。IHS Markit 冲突监测机构的数据显示，叙利亚政府在 2018 年取得了一系列胜利，政府对领土的控制从年初的 45%增加到年底的 57%。在 2018 年期间，不同的反政府武装派别间冲突仍是叙利亚持续冲突的重要组成部分，但冲突规模明显低于 2017 年。此外，非国家武装实施自杀式袭击在 2018 年也明显下降，从绝对值上比 2017 年下降了 62.4%，在 2018 年达到 268 起，造成的死亡人数则下降了 44.4%。[②] 尽管如此，叙利亚仍是 2018 年中东最血腥的恐怖事件集中爆发之地。1 月 4 日，俄罗斯驻叙利亚赫迈米姆空军基地近日遭武装分子炮击，造成 20 人死亡、30 人受伤。3 月 21 日，叙利亚首都大马士革的一处人流密集的市场遭恐怖分子火箭弹袭击，当场造成 44 人死亡，35 人受伤，大部分都是妇女儿童。4 月 8 日，大马士革人群遭迫击炮袭击，造成 8 人死亡，37 人受伤。7 月 25 日，“伊斯兰国”在叙南部苏威达省以及北部和东部村庄发动一连串自杀攻击与枪击，造成 255 余人丧生。武装分子当天清晨在苏维达市一个人员密集的市场引爆炸弹，造

① “Worldwide Terror Attacks Shrink to Lowest Level Since 2011，Reveals New Report from Jane’s by IHS Markit”，January 23，2019. https：//news. ihsmarkit. com/press-release/aerospace-defense-security/worldwide-terror-attacks-shrink-lowest-level-2011-reveals-n.（上网时间：2019 年 7 月 14 日）

② Ibid.

成包括商贩和路人在内多人死伤。此事件也成为2018年中东唯一死亡人数过百的恐怖袭击事件。总部位于英国伦敦的“叙利亚人权观察组织”7月30日表示，“伊斯兰国”在25日攻击苏维达省时，还绑架了36名当地德鲁兹族女性和儿童。

（二）伊拉克安全局势仍不乐观

2017年12月9日，伊拉克总理阿巴迪宣布，伊拉克取得打击“伊斯兰国”的历史性胜利。但目前仍有部分极端分子藏身于伊拉克的荒漠和山区。在迪亚拉省部分地区，“伊斯兰国”残余分子活动猖獗。在伊拉克首都巴格达的恐怖袭击也时有发生。当地时间1月15日，巴格达市中心人群密集的航天广场早上发生两起爆炸袭击，两名自杀式袭击者在一群建筑工地旁引爆了身上的炸弹，已造成至少38人死亡、105人受伤。2月19日，伊拉克什叶派民兵武装“人民动员组织”19日发布声明说，该组织武装人员18日晚在北部基尔库克省哈维杰地区遭“伊斯兰国”恐怖分子伏击，双方激烈交火，造成27名民兵死亡。6月6日，萨德尔城一处用作武器弹药仓库的住房6日发生爆炸，造成20人丧生、110人受伤，至少5所房屋被完全炸毁，另有附近多个建筑和车辆受损。

（三）伊朗阅兵式恐袭震惊全国

2018年9月22日，伊朗西南部胡齐斯坦省首府阿瓦士举行两伊战争纪念日阅兵式时发生袭击事件，造成至少29人死亡、57人受伤。伊朗反政府武装“阿瓦士全国抵抗”和极端组织“伊斯兰国”支持者声称制造了这起袭击，但都没有提供证据。伊朗伊斯兰共和国通讯社以知情人士为消息源报道，多名武装分子身穿伊斯兰革命卫队士兵制服、混进阅兵式现场，随后袭击了一名站在伊朗军方和警方官员落座区的人。路透社报道，伊朗很少发生针对军方的袭击。这是伊斯兰革命卫队遭受最为严重的袭击之一。伊朗国家电视台认定，极端组织“伊斯兰国”的支持者制造了阿瓦士“恐怖袭击”。与伊斯兰革命卫队有关联的塔斯尼姆通讯社说，伊斯兰革命卫队推测袭击者是牵连“伊斯兰国”的逊尼派极端分子、受伊朗“老对头”沙特阿拉伯资助。伊朗最高领袖哈梅内伊9月22日也发表公开信，指称中东地区亲美势力应对当天发生在伊朗南部的恐怖袭击事件负责。这是伊朗继 2017 年 6 月议会大楼暴恐案后第二年发生较大规模恐袭。暴恐分子敢于光天化日之下对政府、军队目标实施袭击，凸显伊朗国内大城市的安全局势不容乐观。

（四）利比亚动荡加剧催生暴恐抬头

2011 年卡扎菲政权被推翻后，利比亚局势陷入动荡，目前两大势力割据对峙。利比亚民族团结政府与支持它的武装力量控制着西部部分地区；国民代表大会则在东部城市图卜鲁格另建政府，与哈夫塔尔领导的“国民军”联盟，控制着东部和中部地区、南部主要城市及部分西部城市。2018 年利比亚局势再度不稳，暴恐分子趁机发动多次袭击，造成大量平民和士兵伤亡，破坏了利比亚政治经济恢复进程。1 月 15 日在利比亚首都的黎波里米提加国际机场附近遭武装分子袭击，造成 21 人死亡、69 人受伤，其中包括平民。5 月 2 日，一伙武装分子在利比亚首都的黎波里袭击利比亚最高选举委员会办公，应急部门确认 14 人丧生、超过 20 人受伤。“伊斯兰国”当天晚些时候宣称制造了“对最高选举委员会总部的两起自杀式爆炸行动”。9 月 11 日，位于利比亚首都的黎波里的利比亚国家石油公司总部遭武装分子袭击。利比亚卫生部消息称，袭击导致至少 2 名员工死亡，另有 10 人受伤。

第二节　中东地区主要反恐措施

随着“伊斯兰国”为代表的极端势力丢掉地盘，包括美、俄、欧在内的域外大国的反恐政策开始从打击转向防范，逐渐减少在中东地面的反恐投入，加强暴恐威胁向本国回流。埃及、沙特、伊朗、土耳其等地区国家也将重点放在构建反恐、去极端化的长效机制上。但对下一步如何继续打击“伊斯兰国”和“基地”等国际恐怖组织、防止国际恐怖势力死灰复燃等全球性议题方面，主要国家则各有盘算，谋求战略私利，导致国际反恐合作让位于地缘竞争。

一、美、俄、欧巩固反恐成果，加强防范恐患回流

（一）美高调宣传中东反恐成果，酝酿从叙利亚撤军

美中央司令部报告称，2018 年，美军的“坚定决心行动”有效遏制了“伊斯兰国”的扩张。在过去的 4 年中，夺回了“伊斯兰国”曾经宣称的 10 万平方千米所谓“领土”的 99%，解放了曾被“伊斯兰国”占领的叙利亚和伊拉克广大城市，并保持了占领区的稳定，仅在 2018 年，就击毙了数千名“伊斯兰国”武装人员并摧毁了所有发现的媒体网站、指挥和控制中心、武器藏匿处和其他设施，沉重打击了“伊斯兰国”的实力，使 400 多万流离失所的难民可以安心返回原籍生活，认为 2018 年“坚定决心行动”成绩斐然。此外，美军报告还夸耀了许多其在 2018 年的具体例子，如 2018 年 1 月至 3 月期间，美军与叙利亚库尔德武装一起在拉卡省建造了一座钢桥，不仅为当地的人道主义援助和救济工作提供了方便，也有利于驻防拉卡地区的部队能够迅速响应“伊斯兰国”武装的袭击。2018 年 4 月至 6 月期间，美国支持的叙利亚反对派组织“新叙利亚军”在叙利亚阿尔坦夫附近 55 千米的非冲突区内摧毁了“伊斯兰国”武装价值 140 万美元的毒品。同时在叙利亚中幼发拉底河河谷地区击毙了包括“伊斯兰国”组织经济首脑阿布·哈塔卜·伊拉克在内的 4 名重要头目，在此背景下，特朗普开始考虑如何结束其在叙利亚的反恐行动。早在 2017 年底“伊斯兰国”主力溃败后，特朗普称美已经失去“唯一在叙驻军理由”，直言“不当中东警察”。2018 年 4 月，特朗普再次公开表示美国将“迅速走出叙利亚”。但美军方、中东盟友反复向特朗普表示，“伊斯兰国”并未完全失败，因此特朗普同意再给五角大楼和国务院 6 个月期限。[①] 此后，美军主要任务聚焦训练、整编库尔德武装，并继续打击躲藏在叙东南部偏远沙漠地区的“伊斯兰

---

① Karen DeYoung and Shane Harris，“Trump instructs military to begin planning for withdrawal from Syria”，*the Washington Post*，April 4，2018. https：//www. washingtonpost. com/world/national-security/trump-instructs-military-to-begin-planning-for-withdrawal-from-syria/2018/04/04/1039f420-3811-11e8-8fd2-49fe3c675a89_story. html? utm_term=. bbdba597e036，（上网时间：2019 年 3 月 10 日）

国”残余势力。12月19日，特朗普终于失去耐心，在军方普遍反对的情况下，突然公开宣布将从叙利亚迅速、全面撤出美军。特朗普一意孤行招致美政坛一系列震荡。防长马蒂斯、打击“伊斯兰国”特使麦格克相继愤而辞职，多位高级军官亦反对美仓促撤军，认为此举或致“伊斯兰国”死灰复燃，且让俄、伊在叙“获全面优势”。共和党在此问题上呈现分裂态势，特朗普“政治盟友”、共和党议员格雷厄姆也批评特朗普“犯了与奥巴马一样的错误”，还组织6名参议员联名写信反对撤军。众议院少数党党鞭、民主党议员霍耶也称特朗普的决定是“冲动，不负责任和危险的”。几经周折，特朗普最终同意将留下400名美军特种部队人员长期留在叙利亚，其中200名在东北部与库尔德武装一道驻防，另有200名在东南部叙利亚、约旦边境的坦夫基地停留。以上安排虽然没有实现特朗普最初的“完全撤离”，但也算是一个可以接受的结果。

（二）欧洲加强反恐预警机制建设

2018年欧洲安全形势总体平稳，主要是因为各国防范措施到位，及时挫败了多个大规模的恐怖袭击企图。在2015年至2016年欧洲遭遇多次重大恐怖袭击之后，欧盟成员国都建立了应对大规模恐袭机制，在最近两年中都发挥了应有的作用。有数据显示，从2017年初至11月，法国相关部门共挫败至少6起恐袭图谋。荷兰、比利时、德国等国也都及时阻止了多起恐怖袭击事件。法国不仅积极参与叙利亚事务，而且在非洲部署反恐部队、提供资金帮助非洲国家铲除恐怖主义势力。目前，法国在该地区开展以“新月形沙丘”命名的军事行动，每年耗资5亿欧元，同时为萨赫勒五国集团的军事行动提供资金支持。此外，英、法、德还加强了对谷歌、脸书等网络巨头的监管，打击极端思想、恐怖主义思想在社交媒体上的传播。2018年4月，英国情报机构英国政府通讯总部总监 Jeremy Fleming 称，英国已经针对“伊斯兰国”发起了有针对性的网络攻击，为联军压制“伊斯兰国”的网络宣传活动做出了巨大贡献，有效阻碍了其协调攻击的能力，保护了战场上的联军部队。英国政府通讯总部认为，该网络攻击事件是第一次系统而持续地降低对手的在线行动，并且也作为更广泛的军事行动的一部分。

（三）俄罗斯加强防范中东恐怖分子回窜

2015 年 9 月 30 日，俄军入叙作战成为俄中东战略转型的关键节点，俄罗斯取得了一系列战略果实。但随着阿萨德政府逐渐站稳脚跟，反对派败局已定，恐怖组织大部分溃败，叙利亚局势进入深水区，俄罗斯不能单纯依赖军事手段猛冲猛打，还需要在外交、经济上消耗更多精力。2018 年，俄罗斯在中东的反恐政策以防回流为重点。在出入境管控方面，俄安全部门禁止约 1 万名恐怖嫌疑人入境俄罗斯，禁止 60 余名俄罗斯公民及在俄外国公民离境前往中东战乱地区参与恐怖活动。俄安全部门称，俄 2018 年有关部门使用信息监测系统，阻止了 6.4 万余条非法信息传播，其中，超过 4.7 万条包含了与国际恐怖组织相关的信息。恐怖组织正计划在俄罗斯建立秘密网络，对年轻人甚至未成年人宣传恐怖主义。

二、中东各国保持高压反恐态势，重点区域安全局势继续好转

（一）埃及采取多管齐下全方位反恐

2018 年 1 月 2 日以来，埃及连续两次延长该国紧急状态令，武装部队和警察机关拥有打击恐怖主义和确保全国安全的所有权力。埃及新闻署 2018 年 12 月 30 日发布公告称，埃及 2018 年采取的全方位反恐行动取得重大成果，“恐怖主义在埃及已濒临灭亡”。过去 5 年，埃及受各类内外不利因素影响，恐袭爆发数量较高。2014 年共发生 222 次袭击，2016 年发生 199 次，2017 年发生 50 次。2018 年在埃及只发生了 8 次小规模恐怖袭击，是最近 5 年来发生恐怖袭击次数最少的一年，死亡人数也大幅下降。一方面，2018 年 2 月开始的“西奈 2018”反恐行动取得重要成果，成功摧毁了恐怖分子的基础设施，包括据点、隧道、武器库和媒体中心等。据统计，共有 500 多名恐怖分子被打死，1200 个自制简易爆炸装置被拆除，摧毁了 420 个大麻农场、16 条地下隧道以及恐怖分子使用的 1000 多辆汽车和 1000 辆摩托车。另有数百名恐怖分子或嫌疑人被逮捕。同时，与“伊斯兰国”有关联的激进组织也遭到沉重打击，其主要头目被击毙。另一方面，

埃及采取先发制人的打击行动，挫败了数十起正在预谋中的恐怖袭击计划。随着新年和埃及科普特圣诞节的来临，埃及在全国各地都加强了安全警戒。12月28日，一辆旅游巴士在开罗附近的吉萨遭恐怖分子袭击后，埃及内政部立即采取行动，突击搜查了北西奈和吉萨省的一些恐怖分子藏身处，共有40名恐怖分子被打死，同时挫败了一系列正在预谋的恐怖袭击，这些预谋中的袭击目标包括国家机构、经济和旅游目标、警察、基督教堂等。

（二）土耳其谋求在叙利亚建立“安全区”

2018年土耳其反恐政策与对叙利亚政策相互结合，其核心是在叙利亚建立“安全区”。土耳其在叙利亚北部建立所谓“安全区”“缓冲区”“隔离带”的想法最早产生于2014年。2018年12月特朗普总统宣布撤军计划后，土耳其建立安全区的想法变得更加迫切，曾威胁称即使美国不同意，土耳其也要单方面建立安全区。为了实现此目的，土耳其在土叙边境地区集结了1.6万土军部队和1万多名叙利亚反对派阿拉伯人武装。“安全区”有多个好处：其一，土耳其可以利用安全区挤压、遏制叙利亚库尔德人，将其驱离边境地带，迫使其向叙境内更深地区迁徙。其二，土耳其可以在安全区内建立依附土耳其的临时政府和地区安全部队，加大对叙利亚秩序的影响力；其三，土耳其还能利用这个安全区安置目前在土耳其境内的350万叙利亚难民，极大缓解国内经济、社会、安全压力。根据法国叙利亚问题专家巴郎什（Fabrice Balanche）研究，在土耳其计划建立的30多千米宽的“安全区”内，大约有65万库尔德人（占比76%）、18万逊尼派阿拉伯人（21%）、1万土库曼族人（1%）、1万基督徒（1%）。①

（三）阿尔及利亚继续反恐清剿行动

阿尔及利亚近年来对恐怖活动保持高压打击态势，主要城市治安情况良好，但仍有部分宣布效忠“伊斯兰国”和“基地”组织的恐怖分子在阿北部山区活动。2018年阿尔及利亚加大了对与突尼斯、利比亚、马里等国

---

① Fabrice Balanche, “Sectarianism in Syria's Civil War: a Geopolitical Study”, *The Washington Institute for Near East Policy*, February 2018.

交界的阿边境地区的反恐投入，多次进行大规模清剿。2018 年 1 月 26 日，阿尔及利亚国防部发布声明说，阿反恐部队当天在阿东部靠近突尼斯的边境地区打死 8 名恐怖分子，缴获一批武器弹药和军用物资。7 月 30 日起，阿军方在首都阿尔及尔以东 400 千米处的斯基克达省山区再次进行反恐围剿行动，共打死 4 名恐怖分子，缴获一批武器弹药和通讯工具。

第九章　非洲地区恐怖主义与反恐怖斗争形势综述

2018 年，非洲地区恐怖和极端组织活动更趋活跃，在活动区域、袭击数量、造成伤亡等方面超过 2017 年，安全威胁进一步增大。面对更加严峻的反恐安全形势，非洲国家和地区组织采取多种方式和措施反恐。欧美以帮助非洲国家反恐为名，加大对非安全投入，在非洲动作频频。

第一节　非洲地区恐怖主义形势

2018 年，非洲国家面临的恐怖主义形势与上一年相比更加严峻，恐怖和极端组织的活动呈现出以下几个新特点：

一、活动区域扩大

在东非，尽管美军增加无人机打击次数，但索马里“青年党”不但未被消灭，反而势力扩张，在索马里首都摩加迪沙及该国中部和南部地区的活动更加猖獗。在西非，萨赫勒地区活动的极端组织因受军事打击，由马里、尼日尔等国窜至布基纳法索开辟新“战场”，致使布基纳法索的恐怖袭击激增，而且威胁到贝宁、多哥、加纳、科特迪瓦等西非沿海邻国的安全。在南部非洲，以前极少发生恐怖袭击的莫桑比克开始频频遭受袭击，自 2017 年 10 月至 2018 年 11 月，莫桑比克已发生约 50 起袭击，造成超

200 人丧生。2018 年，南非也发生数起伊斯兰极端分子袭击事件，显示恐怖主义势力有向南部非洲蔓延的趋势。

二、袭击次数增多

据总部设在华盛顿的智库非洲战略研究中心（Africa Center for Strategic Studies）的数据，截至 3 月 31 日的过去 12 个月期间，非洲共发生了近 3000 起袭击，与 2016 年、2017 年相比袭击次数增加 38%，共造成 10535 人丧生。这一时期，索马里“青年党”是致死人数最多的伊斯兰极端组织，其造成 4834 人丧生，占全非洲的 46%。尼日利亚极端组织“博科圣地”在遭受组织分裂、军事清剿等打击后，实力曾一度受损，但 2018 年又卷土重来，在乍得湖地区（尼日利亚、喀麦隆、尼日尔和乍得四国）频繁发动恐怖袭击，尤其是 7 月以来，“博科圣地”针对地区国家军事哨所的袭击明显增多。11 月，“博科圣地”袭击尼日利亚靠近尼日尔边境的一个村子里的军事哨所，造成至少 44 名士兵丧生。

三、重特大暴恐事件频发

2 月 23 日，索马里首都摩加迪沙发生两起汽车炸弹袭击事件，其中一起针对总统府，共造成 38 人丧生。11 月 9 日，摩加迪沙一家酒店遭汽车炸弹袭击，至少 53 人丧生、100 人受伤。2 月 19 日，尼日利亚约贝州达普奇镇一所学校遭袭，逾百名女生被绑架。5 月 1 日，尼日利亚阿达马瓦州一座清真寺和一个市场遭自杀式炸弹袭击，造成至少 60 人丧生。6 月 16 日，尼日利亚博尔诺州遭受自杀式炸弹和手榴弹袭击，造成至少 34 人丧生、18 人受伤。11 月 16 日至 22 日，极端组织“博科圣地”对尼日利亚博尔诺州的军事基地发动系列袭击，造成至少 100 名尼政府军士兵丧生。11 月 22 日，“博科圣地”发布视频称，对 11 月 16 日至 22 日期间的 5 起袭击事件负责，并称袭击共造成 118 人死伤。7 月 21 日和 22 日，马里塞古大区和梅纳卡大区分别发生武装袭击事件，共造成 32 人死亡、1 人受伤。

四、“伊斯兰国”势力继续扩张

非盟证实“伊斯兰国”向包括索马里在内的非洲国家渗透。在东非，

“伊斯兰国”索马里分支活动范围从此前的北部邦特兰地区向摩加迪沙拓展。5月22日，“伊斯兰国”发布声明，宣布对发生在摩加迪沙的一起恐怖袭击负责，这是“伊斯兰国”首次在索马里首都发动袭击。在西非，“伊斯兰国西非省”在尼日利亚、乍得，“大撒哈拉伊斯兰国”在马里、尼日尔、布基纳法索实施的袭击持续增多。尼日利亚总统布哈里、非盟主席索马里问题特别代表马迪拉认为，2018年西非萨赫勒、乍得湖地区和东非索马里等国恐怖活动猖獗的原因，除了本地区因素，国际“圣战”因素也不容忽视。“伊斯兰国”在中东被打败后，大量非洲籍“圣战”分子回流对地区安全带来新的威胁。[①] 此外，在中部和南部非洲地区，也发现了当地伊斯兰极端组织或个人与“伊斯兰国”有联系。刚果（金）安全官员巴格扬达（Kaka Bagyenda）说，有迹象表明“伊斯兰国”与在刚东部活动的“民主同盟军”有合作。莫桑比克2018年初有报道称，在莫桑比克被捕的3名乌干达曾在中东的“伊斯兰国”训练营受训。[②]

第二节　非洲地区主要反恐措施

面对地区恐怖主义威胁日益上升，非洲国家十分担忧，纷纷将反恐作为政策优先关注问题。2018年，非洲国家反恐的显著特点是从以往的聚焦军事手段，进一步谋求建立地区国家之间有效的、日常的情报分享和司法合作，以便更好地应对跨国恐怖主义活动。此外，非洲国家反思近几年军事打击恐怖主义未取得预期成效的原因，试图通过采取解除武装计划、与极端组织谈判等其他非军事手段打赢反恐战争。

① “The challenge of reintegrating former terrorists in Africa”，Institute for Security Studies，30 April 2018，https：//issafrica. org/iss-today/the-challenge-of-reintegrating-former-terrorists-in-africa.（上网时间：2019年6月19日）

② “Africa：AU Confirms ISIS Infiltration in Countries，Including Somalia”，Shabelle Media Network（Mogadishu），24 May 2018，https：//allafrica. com/stories/201805240576. html.（上网时间：2018年11月28日）

一、区域组织召开会议共商对策

1 月 8 日，萨赫勒五国集团外交和国防部长会议，决定设立一个基金管理萨赫勒五国集团得到的支持组建萨赫勒五国联合部队的资金。联合部队启动资金估计预算为 4.5 亿欧元，目前已承诺的资金仅 2.94 亿欧元（美国 6000 万美元、欧盟 5000 万欧元、萨赫勒五国各出资 1000 万欧元、沙特 1 亿欧元，阿联酋 3000 万欧元、法国 800 万欧元）。[①] 2 月 6 日，萨赫勒五国集团领导人在尼日尔首都尼亚美召开峰会。尼日尔总统伊素福接替马里总统凯塔担任萨赫勒五国集团轮值主席，任期一年，尼日尔人西迪库（Maman Sidikou）接替纳吉姆（Mohamed El Hadj Najim）为常任秘书。与会的领导人关注的主要是为萨赫勒五国集团联合部队筹集资金问题。4 月 9 日，在阿尔及利亚首都阿尔及尔举行“打击资助恐怖主义高级别会议”，来自联合国、非盟、欧盟及其他国际组织的代表参加了这次会议。会上，阿尔及利亚外长迈萨赫勒上说，恐怖主义在非洲不断扩散，非洲国家应制定一个共同战略，切断恐怖组织资金来源，并建议非洲国家加强信息和情报交流，呼吁国际社会与非洲国家进一步加强合作，携手切断恐怖组织资金筹集途径。11 月底，乍得湖流域委员会成员国（包括喀麦隆、尼日利亚、尼日尔、乍得）和贝宁领导人在乍得首都恩贾梅纳开会。面对“博科圣地”袭击增多的形势，与会各国认为有必要改变打击“博科圣地”的策略，同时呼吁国际社会提供更多支持。12 月 15 日，乍得湖流域委员会成员国和贝宁、中非共和国参加在尼日利亚举行的地区峰会，讨论如何继续合力应对本地区面临的安全挑战，打击共同的敌人“博科圣地”。会议发表公报，重申坚决打击“博科圣地”，终结其活动，承诺在“可支配资源范围内”为受暴力影响的民众提供援助，请求国际伙伴为打击“博科圣地”的多国部队增加援助。

二、继续采取军事行动

2018 年，部分遭受恐怖袭击的非洲国家或单独或联合对恐怖分子实施

① “Afrique de l’Ouest_ Le G5 Sahel crée un fonds pour gérer l’aide promise”, allAfrica, 9 Janvier, 2018.（上网时间：2019 年 6 月 27 日）

军事打击。1月9日，尼日利亚、喀麦隆、乍得、尼日尔四国的军队在尼日利亚东北部博尔诺州的两处地点实施军事打击行动，击毙多名“博科圣地”武装分子，迫使数百人投降。尼日利亚和喀麦隆政府军方面分别有4人和2人丧生。1月13日，刚果（金）政府军在该国东部对乌干达反政府武装“民主同盟军”开展军事行动，夺回两处阵地。1月15日，布基纳法索军队总参谋长在一份公报中宣布，在2017年底开始的军事行动中共逮捕30名恐怖嫌疑人，缴获大量武器弹药，并摧毁多个训练营地。5月，尼日利亚军队与喀麦隆、乍得、尼日尔、贝宁等国在尼东北部地区采取联合行动，从“博科圣地”手中解救出1000多名人质，其中多数是妇女和儿童。6月2日，尼日利亚军方发表声明称，在博尔诺州的一次军事行动中打死10名“博科圣地”武装分子。11月22-23日，马里军队与法国军队合作展开军事行动，打死了“马西纳解放阵线”领导人哈马杜·库法（Hamadou Kouffa）。

三、加强情报和司法合作

4月，西非经济与货币联盟8个成员国（包括贝宁、布基纳法索、科特迪瓦、几内亚比绍、马里、尼日尔、塞内加尔、多哥）安全部长在布基纳法索开会，讨论落实情报分享和司法合作。4月19日，在科特迪瓦的大巴萨姆举行了为期5天的培训，有来自科特迪瓦、布基纳法索、马里、毛里塔尼亚、尼日尔、乍得六国26名负责边境安全的高级军官参加。培训有国际移民组织举办，目的是加强技术手段和边境安全合作，以应对跨境恐怖主义活动。5月10日，马里总统凯塔访问科特迪瓦，与科特迪瓦总统签署了一项促进两国引渡程序（尤其涉及恐怖主义犯罪的人员）的协议。4月27日，在莫桑比克南部的加扎省举行莫桑比克-赞比亚国防委员会联席会议。莫桑比克防长指出，“恐怖主义是莫桑比克和非洲大陆最大的威胁”。莫桑比克和赞比亚急需关注反恐问题，防止恐怖组织发展成为“恐怖网络”，势力扩展至整个南部非洲，威胁经济、社会发展。两国希望分享情报，改善对跨境流动人员的控制。5月31日，尼日尔、乍得、苏丹与利比亚在乍得首都恩贾梅纳签署安全合作协议，以应对跨国恐怖主义和走私犯罪。协议中，四国承诺在分享情报方面加强合作，允许一国的军队到另一国境内的一定距离内追捕犯罪嫌疑人，建立两个机制（军队和政府），负责人轮流担任，还规定司法机关两个月内签署合作协议，以在必要时引渡嫌犯。6月21-22日，萨赫勒-撒哈拉国家共同体成员国国防部长在尼日利亚首都阿布贾举行会议，会议聚焦情报分享问题，以遏制恐怖主义、牧民与农民冲突等跨境犯罪。

四、尝试其他非军事手段

5月29日，尼日利亚军方宣布，过去几周有132名“博科圣地”武装分子放下武器，向政府军投降，他呼吁该组织其他成员从躲藏处走出来，向政府军投降。他承诺尼军方将向所有愿意放下武器的人员开放，按照人权法，向投降者提供医疗卫生服务、去极端化和重新融入社会。11月30日，喀麦隆总统府宣布在该国西北和西南两个英语区实施“解除武装国家计划”，为此将成立“解除武装、复员和融入社会国家委员会”，解除“博科圣地”和英语区（西北省和西南省）武装团体的武装，帮助有关人员融入社会。12月24日，马里总理马伊加宣布，在马里中部莫普提地区解除部族自卫民兵和极端分子的武装计划正式启动，政府将为愿意离开武装组织的年轻人提供支持。尽管萨赫勒五国集团成立联合部队反恐，但2018年马里一些有影响的观察家，包括一些重要的政界、宗教人士正在推动非军事解决的战略，即与极端组织谈判，这些人包括马里“伊斯兰高级理事会”主席马哈茂德·迪科（Mahmoud Dicko）。据德国弗里德里希·艾伯特基金会2017年11月在马里首都巴马科和所有地区的首府所做的一项抽样调查，超过一半受访者（55.8%）支持进行谈判，以了解极端组织的诉求。

五、域外势力加大对非洲的反恐支持

（一）美国进一步加强在非洲反恐

一是将“伊斯兰国”分支及其领导人列入全球恐怖分子名单。2月28日，美国国务院发表声明，将“伊斯兰国”附属的7个组织和两个头目列入全球恐怖分子名单，其中三个组织被列入外国恐怖组织。被美国列入外国恐怖组织名单的包括“伊斯兰国”在西非的分支组织，该组织和“伊斯兰国”在索马里、突尼斯和埃及等地的4个附属组织及两位领导人列入全球恐怖分子名单。这两人分别是“伊斯兰国”西非分支的领导人阿布·穆萨布·巴纳维及“伊斯兰国”·索马里分支的领导人马哈德·莫阿里姆。二是大幅增加无人机打击次数。据新美国（New America）统计，特朗普担任总统两年，美军对索马里“青年党”实施的无人机打击次数（83次）远超其前任奥巴马（31次）和小布什（10次）。9月24日，美国国防部宣布与美国优斯（URS）集团签署1230万美元的合同，用于修复索马里Baledogle（位于索马里首都摩加迪沙以北70千米）空军基地的紧急机场跑道，同时美军在索马里的人数也由两年前的50人增加到500人，他们将训练索马里特种部队、国家情报和安全部门人员。另据《华盛顿时报》2018年9月的一份报道，美国中央情报局将无人机部署到了尼日尔。卫星图像显示当地机场近几个月在扩建。三是加强双边反恐安全合作。3月，时任美国国务卿蒂勒森出访埃塞俄比亚、肯尼亚、吉布提、乍得和尼日利亚五国，这是特朗普政府核心高层首访非洲。反恐安全合作是此次访问的主要议题。蒂勒森强调，美国将加强对非安全合作，通过提供先进武器装备、培训非洲军队等手段，共同打击地区恐怖主义。在访问位于埃塞俄比亚首都的非盟总部时，蒂勒森表示，美国将与非盟合作打击东非的恐怖主义，支持地区和多边努力。2016年以来，美国已经投入超过1.4亿美元帮助非洲伙伴国防范恐怖主义。他说，美国将通过与东非地区反恐机制（PREACT）合作加大反恐力度。8月，特朗普与到访的肯尼亚总统肯雅塔发布联合声明，宣布两国将在反恐、安全等领域加强合作。美国将帮助肯尼亚军队提升作战能力。美国国防部负责政策事务的副部长戴维·特拉亨伯格2017年12月在国会众议院作证时曾表示，美国将与非洲伙伴一道探寻非洲问题的非洲方法，这表明对恐怖组织的军事行动将主要由非洲国家军队负责。美国通过向伙伴提供装备、训练和顾问服务，帮助他们提升作战能力和成效、专业性，使他们自己有能力打击恐怖组织、遏制暴力活动。

（二）欧盟国家在非洲反恐动作频频

欧盟：2月23日，萨赫勒问题高级别国际会议在比利时首都布鲁塞尔举行。此次会议由欧盟、萨赫勒五国集团、非盟、联合国共同举办，萨赫勒五国集团成员国总统、欧盟16个成员国总统或总理以及欧盟委员会主席、非盟委员会主席、联合国负责维和事务的副秘书长等60多个国家和国际机构代表出席。法国总统马克龙、德国总理默克尔等欧盟成员国领导人与相关非洲国家元首重点讨论了反恐议题。会上，各方承诺向萨赫勒五国集团援助4.14亿欧元，其中欧盟承诺的援助资金将达到1亿欧元，以加大对该地区反恐行动的支持，尽快使萨赫勒五国集团联合反恐部队展开行动，同时推动该地区的发展。德国3月7日批准有关调整海外军事部署的方案，决定增加在马里的军力部署，将德国参与联合国在马里维和行动的军事人员由1000人增至1100人。8月底9月初，德国总理默克尔访问塞内加尔、尼日利亚和加纳，探讨解决难民危机和反恐等国家安全问题。法国总统马克龙7月访问毛里塔尼亚、尼日利亚，并出席了在毛里塔尼亚举行的非盟峰会，与“萨赫勒五国集团”（由毛里塔尼亚、马里、尼日尔、布基纳法索和乍得组成）领导人会晤，重点提升五国反恐和地区维稳能力。法国国防部长弗洛朗丝·帕利2018年内三度到访非洲，2月，在出席尼亚美举行的萨赫勒五国集团领导人峰会时，重申法国对萨赫勒五国集团联合部队的支持。她指出法国通过提供资金、物资、动员其他国家（美国、日本、欧盟、中国等）、在联合国开展外交、组织峰会等支持萨赫勒地区国家反恐。7月，帕利访问马里、尼日尔，着眼于萨赫勒地区反恐和推动萨赫勒五国集团联合反恐部队展开行动；10月她访问乍得，宣布法国“星月形沙丘”行动今后将扩展至布基纳法索。

（三）日本为非洲反恐安全提供支持

11月，日本外相河野太郎参加了塞内加尔达喀尔举行的和平与安全国际论坛。他提出，打击恐怖主义、暴力极端主义和数字犯罪，建立和加强反恐机构是重大挑战。他表示，“日本将通过日企提供高科技为非洲地区维护和平稳定做出贡献”。日本已向卢旺达提供人脸识别技术以提高边境管控能力，向科特迪瓦警方提供数字指纹认证系统。河野宣布为维护萨赫勒地区稳定，2018年日本将提供2900万美元，以加强有关国家边境管控和打击腐败。

（四）中国支持非洲以非洲方式解决非洲问题

2月23日，中国外交部长代表、非洲司司长戴兵应邀出席萨赫勒问题高级别国际会议。戴兵在发言中表示，萨赫勒五国集团及其联合部队的成立有助于该地区实现和平、稳定、发展。中方坚定支持非洲国家以非洲方式解决非洲问题。戴兵介绍了中方为促进包括萨赫勒地区在内的非洲和平、稳定、发展所做努力，强调解决萨赫勒问题关键在于标本兼治。中方愿一如既往地支持萨赫勒五国集团等非洲区域组织推动解决地区和平安全问题的努力，呼吁国际社会加大投入、综合施策，帮助地区国家共同应对挑战。11月20日，在中国倡议下，联合国安理会举行“非洲和平与安全：加强非洲维和行动”公开辩论会。中国常驻联合国代表马朝旭主持会议，他指出中国倡议举行本次非洲维和行动公开辩论会，旨在推动国际社会加大对非洲和平安全事业的关注和投入，切实帮助非盟和非洲国家加强和平与安全能力建设。他提出四点主张，其中包括要加强联合国维和行动同非洲自主和平进程及和平行动的配合。他说，中方支持联合国为非盟自主和平行动提供可持续、可预测的财政支持，帮助非盟提高自主和平行动任务规划、资金筹措、任务维持和管理能力，协助非盟加快常备军、快速反应部队和早期预警机制建设，并深化军事技术领域合作，扩大军事培训规模。

（五）国际组织与非盟加强反恐合作

1月28日，阿拉伯国家联盟（阿盟）秘书长盖特出席当天在埃塞俄比亚举行的第30届非盟首脑会议开幕式，他表示阿盟长期以来十分重视与非盟的伙伴关系，期待未来与非盟加强和平与安全事务上的合作。他说“阿拉伯世界和非洲共同面临地区局势紧张和不稳定等问题，我们有责任共同努力，尽己所能，以互补方式应对挑战并解决危机”，强调阿盟和非盟可以增进协调与合作，共同打击恐怖主义。同一天，联合国秘书长古特雷斯出席非盟峰会，表示联合国与非盟将在和平与安全等领域加强合作。古特雷斯还参加了非盟和平与安全委员会的首脑级会议，会议的主题为“采取全面策略应对非洲恐怖主义跨国威胁”。

第十章 拉美地区恐怖主义与反恐怖斗争形势综述

第一节 拉美地区恐怖活动及特点

2018-2019 年，拉美地区未发生国家间武装冲突，但非传统安全威胁日益突出。纵观全年，拉美地区面临的恐怖主义威胁主要源于两方面：一是哥伦比亚国内拒不接受和平进程的反政府游击队，策动了数起恐怖袭击事件；二是盘踞在墨西哥、玻利维亚和中美洲地区的有组织犯罪团伙，包括贩毒集团、黑帮组织、走私团伙等。他们的暴力犯罪虽有别于传统意义上的恐怖主义活动，但愈加呈现恐怖化和规模化的特点，对拉美地区形成严重的安全威胁。

一、反政府武装部分回归体制，个别组织和少数成员继续从事恐怖活动

（一）“哥伦比亚武装革命力量”重返社会受阻，少数“不满者”重操旧业

“哥伦比亚革命武装力量”（下称“哥武”）成立于 1964 年，是哥伦比亚境内成立最早、规模最大、组织最严密的反政府武装。在过去半个世纪里，“哥武”与哥政府军冲突不断，造成逾 22 万人死亡、数百万人流离失

所。经过多轮和谈，桑托斯政府和“哥武”于2016年达成最终“和平协定”。2017年9月1日，“哥武”正式宣布弃武从政，成立政党“大众革命替代力量”，开始回归民主体制。但全面落实“和平协定”涉及政治、安全、发展、社会融合等诸多领域，本就是一项长期的系统工程，而2018年正值哥政党轮替，新上台的伊万·杜克政府对“和平协定”态度有变，不可避免地导致“哥武”重返社会出现了系列问题。

一是政治参与机制尚未理顺。目前，虽然8名“大众革命替代力量”的成员已就任议员，但该党整体社会认可度不高，领导人隆多尼奥以“患病和缺乏竞选保障”为由退出总统选举，标志着该党重返哥政治舞台的努力严重受挫，“哥武”以体制内方式重整雄风难度不小。二是融入经济生活保障不力。桑托斯政府承诺初期按月给游击队成员发放生活津贴，同时设立“训练与重返社会营”，为游击队员提供职业教育培训，帮助其掌握谋生手段以适应并重新融入经济社会。然而，长期从事武装斗争活动的游击队员对此“水土不服”，始终无法正确进行自我社会定位，绝大多数人融入经济社会的前景堪忧。再加上杜克政府的财政保障不到位，生活津贴的发放难以长期为继，有“黑历史”的游击队员重新择业更是难上加难。三是人身安全面临严峻威胁。这包括来自司法和社会两方面的人身威胁。一方面，杜克政府对前政府赦免反政府武装人员的罪责耿耿于怀，多次配合美国引渡前游击队领导人受审，大有借他人之手“秋后算账”之意。另一方面，“哥武”成员大多血债累累，哥伦比亚社会不少人对其“平安落地”心怀不满，少数民众心怀“血海深仇”，一直伺机私下“寻仇”。据统计，自“和平协定”签署三年多来，已有超过126名前“哥武”成员遇害身亡。① 据联合国哥伦比亚核查团的数据，超过70%已复员的游击队领导人和队员因各种原因选择离开“训练和重返社会营”自谋出路，其中少数对“和平协定”不满以及面临严重司法指控的游击队员则重操旧业，或打着“哥武”的名号继续从事武装反政府活动，或加入有组织犯罪团伙，开始从事有组织犯罪活动，致使“哥武”叛军的规模愈加壮大。

---

① AFP, Desde la firma del Acuerdo de Paz han asesinado 128 exmiembros de las Farc, 16 de abril de 2019, https://www.elcolombiano.com/colombia/paz-y-derechos-humanos/128-ex-miembros-de-las-farc-asesinados-desde-la-firma-del-acuerdo-MA10548499.

从人员构成看，“哥武”叛军成员多为此前游击队的中下层骨干，少数则是已复员又再度加入的顽固分子。哥伦比亚总统伊万·杜克表示，“哥武”叛军人数已超 3000 人，且大有继续壮大之势。① 他们长期涉足毒品交易，大肆从事针对军警机构和人员的谋杀和绑架活动，更有甚者主动挑衅政府和社会，策动针对政府机构、公职人员和社区领袖的袭击活动，比此前“哥武”所作所为有过之而无不及。与此同时，他们的武器装备精良，战斗技术娴熟，深谙爆炸物制造，尤其是路边炸弹的制造和设置，成为阻碍哥伦比亚和平进程的推进主要威胁之一。哥政府于 2017 年 12 月至 2018 年 4 月间共发现 205 个“哥武”叛军藏匿武器的秘密场所，查获 1658 枚手榴弹，12.1 万发子弹、902 枚地雷、5428 千克爆炸物和 154 件非制式武器，其军火库规模之大令人咂舌。2018 年 1 月 17 日，“哥武”叛军在梅塔省伏击警察运输车，引爆一枚路边炸弹，炸伤 6 名警察。2 月 28 日，“哥武”叛军在梅塔省袭击正在执行毒品种植清除任务的警方巡逻队，导致一名警察身亡。3 月 26 日，两名厄瓜多尔籍记者和摄影师及一名司机在哥伦比亚圣洛伦佐州被“哥武”叛军绑架。4 月 13 日，叛军“奥利佛·悉尼斯特拉”纵队发表声明，声称三人在政府军的救援行动中丧生。5 月 5 日，“哥武”叛军在考卡省绑架一名社区领袖，多番恐吓后才予以释放。6 月 23 日，“哥武”叛军在安提奥基亚省纵火烧毁一架私人包机公司的米-17 型直升机。7 月 11 日，“哥武”叛军在图马科省伏击一辆从总检察长办公室驶出的汽车，打死车中 3 人。同日，来自“奥利佛·悉尼斯特拉”纵队的“哥武”叛军在纳里尼奥省袭击 3 名政府官员乘坐的汽车，3 人当场遇袭身亡。8 月 7 日，“哥武”叛军在考卡省一警察局附近设置简易爆炸装置，炸死警察 1 人，2 人受伤。9 月 20 日，“哥武”叛军在安提奥基亚省亚拉穆尔地区的奥查理镇绑架 3 名为加拿大矿业公司工作的地质学家，3 人不久即遇害身亡。10 月 3 日，“哥武”叛军在阿劳卡省科林托地区引爆一枚安装在摩托车内的简易爆炸装置，炸伤 7 名平民。

① Adriana Chica García, Quiénes son los disidentes de las FARC que tomaron el control del narcotráfico en Colombia, 8 de septiembre de 2018, https://www.infobae.com/america/colombia/2018/09/08/quienes-son-los-disidentes-de-las-farc-que-tomaron-el-control-del-narcotrafico-en-colombia/.

2019年以来，“哥武”叛军面对政府军的打击有恃无恐，继续兴风作浪，大肆进行恐怖活动。1月8日，“哥武”叛军在阿劳卡省绑架一名工程师，并将其带至委内瑞拉藏匿。2月15日，“哥武”叛军在阿劳卡省阿劳基塔地区绑架3名政府环境机构的工程师。3月19日，考卡省蒙多莫地区爆发土著居民抗议活动，抗议民众使用路障阻碍泛美公路交通，“哥武”叛军混迹抗议人群，趁乱朝维持治安的防爆警察开枪，打死1名警察，打伤7人。3月23日，政府军士兵在纳里尼奥省图马科地区执行古柯碱清除任务时触发“哥武”叛军所布地雷，3名士兵被炸身亡，12人受伤。3月26日，为“纪念”“哥武”前领导人逝世周年纪念日，大股叛军在北桑坦德省围攻一处军事检查站，引爆炸弹，并朝一军事设施开火。4月6日，“哥武”叛军在阿劳卡省的一辆废弃摩托车上安装了一个简易爆炸装置。爆炸导致两名政府军士兵和一名平民丧生。4月17日，“哥武”叛军在考卡省袭击政府军。一名叛军被击毙，两人被捕。4月23日，“哥武”第18纵队的叛军与有组织犯罪团伙合谋，在安提奥基亚省使用地雷炸死一名执行古柯碱清除任务的政府军士兵。5月18日，“哥武”叛军在北桑坦德省使用手榴弹袭击街头巡逻军人，造成两名士兵和五名平民受伤。

面对“哥武”“死灰复燃”，杜克政府在不断推进与“和平协定”落实的同时，秉持“露头就打”的原则，加大针对叛军首领的“斩首行动”，保持对叛军的高压震慑态势。2018年5月23日，政府军空袭盘踞在普图玛约省的“哥武”叛军第七纵队营地，炸死8名武装分子。5月28日，政府军在一次反恐行动中打死11名“哥武”叛军士兵。11月6日，政府军在卡克塔省击毙“哥武”叛军负责走私毒品和武器的高级领导人温贝托·穆拉。2019年2月2日，政府军在卡克塔省农村地区对“哥武”叛军进行清剿行动，打死一名叛军领导人埃德加·萨尔加多，打伤9名武装分子。

（二）“哥伦比亚民族解放军”和谈进程不畅，大肆进行暴力恐怖活动

“哥伦比亚民族解放军”是哥伦比亚境内唯一反政府游击队。杜克政府最新数据显示，“民族解放军”尚有不到4000人，主要活跃在哥西南部乔科省、考卡省、考卡山谷省、纳里尼奥省和东北部的北桑坦德省。近年来，“民族解放军”高层一直表示出对和谈的暧昧态度，但却不愿效仿“哥武”与政府达成“和平协定”，始终崇尚“以打促谈”的原则，为谋求

达成更有利的协定变本加厉地与政府军对抗。此外，不少“民族解放军”的高层认为应该趁机填补“哥武”解散后留下的权力真空，抢占毒品贸易市场，扩大实际控制地盘。为此，“民族解放军”近两年大肆进行暴力恐怖活动，如绑架、谋杀、爆炸等，尤其是设置路边炸弹、伏击军警巡逻车队、破坏石油管道等。据统计仅 2017 年就发生 62 起利用简易爆炸装置袭击输油管道的恐袭事件，而 2019 年未过半已发生 29 起。2018 年 1 月 12 日，“民族解放军”在卡萨那省一处石油管道安放并引爆炸弹，爆炸导致石油管道泄露至附近河流。2 月 25 日，“民族解放军”在北部哥、委边境的北桑坦德省乘摩托车袭击委内瑞拉边民，打死 3 人。2 月 27 日，“民族解放军”在北桑坦德省一条公路边设置路边炸弹，炸死士兵 5 人，炸伤 10 人。3 月 24 日，“民族解放军”在纳里尼奥省图马科地区国家石油公司的管道旁设置雷区，炸死士兵 1 人，炸伤 2 人，爆炸导致石油管道受损。8 月 3 日，“民族解放军”在安提奥基亚省绑架了 3 名警察，1 名士兵和 2 名平民。8 月 8 日，“民族解放军”“莱多明戈・莱恩”纵队在阿劳卡省的一辆通勤巴士上绑架了 3 名正在休假、手无寸铁、身着便装的士兵。

2019 年伊始，眼见“民族解放军”与政府的和谈迟迟无实际进展，个别游击队员铤而走险，策划了举世震惊的警察学院恐怖袭击事件。1 月 17 日上午 9 点半，一辆满载 80 千克爆炸物的汽车闯入位于哥伦比亚首都波哥大南部的“桑坦德将军警察学院”并发生爆炸。驾驶车辆的 57 岁男子何塞・罗德里格斯是拥有“民族解放军”20 年军龄的资深成员和爆炸物专家，其在爆炸中当场身亡。此次自杀性爆炸事件造成包括巴拿马和厄瓜多尔籍在内的 21 名警察学员死亡，68 人受伤，是哥伦比亚近年来发生的最为严重的恐怖袭击事件。随后“民族解放军”高级领导人古斯塔沃・阿尼巴宣布“多明戈・赛恩斯”纵队对袭击事件负责。以此为始，“民族解放军”还发动了系列恐怖袭击。2 月 12 日，“民族解放军”在安提奥基亚省一处桥梁试图安放简易爆炸装置时被政府军发现，双方交火造成一名士兵身亡。2 月 15 日，“民族解放军”闯入阿劳卡省一间餐厅，打死正在就餐的一名警察，打伤 3 人。2 月 16 日，“民族解放军”袭击阿劳卡省一处警察局，枪击和手榴弹爆炸导致数人受伤。2 月 17 日，“民族解放军”使用简易爆炸装置引爆一处石油管道。2 月 28 日，“民族解放军”试图偷渡阿劳卡省与委内瑞拉边境，期间向哥伦比亚海关开火，打死一名海关官员，打伤1人，随后进入委内瑞拉。3月23日，“民族解放军”在阿劳卡省引爆一枚路边炸弹伏击军警巡逻队，炸伤政府军一名中尉和一名巡警。同日，在安提奥基亚省一条公路上设置路障，截停7辆货车，纵火烧毁其中两辆。4月23日，“民族解放军”在阿劳卡省使用简易发射装置炮击一名市长候选人的住所，导致一名平民受伤。4月27日，“民族解放军”在阿劳卡省使用迫击炮袭击军队驻地，导致两名士兵和两名平民受伤，部分军事设施受损。4月28日，“民族解放军”在纳里尼奥省用一枚简易爆炸装置引爆哥伦比亚输油公司的输油管道，导致大量石油泄漏。5月22日，“民族解放军”在北桑坦德省农村地区伏击政府军巡逻队，引爆一枚路边炸弹，炸伤6名政府军士兵。

面对“民族解放军”顽固不化的抵抗态度，杜克政府秉持“支持和谈、审慎接触、严厉打击”的原则，软硬兼施，一面推进和谈，一面加强打击力度，重创“民族解放军”中高层领导骨干，使其元气大伤。2018年3月5日，政府军在阿劳卡省进行的一次反恐行动中抓获“民族解放军”外号“塔克”的主要领导人。3月12日，政府军在阿劳卡省打死“民族解放军”高级爆炸专家格里洛。4月11日，警方在考卡省抓获“民族解放军”“城市行动纵队”领导人罗德里格斯·莫雷诺。2019年5月11日，政府军在阿劳卡省阿劳基塔地区伏击“民族解放军”，打死该组织高级指挥官、“卡米罗·西恩富戈斯委员会”领导人达里奥。

二、墨西哥治安形势有所恶化，涉毒暴恐活动有增无减

美国圣地亚哥大学2019年4月发布的《2018年度墨西哥有组织犯罪与暴力活动报告》指出，自2015年以来，墨西哥暴力活动剧增，凶杀率从2015年的10万分之16.9上升至2017年的10万分之25.7，2018年达10万分之27.3，预计2019年数据与2018年持平。数据显示，墨西哥的凶杀率已超过拉美平均水平，与巴西和哥伦比亚持平。另据墨西哥国家公共安全系统统计，2018年墨西哥共发生28816起凶杀案，导致33341人丧生。[①]

一是有组织犯罪仍然是墨西哥犯罪与暴力问题的“元凶”。自2006年

① Laura Y. Calderón, Kimberly Heinle, Octavio Rodríguez Ferreira, and David A. Shirk, “Organized Crime and Violence in Mexico”, April 2019.

以来约50%-66%的凶杀案由有组织犯罪团伙实施，尤其是毒品走私集团。2018年，最保守估计约20%的凶杀案由有组织犯罪团伙实施，最大尺度口径统计则高达67%。近年来，墨西哥主要贩毒集团内讧不断，各大贩毒集团呈碎片化发展趋势，不断分裂后重组，其活动则日趋多元化，导致小型化、地区性的暴力犯罪活动激增。

二是暴力活动虽蔓延，但仍集中在少数地区。根据墨西哥国家统计地理和信息局统计，2017年零凶杀案的州市仅721个，占全国州市的30%，创1990年以来最低，显示暴力活动整体呈不断蔓延的势头。但实际上，凶杀案主要还是集中在墨西哥西北部和太平洋沿岸地区等毒品走私猖獗的地区。据统计，2018年度，蒂华纳、华雷斯、阿卡普尔科、坎昆-贝尼托·华雷斯、库利亚坎、瓜达拉哈拉、伊拉普阿托、雷恩、特拉克帕克、艾卡特佩克十大城市发生的凶杀案数量占墨全国总数的33.6%，前五大城市凶案数量更是占到24.7%。

三是针对政界人士和记者的暴力活动显著增加。2018年度是墨西哥具有标杆意义的选举年，针对市长、市长候选人和前市长的凶案数量导致37人死亡。这一数量略微超过2017年的35人，但是远超2015年、2016年的14人和6人。这37人中10人来自革命制度党、6人来自民主革命党、5人来自绿色生态党、4人来自国家行动党、3人来自国家复兴运动党、2人为独立人士、1人来自全国汇合党。与此同时，共有16名记者和媒体工作者在下加州、恰巴斯-格雷罗州、墨西哥城、新拉雷多州、金塔纳罗洲、塔巴斯克州、塔毛里帕斯州和维拉克鲁斯州遇害身亡。这些媒体工作者包括记者、通讯员、摄影记者、摄像师、新闻站负责人和活动人士等。研究发现，近年来墨西哥记者的被杀率是普通民众的3倍，而市长的被害率则是普通民众的9倍。

四是政权轮替带来新安全挑战。据统计，自前总统涅托2013年上台以来，6年内共有1.5万人死于凶杀案，约每年发生3万起案，日均发生62起，每小时发生3.4起案，比卡尔德隆任内每年多发生1万起。其中2018年是培尼亚·涅托执政最后一年，也是墨西哥有史以来最暴力年度。2018年，墨西哥经济社会发展低速徘徊，有组织犯罪活动日益猖獗，加上“矮子”古斯曼落网后贩毒集团群龙无首，内讧严重，墨西哥俨然陷入“无政府状态”。新总统奥夫拉多尔寻求通过提高民众安全感、调整联邦执法部门以及缓解美墨紧张关系来改善国家安全形势，但成效尚未完全显现。

三、委内瑞拉治安形势未有明显好转

2018年，委内瑞拉经济形势继续恶化，朝野各派博弈加剧，国会主席瓜伊多“自封”总统，为推翻马杜罗与政府展开激烈政治斗争，社会对立愈加严重，“挺马”与“倒马”之争呈现暴力化趋势，大有从街头对抗转向武装对抗的势头，拖累治安形势难有好转。2018年12月28日，非政府组织“委内瑞拉暴力犯罪观察站”发布年度报告，显示2018年度发生多达10422起凶杀案，共导致23047人死亡，凶杀率高达10万分之81.4，远超中美洲国家洪都拉斯的10万分之40和萨尔瓦多的10万分之60，蝉联“拉美最危险国家”称号。其中阿拉瓜州、米兰达州、玻利瓦尔州、联邦区和苏克雷州分别以10万分之168、124、107、100和97位列凶杀率最高的五大州府，首都加拉加斯仍然位列“世界最危险城市”之首。① 而美西方等外部势力干涉委内瑞拉，导致委局势日趋严峻。2019年4月30日，美国情报机构经过长期谋划，策动瓜伊多和部分叛变军人发动政变，导致朝野双方进入“白热化”的对决阶段，委局势进一步动荡，治安形势恐还将恶化。

第二节　拉美地区主要反恐措施

一、哥伦比亚和平进程推进受阻，反政府游击队彻底根除尚需时日

自2018年8月杜克总统上任后，哥伦比亚政府与“哥武”达成的“和平协定”落实面临严峻挑战，与“民族解放军”的和谈长期陷入停滞状态。

从哥伦比亚政府角度看，新上台的杜克政府本就对前任桑托斯与“哥

① Observatorio Venezolano de Violencia，“Informe Anual de Violencia 2018”，27 diciembre de 2018.

武”达成的“和平协议”持不同立场，主张对“民族解放军”予以军事打击，尤其是对“特别司法机制”立法问题异议较大，认为应继续追究反政府武装人员的罪责，与此同时，希望对武装冲突的受害者给予“真相、正义和补偿”。因此，杜克上任后在落实“和平协议”上态度不够积极有力，投入的资源也相对有限，“哥武”成员重返社会遥遥无期。联合国驻哥伦比亚特派团明确指出，哥伦比亚政府必须坚定履行已经生效的和平协议，要动用一切社会资源“加速”前反政府武装成员重返社会是推动和平进程的重中之重，只有这样才能确保前武装成员不会加入其他的反政府武装。

从“民族解放军”角度看，其看到“哥武”与政府的“和平协议”不仅未完全执行，更有人身安全和司法追责之虞，对政府的不信任感累积，不愿重蹈“哥武”覆辙，继续参与和推动和平进程的动力严重不足。而警察学院恐怖袭击事件后，杜克政府随即宣布取消对“民族解放军”和谈代表的临时豁免权，并向国际刑警组织申请对和谈代表发出红色通缉令。此后，哥政府清剿“民族解放军”的力度不断加强，新一轮“以暴制暴”拉开大幕，谈判代表被通缉以及政府的新一轮军事打击导致“民族解放军”的抵触情绪进一步抬头。

综合来看，警察学院恐袭事件后，哥政府与“民族解放军”之间的和谈已经名存实亡，双方的立场均十分强硬，且极端对立，双方都有退出和谈的计划，但都担心背负“破坏和谈”的罪名，不愿正式宣布终止和谈，却也不重返谈判桌，哥伦比亚和平进程正面临漫长、尴尬而又痛苦的过程。

二、墨西哥新政府多措并举构筑反毒新防线

墨西哥奥夫拉多尔政府于 2018 年 11 月发布了《国家和平与安全计划 2018-2024》，详细阐述新一届政府的反恐反毒和社会治安全新理念。[①]

一是终结“毒品战争”，聚焦恶性犯罪。奥夫拉多尔强调，本届政府不再将打击贩毒集团、毒品走私、缉拿贩毒集团头目作为主要目标，取而代之的是打击“极端犯罪活动”，如凶杀、勒索、抢劫、盗窃石油管道等。

① PLAN NACIONAL DE PAZ Y SEGURIDAD 2018-2024，https：//lopezobrador. org. mx/wp-content/uploads/2018/11/PLAN-DE-PAZ-Y-SEGURIDAD_ANEXO. pdf.

此外，在打击犯罪活动时，首要目标是清剿犯罪团伙中具体实施犯罪的中层骨干，以此瘫痪有组织犯罪团伙，彻底根除其扩张和“再生”能力。2019 年 1 月 30 日，奥夫拉多尔正式宣告毒品战争结束，明确提出将保证公共安全作为维护国家安全的首要任务。

二是强化反腐斗争，加速军警体制改革。奥夫拉多尔认为墨西哥治安积重难返的主要原因是腐败问题，提出系列反腐举措，但目前尚无具体措施，有待观察。与此同时，奥夫拉多尔上台后不再倚重军队遂行国内反毒反恐任务，而是“另起炉灶”，创立了全新的安全部队——国民警卫军。国民警卫军成员来自军队及联邦警方，首批 5 万人已于 2019 年 4 月形成战斗力。2019 年 6 月 30 日，墨西哥国民警卫军举行正式成军仪式。奥夫拉多尔宣布国民警卫军规模已达 7 万人，未来还将扩至 15 万人。奥夫拉多尔计划用三年时间解散军队，将国家安全工作移交国民警卫军负责。新政府称，未来墨西哥将被划分为 266 个地区，每个地区都将驻守国民警卫军部队，与联邦和地方警察机构合作，负责承担该地区情报搜集、预防犯罪、抓捕嫌犯和搜集证据等任务。

三是探索医用大麻合法化。奥夫拉多尔政府强调，美国作为世界上最大的毒品消费国，极大地刺激了拉美国家的毒品生产和走私活动，是墨西哥毒品种植和走私的源头之一。此前，墨西哥政府积极配合美国进行毒品种植清除工作，不仅没有起到源头上遏制毒品种植的作用，反而导致吸毒人口剧增、涉毒暴力活动加剧、毒品价格快速上涨，让贩毒集团获取暴利。为此，新政府正寻求探索大麻生产、销售和消费的合法化，并且考虑对医用罂粟的种植实行许可证制度。

三、美拉安全合作面临严峻挑战

美拉反恐反毒合作有所延续。2018 年 8 月 15 日，为了打击毒品交易、切断非法资金流，美国缉毒局宣布将与墨西哥展开合作，在芝加哥设立联合执法小组，严打毒品交易。同年 12 月，奥夫拉多尔新政府上台之初，特朗普政府主动送上“合作大礼包”，宣布 5 年内援助墨西哥 106 亿美元，专门用于“两国共同解决移民、贩毒和跨国犯罪组织活动等共同面临的挑战”。

但美拉安全合作面临不小挑战。2019 年以来，特朗普政府公开祭出

"门罗主义"大旗，展现出对拉美国家更公开的干涉行动、更浓厚的利己色彩、更明显的分化手段、更激烈的排外取向，拉美国家对此"敢怒不敢言"，与美开展合作的积极性大不如前。尤其是特朗普政府对主要安全合作伙伴墨西哥的政策最为明显，其动辄以关税敲打墨新政府，随意加征和取消对墨西哥进口产品的关税，如"达摩克利斯之剑"时刻高悬墨头顶，令奥夫拉多尔政府"如鲠在喉"。在反毒和移民问题上，特朗普数度威胁墨西哥。称若墨西哥不努力遏止非法移民与毒品走私进入美国境内，考虑将对墨西哥汽车课税。2019 年 5 月 30 日，特朗普再度在推特上威胁称，美将于 6 月 10 日起对所有墨西哥输美商品加征 5%关税，并可能视情不断提高，直至墨在移民问题上屈服。美首次公开以关税手段就非经贸问题向他国施压，影响十分恶劣。6 月 7 日，美墨就移民问题谈判多日后，特朗普在推特上称，宣布与墨达成移民协议，其中就包括强化边境执法。墨承诺采取"前所未有的措施"遏制非法移民，包括在墨全境尤其是南部边境部署国民警卫队、打击人口走私和贩运组织、非法金融和运输网络、与美共享信息和协调行动。目前，墨已派遣 6000 名国民警卫赴边境执法。特朗普政府对墨西哥的"霸凌"行径激起墨西哥国内的"反美"浪潮，不少人提出以安全合作为谈判筹码，这给美墨安全合作带来极大的不确定性。

第十一章　大洋洲地区恐怖主义与反恐怖斗争形势综述

2018年，大洋洲地区整体恐怖活动水平较低，但仍面对外国“圣战者”回流、本土极端主义者响应“伊斯兰国”号召就地发动圣战、右翼极端主义兴起等恐怖威胁。澳大利亚、新西兰等大洋洲国家一方面坚持预防和打击并举，另一方面着力提升反恐国际合作水平。

第一节　澳大利亚、新西兰恐怖主义形势

2018年12月底，澳大利亚经济与和平研究所发布了年度恐怖主义形势报告《2018年全球恐怖主义指数》。数据显示，2017年和2018年的全球恐怖主义形势相比最严峻的2014年已有大幅好转。[①] 随着“伊斯兰国”被多国宣布成功剿灭，其跨国动员能力遭受严重打击，澳恐怖主义形势亦有好转，澳被指控犯有恐怖主义罪行人数达到2014年以来的新低，2018年

① “Global Terrorism Index 2018”，http：//visionofhumanity. org/app/uploads/2018/12/Global-Terrorism-Index-2018-1. pdf（上网时间，2019年5月19日）

全年没有澳公民在海外因恐袭丧生。但澳本土发生的两起“独狼”式袭击表明，澳仍持续面临恐怖威胁。除“圣战”威胁外，澳本土的极右翼分子日渐活跃，对澳威胁成加码态势，澳恐怖威胁更加多元，本土因素愈发重要。正如澳安全情报局局长（ASIO）邓肯·刘易斯所言，“澳面临的恐怖威胁仍然很高”。①

一、澳大利亚持续面临恐怖威胁

据澳大利亚官方统计，在过去 5 年中，大约有 230 名澳大利亚人前往叙利亚和伊拉克参加“伊斯兰国”和其他“圣战”组织，这些人有的在前线作战，有的充当自杀式炸弹袭击者、宣传人员、医生以及海外“圣战”的煽动者。② 而在澳境内，“伊斯兰国”通过提供资金、指导以及派遣人员等方式对澳发动恐袭。自 2014 年 9 月以来，在澳境内共有 7 起以“伊斯兰国”的名义发动的恐袭，造成 5 人死亡。在 8 月的一次讲话中，“伊斯兰国”首领巴格达迪通过一段近 1 个小时的在线视频，敦促其支持者继续战斗，这名恐怖分子头目号召“加拿大、欧洲和其他地方的追随者”对西方发动袭击。巴格达迪表示，“对西方的一次攻击抵得上在叙利亚和伊拉克的上千次攻击”。③ 在“伊斯兰国”的威胁下，澳境内也连续发生“独狼”式恐袭。

再发两起“独狼”恐袭。2018 年 2 月，孟加拉国女留学生肖玛（Mo-

---

① Legal and Constitutional Affairs Legislation Committee，https：//parlinfo. aph. gov. au/parlInfo/search/display/display. w3p；query＝Id%3A%22committees%2Festimate%2Fc9057e7c-a164-4ec6-b736-50bf92e1d970%2F0000%22（上网时间，2019 年 5 月 19 日）

② “Legal and Constitutional AffairsLegislation Committee，Estimates，transcript，22 October 2018”，https：//parlinfo. aph. gov. au/parlInfo/search/display/display. w3p；query＝Id%3A%22committees%2Festimate%2Fc9057e7c-a164-4ec6-b736-50bf92e1d970%2F0000%22（上网时间，2019 年 5 月 20 日）

③ “Abu Bakr al-Baghdadi：‘New audio message’ from IS leader released”，https：//www. bbc. com/news/world-middle-east-45277322（上网时间，2019 年 5 月 21 日）

mena Shoma）在墨尔本北部米尔公园的寄宿家庭里，趁房东辛格拉韦鲁（Roger Singaravelu）睡午觉的时候，手持一把25厘米长的厨刀以“圣战”的名义袭击了他。[①] 警方经调查认定这是一起受到“伊斯兰国”蛊惑的恐怖袭击。据澳大利亚广播公司报道，虽然索玛在拉筹伯大学（La Trobe University）注册了语言学硕士的课程，但自她抵达澳洲起，就在寻找恐怖攻击的下手对象，在案发前一周她与另一个家庭住在一起时，她一直练习用刀捅枕头，后来选择攻击辛格拉韦鲁是因为他睡觉时看起来“非常脆弱”。维州最高法院法官泰勒（Lesley Taylor）认为，她来澳洲的唯一目的就是进行恐怖活动，以此来引起西方社会的注意。

11月9日下午，澳大利亚墨尔本中央商业区发生持刀袭击事件，导致一人死亡，另外两人受伤。嫌疑人在现场被警方开枪制服并在医院不治身亡。涉案男子驾驶一辆载满烧烤用煤气罐的小型货车到现场后放火烧车，然后在人们驻足围观时突然持刀袭击路人和接获消息到场的警员。维多利亚州警察总监阿什顿透露，涉案男子来自索马里，警方和情报机构都知悉他的身份，男子已住在澳洲几十年，但警方正在调查其亲属。[②] 另据英国《每日镜报》报道，极端组织“伊斯兰国”宣布对墨尔本袭击事件负责。[③] 值得一提的是，2017年1月，墨尔本伯克街发生过另一起袭击事件，一名男子开车在人行道上冲撞行人，造成6人死亡，30人受伤。2016年，澳执法当局曾成功挫败过恐怖分子在圣诞节袭击墨尔本市中心的计划。

挫败多起恐袭图谋。1月23日，新南威尔士州联合反恐小组抓捕一名40岁的妇女琳达·梅里（Linda Merhi），其被控试图给在叙利亚为“伊斯

---

① “I attempted murder’on behalf of Islamic State，student Momena Shoma tells police” https：//www. abc. net. au/news/2018-08-01/momena-shoma-court-case-islamic-state-attempted-murder-claim/10060550（上网时间，2019年5月21日）

② “Nino Bucci，Bourke Street attacker Hassan Khalif Shire Aliwas radicalised and inspired by IS”，https：//www. abc. net. au/news/2018-11-10/bourke-street-attacker-hassan-khalif-shire-ali-what-we-know/10484872（上网时间，2019年5月21日）

③ “Melbourne attack：‘Lone wolf’ terrorist kills one in knife rampage before he’s shot dead”，https：//www. mirror. co. uk/news/world-news/breaking-melbourne-attack-knife-wielding-13560511（上网时间，2019年5月21日）

兰国”而战的弟弟汇款3万美元，面临故意为恐怖组织提供资金的罪名。①6月16日，一位名叫诺罗兹·阿敏（Nowroz Amin）的26岁男子被捕，被控涉嫌“计划前往孟加拉国与那些持有类似信仰并可能在澳大利亚境外从事恐怖活动的人”会面。② 6月30日，昆士兰州联合反恐小组逮捕一名嫌疑人，被控企图前往叙利亚加入“伊斯兰国”以及在澳进行招募活动。③11月20日，墨尔本警方在一次反恐行动中逮捕三名男子，他们涉嫌计划在墨尔本闹市区进行恐怖袭击，以“尽可能多”地杀人。据称这三名恐怖分子被“伊斯兰国”蛊惑，企图仇杀“异教徒”。

右翼极端主义在澳抬头。在一些西方国家，由于对非法移民、政府治理缺失以及伊斯兰教影响扩大等问题的担忧，右翼极端主义正在兴起，成为威胁西方安全稳定的另一重要隐患。例如，2016年，墨尔本一名右翼极端分子被控策划针对左翼活动人士的恐怖袭击。澳大利亚境内活跃有一批小型极右翼团体，例如“爱国统一阵线”。澳境内的右翼极端分子视英国的新纳粹组织“Combat18”为榜样，并试图利用各种机会宣扬种族主义观点，从而使社会陷入分化对立状态，重现2005年发生在克罗纳拉海滩的种族骚乱。④

二、新西兰恐怖主义形势日益严峻

2018年，新西兰本土并未发生恐怖袭击，在澳大利亚经济与和平研究

---

① “Bureaucrat Linda Merhi sent cash to IS brother: police”, https://www.smh.com.au/national/nsw/bureaucrat-linda-merhi-sent-cash-to-is-brother-police-20180201-h0s1sk.html（上网时间，2019年5月22日）

② “Sydney man faces court over terrorism-related charges”, https://www.abc.net.au/news/2018-06-17/sydney-man-faces-court-amid-terrorism-related-charges/9878284（上网时间，2019年5月22日）

③ “Brisbane man charged with terrorism offences”, https://www.afp.gov.au/news-media/media-releases/brisbane-man-charged-terrorism-offences（上网时间，2019年5月22日）

④ “Melbourne's Trades Hall targeted by man who planned to carry out terrorist attacks, court told”, https://www.abc.net.au/news/2018-09-03/phillip-galea-committal-hearing-terror-trades-hall-targeted/10195364（上网时间，2019年5月23日）

所《2018全球和平指数报告》中仅次于冰岛，位居全球“最和平”国家第二名。[①] 但在和平表象之下，新西兰国内恐怖主义暗流涌动。澳大利亚迪肯大学教授、恐怖主义专家巴顿发出警告称，虽然与澳大利亚相比，新西兰的恐怖活动不是很严重，可能是地理位置较远的缘故，但是远距离并不是永久的安全保障。“对新西兰来说，未来5年比过去5年将要面临更多的（恐怖活动）挑战。”[②]

恐怖主义形势严峻。4月5日，新西兰司法部长安德鲁·利特尔（Andrew Little）在第二届新西兰国家安全会议致辞中表示，恐怖主义和网络犯罪目前是新西兰安全部门重点应对的安全威胁。利特尔表示，新西兰的反恐形势非常严峻，尤其是社交媒体对恐怖主义信息的煽动，新西兰也无法置身事外。在新西兰情报机构的记录当中，存在30—40人的名单，且数量仍在持续增加，这些人随时有可能对新西兰造成恐怖威胁。[③]

“仇恨犯罪”威胁上升。新西兰著名人口专家保罗·斯普利（Paul Spoonley）表示，由于移民人口的增长和社会族裔多样性的发展，新西兰社会目前已经有一些基于“仇恨”的犯罪行为的萌芽，新移民人口在不断增加的过程中，若无法充分与本地社区融合，或将进一步煽动“仇恨犯罪”行为的出现。[④] 新西兰种族关系专员苏珊·迪瓦伊（Susan Devoy）介绍称，目前在新西兰境内宣传激进观点的团体有“ISIS恐怖组织”、“the National Front”网站等。这些团体大肆宣扬种族主义言论，吸引孤独、脆弱、涉世未深的年轻人，从而对其洗脑并使其激进化，最终使其走上暴力

---

① “Global Peace Index 2018”，http：//economicsandpeace.org/reports/（上网时间，2019年5月23日）

② “Lone wolf attacks hard to prevent but so are simplistic reactions”，https：//www.smh.com.au/world/oceania/lone-wolf-attacks-hard-to-prevent-but-so-are-simplistic-reactions-20181110-p50fa7.html（上网时间，2019年5月25日）

③ “Reflections on the Second National Security Conference”，https：//defsec.net.nz/2018/07/21/second-national-security-conference/（上网时间，2019年5月25日）

④ “First Thoughts on NZ's Second National Security Conference 2018”，https：//unclas.com/2018/04/10/first-thoughts-on-nzs-second-national-security-conference-2018/（上网时间，2019年5月26日）

犯罪的道路。[①] 2017 年，一名 15 岁的新西兰少年在网上受到恐怖组织影响，并企图在基督城实施恐怖行为的事引发了各方的关注和担忧。这名 15 岁少年患有创伤后应激障碍（PTSD），辍学后，他通过网络接触并受到了极端恐怖组织的影响，先是皈依了伊斯兰教，随后便萌生了恐怖袭击的想法。[②] 奥塔哥大学和平与冲突研究中心副主任卡特琳娜·斯坦迪什（Katerina Standish）表示，网络恐怖主义宣传已使部分新西兰人愈发激进，本土滋生的极端主义对新西兰的安全威胁值得警惕。

第二节　澳大利亚、新西兰主要反恐举措

2018 年，反恐已不再是澳大利亚处理国家安全问题的最优先事项。与前几年相比，澳议会通过的国家安全立法中只有一小部分专门针对恐怖主义。相反，应对间谍活动和外国干涉问题成为立法重点，这其中既有 2014 年以来澳议会广泛引入反恐法律导致需求减少的缘故，也有澳将国家战略重心转移的考量。从实际举措来看，澳反恐主要着眼于弥补现有法律体系漏洞，对抗极端意识形态，强化反恐预警体系，加大反恐打击力度，加强对外反恐合作等方面。

一、执行更严格的机场审查措施

澳大利亚联邦议会今年提出《2018 年澳大利亚护照修正案（身份匹配服务）法案》和《2018 年犯罪立法修正案（机场警察权力）法案》。新法案一旦通过，旅客们将在机场遭到严查。据悉，在当前法律下，联邦警方仅能够在怀疑机场旅客已实施或将实施严重犯罪活动时要求验证其身份。

① “Jarrod Gilbert: Race role requires special talents - Dame Susan Devoy didn't have them”, https://www.nzherald.co.nz/nz/news/article.cfm?c_id=1&objectid=12069905（上网时间，2019 年 5 月 26 日）

② “Kiwi teenager radicalised online planned mass killing in Christchurch ‘for Allah’”, https://www.stuff.co.nz/national/crime/101480988/kiwi-teenager-radicalised-online-planned-mass-killing-in-christchurch-for-allah（上网时间，2019 年 5 月 27 日）

新法案在特定机场给予警方更广泛的权力，联邦警局将有权向任何人要求检验身份，并将可疑人员驱逐出机场，或不准乘飞机（最长时间达 24 小时）。若旅客拒绝配合接受检查，他们将面临最高 4200 澳元的处罚。受影响的机场包括悉尼、墨尔本、布里斯班、珀斯、黄金海岸、霍巴特、郎瑟斯顿、爱丽斯泉、堪培拉、达尔文和汤斯维尔这些城市机场。澳大利亚内政部长都顿表示，“修改法律促使机场警察有权验证旅客身份的正当性，在于保障澳大利亚民众的安全。”①

二、加强狱中极端分子管理

由于担心下一波恐怖主义袭击事件来自狱中释放的囚犯，澳大利亚新南威尔士州警署成立高危恐怖主义罪犯小组，加强对狱中极端主义分子、特别是青少年罪犯的管理。据《澳大利亚人报》2 月 8 日报道，高危恐怖主义罪犯小组由 18 名新州警察和新州惩教服务署的官员构成，负责对狱中恐怖分子和恐怖嫌疑人的活动进行调查。② 小组成员若发现狱中涉恐分子存在激进倾向、且可能对公众安全构成威胁，将可以依照新州恐怖主义（高危罪犯）法案，在犯人刑满释放时延长其刑期，或在犯人释放后对其进行严格监控。新成立的反暴力极端主义小组将负责识别少年犯管教所内激进、或有激进风险的青少年，并对其进行密切管理。被认定为对公共安全构成威胁的少年犯将面临更严格的电话、邮件审查以及访客限制。

三、加大“去极端化”打击力度

澳大利亚新南威尔士州政府出台新规，禁止囚犯持有恐怖主义相关图

---

① “Two problems with proposed rules to boost police powers at airports”，https：//www.news.com.au/travel/travel-updates/two-problems-with-proposed-rules-to-boost-police-powers-at-airports/news-story/11a2309bde2ebc51f35345fee44c69ad（上网时间，2019 年 5 月 27 日）

② “澳大利亚新南威尔士州成立新反恐部门管理狱中极端分子”，http：//m.xinhuanet.com/2018-02/08/c_129808936.htm（上网时间，2019 年 5 月 27 日）

片及视频材料。[①] 该规定由哈姆齐案催生，澳大利亚警方 2017 年在其囚室搜查手机的过程中，发现一个储存着极端组织“伊斯兰国”材料的 U 盘。但由于该 U 盘是以其案情相关资料在监狱登记备案，此前法律允许囚犯持有与自己案情相关的资料，警方对此也无可奈何。新南威尔士州议会就相关法律提交了修订案，以期堵上该法律的漏洞。惩教厅长埃利奥特（David Elliot）表示，若囚犯被证实私藏极端主义相关材料，将面临多达两年的监禁，此举是帮助犯罪人员去除极端主义思想，防止其他囚犯激进化。

四、与东盟签署反恐合作协议

澳大利亚和东盟于 3 月 17 日在东盟-澳大利亚特别峰会上，联合签署了《澳大利亚同东盟联合打击国际恐怖主义谅解备忘录》。谅解备忘录旨在加强双方在打击恐怖主义、反恐融资和打击暴力极端主义方面的合作，并规定了切实措施，深化各国政府、安全和执法机构之间的对话。谅解备忘录还得到了技术和监管援助方案的支持，以制定反恐立法方面的最佳做法，以及就电子证据、金融情报和打击网上激进化等议题开展区域对话和研讨会。[②]

五、新西兰反恐举措

第一，加强反恐怖融资立法。新西兰政府于 2013 年开始实施《反洗钱和打击资助恐怖主义法》，在法案的第一阶段，主要是在新西兰金融机构（包括银行、赌场、金融服务、汇款公司、外汇换汇公司等等）中实施，从 2018 年 7 月 1 日起，法案进入第二阶段，律师需要评估不法分子利用他们的服务进行洗钱的风险，即对其客户进行“客户尽职调查”（Customer Due Diligence）。“客户尽职调查”指的是金融机构用合理的手段了解客户身份信息及其交易情况，以预防洗钱及其他犯罪活动的发生。如果律师无

---

① “Terror teens in NSW juvenile system to have greater security and de-radicalisation programs”, https://www.abc.net.au/news/2018-02-07/nsw-invests-in-security-and-de-radicalisation-for-juvenile-jails/9404118（上网时间，2019 年 5 月 27 日）

② “ASEAN, Australia sign MOU on counter terrorism”, https://asean.org/asean-australia-sign-mou-on-counter-terrorism/（上网时间，2019 年 5 月 28 日）

法根据法律验证客户的身份，律师将无法为客户提供服务。

第二，打击极端意识形态。2 月 18 日，伊姆兰·帕特尔（Imran Patel）成为第一个因宣传极端恐怖主义而入狱的新西兰人，他的保释请求被拒绝。[①] 在警方的数据库中，他已经有长达十年的原教旨宣传“黑历史”，但都未被逮捕。直到 2016 年 6 月，他曾因持有和散发恐怖主义材料而被逮捕。在此之前他曾和同伴试图前往叙利亚，但护照已经被注销。这是新西兰宣判的第一起恐怖主义罪。因承认持有、制作和散布恐怖主义视频，他被判入狱三年零九个月。他曾通过短信向 52 人发送了恐怖主义视频。

第三，延长在伊拉克和阿富汗军队部署期限。9 月 17 日，新西兰总理杰辛达·阿德恩（Jacinda Ardern）宣布，新西兰军队在伊拉克和阿富汗的部署时间将延期，其中在伊拉克的部署时间将延长到 2019 年 6 月，在阿富汗的部署时间将延长到 2019 年 9 月。[②] 自 2015 年 2 月以来，新西兰军队一直驻扎在伊拉克塔吉军事基地，为伊拉克安全部队提供培训。目前已有超过 4.4 万名伊拉克安全部队的士兵接受了新西兰军队的培训。

---

① “First Kiwi jailed for distributing extremist propaganda granted parole”，https：//www. nzherald. co. nz/nz/news/article. cfm? c_id＝1&objectid＝12168359。（上网时间，2019 年 5 月 28 日）

② “Keeping New Zealand troops in Iraq beyond June 2019 a ‘possibility’ - Jacinda Ardern”，https：//www. newshub. co. nz/home/politics/2018/09/keeping-new-zealand-troops-in-iraq-beyond-june-2019-a-possibility-jacinda-ardern. html（上网时间，2019 年 5 月 28 日）

第二部分

国际恐怖主义组织

第十二章　主要国家与国际组织公布的恐怖组织名单

由于国际社会对恐怖主义并未形成统一的认识，因此对恐怖组织的界定也是各不相同。一些国家与组织为适应反恐斗争的需要，陆续公布各自认定的恐怖组织名单。研究分析不同的恐怖组织名单可以看出，对恐怖组织的界定虽然有共同点，但更多的是不同点，即各国界定的恐怖组织大多是对本国构成威胁的各类组织。换言之，各国都是以本国安全利益为最基本出发点，对恐怖组织做出的认定。为使广大读者对各国界定的恐怖组织有一个基本认识与参考，我们陆续把一些国际组织和国家公布的恐怖组织名单列出，如今后已列出的名单有变化则只增加变化情况。同时根据这些国家公布的相关材料，对一些恐怖组织作简单介绍（其中也包括一些新闻媒体经常提及并称为“恐怖组织”的团体）。需要说明的是：限于篇幅、在2003年《年鉴》的基础上，除新增恐怖组织外，今后的《年鉴》只介绍其他恐怖组织当年活动的最新情况。

2018年度，世界各主要国际组织及国家如联合国、欧盟、美欧等国，均按照各自法律程序，对各自的“恐怖组织名单”进行审定、评估和更新。制定恐怖组织名单是国际反恐的重要举措。某个团体一旦被列入某国的恐怖组织名单，该国就将依法动用各项资源，对该组织的资金、人员等进行全面打击。因其牵涉性广，对其人权、国家安全乃至国际关系都会造成一定影响，因此，各国在制订恐怖组织的名单时，都采取慎重的态度，并依法定期会审。目前世界各国对恐怖主义、恐怖组织等概念分歧明显，各国的反恐法律及机制也不尽相同，因此，在制订所谓的恐怖组织名单方面没有统一模式。总体而言，国际上制订恐怖组织名单的国家大概可以分成两大类：一类是通过制定反恐法律（有些国家没有专门的《反恐法》，但包含在《刑法》等法律形式之中），通过法律程序认定“恐怖组织名单”，并对社会公开，比如美国、英国、澳大利亚、加拿大等；另一类是没有制订恐怖组织名单，或者有恐怖组织名单但没有向社会公开，而是执法单位或安全机构内部掌握，比如日本等国。但是所有国家（联合国成员）都承认联合国安理会1267号决议所设制裁委员会制定并每年更新的“属于或与塔利班、乌萨马·本·拉登和‘基地’组织有关的个人和实体名单”，并依法对相关恐怖组织或人员进行监控、制裁。

2018年度，联合国的恐怖组织名单有较大变化：与上年度相比，增加了许多与恐怖主义相关的个人及组织名单。与前几年相比，本年度除了联合国与欧盟外，多数国家的“恐怖组织名单”没有多大变化。纵观本年度各国恐怖组织名单的制定政策，其基本特点没有变。第一，各国的“恐怖组织名单”仍互不相同，且为本国政治需要服务的特点明显。各国制定恐怖组织名单的主要目的是为了国家利益和外交斗争需要服务。第二，恐怖组织名单以威胁本国利益的境内组织居多。英国恐怖组织名单则分两部分：国际恐怖组织及国内恐怖组织（北爱尔兰相关组织）。澳大利亚、加拿大等少数国内安全形势相对宽松的国家，则与美国类似：“国际性”明显，体现为“国际恐怖组织名单”，而没有国内恐怖组织名单。第三，英、美等发达国家在制定“恐怖组织名单”上仍带有浓厚的西方色彩，双重标准的痕迹非常明显。

第一节　联合国安理会新增减的恐怖组织（实体）名单

联合国“恐怖组织名单”主要指联合国安理会1267制裁委员会（根据联合国安理会第1267号决议设立）制定的关于“属于或与塔利班乌萨马·本·拉登和‘基地’组织有关的个人和实体名单”，名单定期更新。截至2019年5月21日，《综合名单》上个人总数为703个，实体和其他团体总数为347多个，2018年1月1日至2019年5月21日，共新增实体名单25个。具体如下①：

1. 考萨尔货币交易所

别名：a. Al Kawthar Co. b. Al Kawthar Company c. Al-Kawthar Hawala

地址：伊拉克安巴尔省

列入名单日期：2018年3月6日

其他信息：货币交易企业，截至2016年中业主为乌马尔·马哈茂德·伊尔海伊姆·库拜西。协助与列名为伊拉克“基地”组织的伊拉克和黎凡特伊斯兰国有关联的公司进行金融交易。2000年成立，执照号202，2000年5月17日签发，已吊销。

2. 长安海运技术有限公司

别名：a. 长安海连技术有限公司 b. CHANG AN SHIPPING AND TECHNOLOGY

地址：香港柴湾祥利街29-31号国贸中心2105室DL1849，中国

列入名单日期：2018年3月30日

其他信息：悬挂巴拿马国旗货船“HUA FU”号的注册所有人、船舶经营人和商业经营人，“HUA FU”号于2017年9月24日在朝鲜罗津装载了朝鲜煤炭。

3. CHONMYONG 航运公司

别名：CHON MYONG SHIPPING COMPANY LIMITED

地址：朝鲜民主主义人民共和国平壤万景台区和平川区

列入名单日期：2018年3月30日

其他信息：悬挂朝鲜国旗船只“CHON MYONG 1”号的注册所有人，该船在2017年12月下旬进行了船到船燃料转移。

4. FIRST OIL JV 有限公司

别名：无

地址：朝鲜民主主义人民共和国平壤乐浪区

---

① https：//www. un. org/securitycouncil/content/un-sc-consolidated-list＃composition％20list（上网时期：2019年5月30日）

列入名单日期：30 Mar. 2018

其他信息：朝鲜油船“PAEK MA”号的所有人，该船在 2018 年 1 月中旬参与了船到船转移石油活动。

5. HAPJANGGANG 航运公司

别名：无

地址：朝鲜民主主义人民共和国平壤万景台区

列入名单日期：2018 年 3 月 30 日

其他信息：朝鲜油船“NAM SAN 8”号的注册所有人，据信该船参与了船到船转移石油活动，也是“HAP JANG GANG 6”号船舶的所有人。

6. 华信船务（香港）有限公司

别名：华信船务（香港）有限公司

地址：中国香港柴湾祥利街 29-31 号国贸中心 2105 室，

列入名单日期：2018 年 3 月 30 日

其他信息：“亚桥 1”号（ASIA BRIDGE 1）的船舶经营人和商业经营人。香港所属船只“亚桥 1”号极有可能于 2017 年 10 月 19 日由华信船务公司指示，准备进入朝鲜南浦接收一批煤炭运往越南。“亚桥 1”号经华信船务公司一名身份不明的雇员指示，准备接收 8000 公吨煤炭，然后驶往越南锦普。该船船长被指示在停靠南浦港期间用帆布遮盖该船名称和其他标识。

7. “支持伊斯兰与穆斯林”组织

别名：无

地址：无

列入名单日期：2018 年 10 月 4 日

其他信息：与“基地”组织、“伊斯兰马格里布基地组织”、安萨尔埃丁和穆拉比通组织有关联。在马里和布基纳法索开展行动。“支持伊斯兰与穆斯林”组织声称对 2018 年 2 月 21 日在马里发生的袭击负责，该袭击导致两名法国士兵死亡。该团体还声称对 2018 年 3 月 2 日在瓦加杜古的法国大使馆和布基纳法索武装部队总参谋部同时发生的两次袭击以及 2018 年 6 月 29 日萨赫勒五国集团联合部队塞瓦雷总部发生的袭击负责。

8. 伊玛目布哈里战斗营（布哈里营）

别名：Khataib al-Imam al-Bukhari

地址：a. 阿富汗/巴基斯坦边境地区 b. 叙利亚伊德利卜、阿勒颇、哈马

列入名单日期：2018 年 3 月 29 日

其他信息：与黎凡特人民支持阵线有关联。在阿拉伯叙利亚共和国实施恐怖袭击。2016 年起重新部署到阿富汗北部谋划向中亚国家发动袭击。

9. KINGLY WON 国际有限公司

别名：无

地址：马绍尔群岛

列入名单日期：2018 年 3 月 30 日

其他信息：2017 年，张永源（别名 Neil Tsang）和 Kingly Won 公司企图与第三国的一家石油公司进行价值超过 100 万美元的石油交易，将石油非法运到朝鲜。

10. 朝鲜 ACHIM 航运公司

别名：无

地址：朝鲜民主主义人民共和国平壤中区

列入名单日期：2018 年 3 月 30 日

其他信息：朝鲜油船“CHON MA SAN”号的注册所有人。悬挂朝鲜国旗船只“CHON MA SAN”号在 2018 年 1 月下旬为疑似船到船转移活动进行了准备。悬挂朝鲜国旗机动油船“YU JONG 2”号船长在 2017 年 11 月 18 日向朝鲜境内一名身份不明的控制人员报告说，该船正在船到船转移之前躲避风暴。船长建议“YU JONG 2”号在悬挂朝鲜国旗油船“CHON MA SAN”号之前装载燃油，因为“CHON MA SAN”号船型较大，更适合在风暴中进行船到船转移。“CHON MA SAN”号从某船装载燃油之后，“YU JONG 2”号在 2017 年 11 月 19 日通过船到船转移作业装载了 1168 千升燃油。

11. 朝鲜 ANSAN 航运公司

别名：KOREA ANSAN SHPG COMPANY

地址：朝鲜民主主义人民共和国平壤平川区

列入名单日期：2018 年 3 月 30 日

其他信息：朝鲜油船“An SAN 1”号的注册所有人，据信该船参与了船到船转移石油活动。

12. 朝鲜 MYONGDOK 航运公司

别名：无

地址：朝鲜民主主义人民共和国平壤万景台区

列入名单日期：2018 年 3 月 30 日

其他信息："YU PHYONG 5"号船注册所有人。2017 年 11 月下旬，"YU PHYONG 5"号进行了 1721 公吨燃油的船到船转移。

13. 朝鲜 SAMJONG 航运公司

别名：无

地址：朝鲜民主主义人民共和国平壤中区

列入名单日期：2018 年 3 月 30 日

其他信息：朝鲜油船"SAM JONG 1"号和"SAM JONG 2"号的注册所有人。据信两艘船都在 2018 年 1 月下旬违反联合国制裁规定，为朝鲜进口了精炼石油。

14. 朝鲜 SAMMA 航运公司

别名：无

地址：朝鲜民主主义人民共和国平壤乐浪区

列入名单日期：2018 年 3 月 30 日

其他信息："SAM MA 2"号船是一艘悬挂朝鲜国旗的油船，所有人是朝鲜 SAMMA 航运公司，该船在 2017 年 10 月中旬进行了船到船转移并伪造了文件，一次交易便装载近 1 600 公吨燃油。船长被指示抹去船舶印章上的 SAMMA 航运公司和朝鲜文字，印上"Hai Xin You 606"，以掩盖其实为朝鲜船只的身份。

15. 朝鲜 YUJONG 航运有限公司

别名：无

地址：朝鲜民主主义人民共和国平壤平川区

列入名单日期：2018 年 3 月 30 日

其他信息：朝鲜油船"YU JONG 2"号的注册所有人，该船在 2017 年 11 月 19 日通过船到船转移作业装载了 1168 千升燃油。

16. KOTI 公司

别名：无

地址：巴拿马城，巴拿马

列入名单日期：2018 年 3 月 30 日

其他信息：悬挂巴拿马国旗船只“KOTI 号”的船舶经营人和商业经营人，该船在 2017 年 12 月 9 日向悬挂朝鲜国旗的“KUM UN SAN 3”号船进行了船到船转移，转移的可能是石油产品。

17. MYOHYANG 航运公司

别名：无

地址：朝鲜民主主义人民共和国平壤万景台区

列入名单日期：2018 年 3 月 30 日

其他信息：朝鲜油品船“YU SON”号的注册所有人，据信该船参与了船到船转移石油活动。

18. PAEKMA 船运公司

别名：Care of First Oil JV Co Ltd

地址：朝鲜民主主义人民共和国平壤乐浪区

列入名单日期：2018 年 3 月 30 日

其他信息：朝鲜油船“PAEK MA”号的注册所有人，该船在 2018 年 1 月中旬参与了船到船转移石油活动。

19. PHYONGCHON 航运及海洋公司

别名：PHYONGCHON SHIPPING AND MARINE

地址：朝鲜民主主义人民共和国平壤中区

列入名单日期：2018 年 3 月 30 日

其他信息：朝鲜油船“JI SONG 6”号的注册所有人，据信该船在 2018 年 1 月下旬参与了船到船转移石油活动。该公司也是“JI SONG 8”号和“WOORY STAR”号船舶的所有人。

20. PRO-GAIN 集团公司

别名：无

地址：无

列入名单日期：2018 年 3 月 30 日（修正日期：2018 年 8 月 18 日）

其他信息：张永源拥有或控制的公司，参与非法转移朝鲜煤炭。

21. 上海东风航运有限公司

别名：无

地址：中国上海虹口区赤峰路 433 号 601 室

列入名单日期：2018 年 3 月 30 日

其他信息："东风 6"号的注册所有人、船舶经营人和商业经营人，该船于 2017 年 7 月 11 日在朝鲜咸兴装载了煤炭用于出口，这违反了联合国制裁规定。

22. 名称：沈忠国际海运有限公司

别名：沈忠国际海运有限公司

无 地址：中国香港九龙尖沙咀广东道 30 号新港中心第二座 5 楼 503 室

列入名单日期：2018 年 3 月 30 日

其他信息：悬挂圣基茨-尼维斯-国旗船只"HAO FAN 2"号和"HAO FAN 6"号的船舶经营人和商业经营人。"HAO FAN 6"号于 2017 年 8 月 27 日在朝鲜南浦装载了煤炭。"HAO FAN 2"号于 2017 年 6 月 3 日在朝鲜南浦装载了煤炭。

23. 塔里克吉达尔组织

别名：a. TEHRIK-E-TALIBAN-TARIQ GIDAR GROUP b. TTP-TARIQ GIDAR GROUP c. TEHREEK-I-TALIBAN PAKISTAN GEEDAR GROUP d. TTP GEEDAR GROUP e. TARIQ GEEDAR GROUP f. COMMANDER TARIQ AFRIDI GROUP g. TARIQ AFRIDI GROUP h.) TARIQ GIDAR AFRIDI GROUP i. THE ASIAN TIGERS

地址：阿富汗/巴基斯坦边境地区

列入名单日期：2019 年 3 月 22 日

其他信息：巴基斯坦塔利班运动（巴塔）的分化团体，于 2007 年在联邦管辖部落地区的 Darra Adam Khel 组建。

24. 威海环球航运

别名：无

地址：中国山东威海市环翠区统一路 419-201 号

列入名单日期：2018 年 3 月 30 日（修正日期 2018 年 5 月 23 日）

其他信息："XIN GUANG HAI"号船舶经营人和商业经营人，该船于 2017 年 10 月 27 日在朝鲜大安装载了煤炭，预计于 2017 年 11 月 14 日抵达越南锦普，但未抵达锦普。

25. YUK TUNG ENERGY PTE LTD

别名：无

地址：新加坡 17-22，UOB Plaza 2，Raffles Place，Singapore，048624，

列入名单日期：2018 年 3 月 30 日

其他信息："YUK TUNG" 号船舶经营人和商业经营人，该船进行了精炼石油产品船到船转移。

第二节　美国新增减的恐怖组织（实体）名单

美国有多个"恐怖组织名单"。其中，美国国务院的"外国恐怖组织名单"（Foreign Terrorist Organization List，FTO）主要是根据《1996 年反恐怖及有效死刑法》和美国《移民及国籍法》（修正案）的第 219 节等制定，每两年重新评估一次。此外，美国还有"特别认定的全球恐怖分子名单"（Specially Designated Global Terrorists List，SDGTs）、"特别认定的恐怖分子名单"（Specially Designated Terrorists List，SDTs）和美国财务部将各种名单综合起来的"特别认定的外国人及特别封锁的个人名单"（Specially Designated Nationals and Blocked Persons，SDN）等。每年 4 月底，美国国务院会发布《国别恐怖主义报告》，除了列出该年度的"外国恐怖组织"名单外，还列出"其他值得关注的恐怖主义组织"。本节所讲的"美国公布的恐怖组织名单"主要指美国国务院的"外国恐怖组织名单"（FTO）。

自 2018 年 1 月至 2019 年 4 月，美国"外国恐怖组织名单"中外国恐怖组织数量增加 7 个，删减 0 个，总数达到 68 个。新增名单如下：

"ISIS-Bangladesh"（"伊斯兰国"孟加拉国分支），列入日期：2018 年 2 月 28 日；

"ISIS-Philippines"（"伊斯兰国"菲律宾分支），列入日期：2018 年 2 月 28 日；

"ISIS-West Africa"（"伊斯兰国"西非分支），列入日期：2018 年 2 月 28 日；

"ISIS-Greater Sahara"（"伊斯兰国"大撒哈拉分支），列入日期：2018 年 5 月 23 日；

“al-Ashtar Brigades（AAB）”，阿斯塔旅，列入日期：2018 年 7 月 11 日；

“Jama’ at Nusrat al-Islam wal-Muslimin（JNIM）”，“支持伊斯兰与穆斯林”组织，列入日期：2018 年 9 月 6 日；

“Islamic Revolutionary Guard Corps（IRGC）”，伊朗伊斯兰国革命卫队；列入日期：2019 年 4 月 15 日。

以下是美国公布的外国恐怖组织名单及其认定的其他值得关注的恐怖名单。表 1 为历年新增名单，表 2 为历年删减名单。①

表 1　历年增加名单

列入日期	英文名称	中文名称
10/8/1997	Abu Sayyaf Group（ASG）	阿布沙耶夫组织
10/8/1997	Aum Shinrikyo（AUM）	奥姆真理教
10/8/1997	Basque Fatherland and Liberty（ETA）	巴斯克民族和自由组织
10/8/1997	Gama’ a al-Islamiyya（Islamic Group）（IG）	伊斯兰组织
10/8/1997	HAMAS	哈马斯
10/8/1997	Harakat ul-Mujahidin（HUM）	圣战者运动
10/8/1997	Hizballah	真主党
10/8/1997	Kahane Chai（Kach）	保卫犹太人联盟
10/8/1997	Kurdistan Workers Party（PKK）（Kongra-Gel）	库尔德工人党
10/8/1997	Liberation Tigers of Tamil Eelam（LTTE）	泰米尔独立猛虎解放组织
10/8/1997	National Liberation Army（ELN）	哥伦比亚民族解放军
10/8/1997	Palestine Liberation Front（PLF）	巴勒斯坦解放阵线
10/8/1997	Palestinian Islamic Jihad（PIJ）	巴勒斯坦伊斯兰圣战组织

① https：//www. state. gov/foreign-terrorist-organizations/（上网日期：2019 年 4 月 30 日）

续表

列入日期	英文名称	
10/8/1997	Popular Front for the Liberation of Palestine (PFLP)	解放巴勒斯坦人民阵线
10/8/1997	PFLP-General Command (PFLP-GC)	解放巴勒斯坦人民阵线总指挥部
10/8/1997	Revolutionary Armed Forces of Colombia (FARC)	哥伦比亚革命武装力量
10/8/1997	Revolutionary People's Liberation Party/Front (DHKP/C)	革命人民解放党/阵线
10/8/1997	Shining Path (SL)	光辉道路
10/8/1999	al-Qa' ida (AQ)	"基地"组织
9/25/2000	Islamic Movement of Uzbekistan (IMU)	乌兹别克斯坦伊斯兰运动
5/16/2001	Real Irish Republican Army (RIRA)	真爱尔兰共和军
12/26/2001	Jaish-e-Mohammed (JEM)	默罕默德军
12/26/2001	Lashkar-e Tayyiba (LeT)	虔诚军
3/27/2002	Al-Aqsa Martyrs Brigade (AAMB)	阿克萨烈士旅
3/27/2002	Asbat al-Ansar (AAA)	安萨尔联盟
3/27/2002	al-Qaida in the Islamic Maghreb (AQIM)	"基地"组织马格里布分支
8/9/2002	Communist Party of the Philippines/New People's Army (CPP/NPA)	菲律宾共产党/新人民军
10/23/2002	Jemaah Islamiya (JI)	伊斯兰祈祷团
1/30/2003	Lashkar i Jhangvi (LJ)	拉什卡-简戈维军
3/22/2004	Ansar al-Islam (AAI)	安萨尔伊斯兰组织
7/13/2004	Continuity Irish Republican Army (CIRA)	持久爱尔兰共和军
12/17/2004	Islamic State of Iraq and the Levant (formerly al-Qa'ida in Iraq)	"基地"组织伊拉克分支
6/17/2005	Islamic Jihad Union (IJU)	伊斯兰圣战联盟
3/5/2008	Harakat ul-Jihad-i-Islami/Bangladesh (HUJI-B)	孟加拉国伊斯兰圣战运动
3/18/2008	al-Shabaab	索马里青年党
5/18/2009	Revolutionary Struggle (RS)	革命斗争组织
7/2/2009	Kata'ib Hizballah (KH)	卡塔伊布真主党
1/19/2010	al-Qa'ida in the Arabian Peninsula (AQAP)	阿拉伯半岛"基地"组织
9/1/2010	Tehrik-e Taliban Pakistan (TTP)	巴基斯坦塔利班

续表

列入日期	英文名称	
8/6/2010	Harakat ul-Jihad-i-Islami（HUJI）	巴基斯坦伊斯兰圣战运动
11/4/2010	Jundallah	逊尼派武装组织“真主旅”
9/19/2011	Indian Mujahedeen（IM）	印度圣战者
3/13/2012	Jemaah Anshorut Tauhid（JAT）	唯一真主游击队
5/30/2012	Abdallah Azzam Brigades（AAB）	阿卜杜拉·阿扎姆旅
9/19/2012	Haqqani Network（HQN）	哈卡尼网络
3/22/2013	Ansar al-Dine（AAD）	伊斯兰卫士
11/14/2013	Boko Haram	博科圣地
11/14/2013	Ansaru	安萨鲁
12/19/2013	al-Mulathamun Battalion	血书组织
1/13/2014	Ansar al-Shari'a in Benghazi	班加西伊斯兰教法虔信者
1/13/2014	Ansar al-Shari'a in Darnah	德尔纳伊斯兰教法虔信者
1/13/2014	Ansar al-Shari'a in Tunisia	突尼斯伊斯兰教法虔信者
4/10/2014	ISIL Sinai Province（formally Ansar Bayt al-Maqdis）	“伊斯兰国”西奈半岛分支
5/15/2014	al-Nusrah Front	胜利阵线
8/20/2014	Mujahidin Shura Council in the Environs of Jerusalem（MSC）	耶路撒冷圣战军舒拉委员会
9/30/2015	Jaysh Rijal al-Tariq al Naqshabandi（JRTN）	纳格什班底军
1/14/2016	ISIL-Khorasan（ISIL-K）	“伊斯兰国”呼罗珊省分支
5/20/2016	Islamic State of Iraq and the Levant's Branch in Libya（ISIL-Libya）	“伊斯兰国”利比亚分支
6/30/2016	Al-Qa' ida in the Indian Subcontinent	“基地”组织印度次大陆分支
8/16/2017	Hizbul Mujahideen（HM）	圣战者党
2/28/2018	ISIS-Bangladesh	“伊斯兰国”孟加拉国分支
2/28/2018	ISIS-Philippines	“伊斯兰国”菲律宾分支
2/28/2018	ISIS-West Africa	“伊斯兰国”西非分支
5/23/2018	ISIS-Greater Sahara	“伊斯兰国”大撒哈拉分支
7/11/2018	al-Ashtar Brigades（AAB）	阿斯塔旅
9/6/2018	Jama' at Nusrat al-Islam wal-Muslimin（JNIM）	支持伊斯兰与穆斯林组织
4/15/2019	Islamic Revolutionary Guard Corps（IRGC）	伊朗伊斯兰国革命卫队

表 2　历年删减名单

删减日期	名称	列入日期
10/8/1999	Democratic Front for the Liberation of Palestine -Hawatmeh Faction 巴勒斯坦民主解放阵线-哈瓦特派	10/8/1997
10/8/1999	Khmer Rouge 柬埔寨共产党	10/8/1997
10/8/1999	Manuel Rodriguez Patriotic Front Dissidents 曼努埃尔罗德里格斯爱国阵线	10/8/1997
10/8/2001	Japanese Red Army 日本赤军	10/8/1997
10/8/2001	Tupac Amaru Revolution Movement 图帕克阿玛鲁革命运动	10/8/1997
5/18/2009	Revolutionary Nuclei 革命核心	10/8/1997
10/15/2010	Armed Islamic Group（GIA）伊斯兰武装组织	10/8/1997
9/28/2012	Mujahedin-e Khalq Organization（MEK）人民圣战者组织	10/8/1997
5/28/2013	Moroccan Islamic Combatant Group（GICM）摩洛哥伊斯兰战斗组织	10/11/2005
7/15/2014	United Self Defense Forces of Colombia 哥伦比亚联合自卫队	9/10/2001
9/3/2015	Revolutionary Organization 17 November（17N）11 月 17 日革命组织	10/8/1997
12/9/2015	Libyan Islamic Fighting Group（LIFG）利比亚伊斯兰战斗组织	12/17/2004
6/1/2017	Abu Nidal Organization（ANO）阿布尼达尔组织	10/8/1997

第三节　英国新增减的恐怖组织（实体）名单

2018 年度，英国的“法律禁止的恐怖组织名单”（Proscribed terrorist groups）主要有两个：一是国际恐怖组织名单；二是国内恐怖组织名单。英国确定恐怖组织的主要依据为《2000 年反恐法》及其历年修订案，2012 年英国政府据此认定 49 个非法恐怖组织。2013 年 7 月 12 日，英内政部首次发布《法律禁止的恐怖主义团体或组织》（Proscribed terror groups or organizations）报告，主要分为国际和国内恐怖组织两类，并公开承认及取缔标准。截至 2019 年 4 月 12 日，该报告已修订 23 次，其中 2018 年修订 0 次，2019 年 1 月-4 月修改了 3 次，增加 3 个国际恐怖组织，删减 1 个国际恐怖组织。此外，北爱尔兰的14个组织仍按照惯例被认定为国内恐怖组织。[①] 详情如下：

新增具体名单包括：

1．“伊斯兰辅助者”，Ansaroul Islam，又称 Ansar ul Islam、Ansaroul Islam Lil Irchad Wal Jihad，列入名单日期：2019年3月；

2．“真主党”，Hizballah (Party of God)，列入名单日期：2019年3月；

3．“支持伊斯兰与穆斯林”，Jamaat Nusrat al-Islam Wal-Muslimin (JNIM)，又称 Jamaat Nusrat al-Islam Wal-Muslimin (JNIM)，Nusrat al-Islam，Nusrat al-Islam wal Muslimeen (NIM)，列入名单日期：2019年3月。

此外，英国政府于2019年2月下达命令，规定土耳其极端左翼组织“革命人民解放党阵线（Devrimci Halk Kurtulus Partisi-Cephesi）（DHKP-C）”，“革命人民解放阵线（DHKC）”，“革命人民解放党”（DHKP）“和”革命人民解放阵线/武装宣传单位（DHKC / SPB）“应被视为已被禁止的DHKP-C组织的替代名称。

删减名单为：

“真主党军事组织”，Hizballah Military Wing-Hizballah's External Security Organisation，列入名单日期：2001年3月，删减日期：2019年3月。

综上，截止2019年4月12日，英国根据《2000年反恐法》认定了76个非法恐怖组织。此外，北爱尔兰的14个组织仍被认定为国内恐怖组织。以下是英国国际恐怖组织及国内恐怖组织的具体名单：

中文名称	英文名称	制裁日期
11月17日革命组织	17 November Revolutionary Organisation (N17)	2001年3月
阿卜杜拉·阿扎姆旅	Abdallah Azzam Brigades, including the Ziyad al-Jarrah Battalions (AAB)	2014年6月
阿布尼达尔组织	Abu Nidal Organisation (ANO)	2001年3月
阿布沙耶夫组织	Abu Sayyaf Group (ASG)	2001年3月
埃及战士	Ajnad Misr (Soldiers of Egypt)	2014年11月

① https://www.gov.uk/government/publications/proscribed-terror-groups-or-organisations--2#history（上网日期：2019年4月30日）

续表

中文名称	英文名称	制裁日期
阿舒塔旅	al-Ashtar Brigades including Saraya al-Ashtar, Wa’ad Allah Brigades, Islamic Allah Brigades, Imam al-Mahdi Brigades and al-Haydariyah Brigades	2017年12月
加马艾特伊斯兰组织	Al-Gama'at al-Islamiya (GI)	2001年3月
伊斯兰极端组织“侨民”(Al Muhajiroun) 分支	Al Ghurabaa	2006年7月
伊斯兰团结组织	Al Ittihad Al Islamia (AIAI)	2005年10月
“穆拉比特”组织	Al Murabitun	2014年4月
“穆合塔尔旅”	al-Mukhtar Brigades including Saraya al-Mukhtar	2017年12月
“基地”组织	Al Qa’ida (AQ)	2001年3月
索马里青年党	Al Shabaab	2010年3月
伊斯兰辅助者组织	Ansar Al Islam (AI)	2005年10月
班加西伊斯兰教法虔信者	Ansar al-Sharia-Benghazi (AAS-B) which translates as the Partisans of Islamic Law	2014年11月
突尼斯伊斯兰教法虔信者	Ansar Al Sharia-Tunisia (AAS-T)	2014年4月
逊尼派信徒军	Ansar Al Sunna (AS)	2005年10月
耶路撒冷支持者	Ansar Bayt al-Maqdis (ABM)	2014年4月
伊斯兰辅助者	Ansaroul Islam also known as Ansar ul Islam and Ansaroul Islam Lil Irchad Wal Jihad	2019年3月
安萨鲁	Ansarul Muslimina Fi Biladis Sudan (Vanguard for the protection of Muslims in Black Africa) (Ansaru)	2012年11月
伊斯兰武装组织	Armed Islamic Group (Groupe Islamique Armée) (GIA)	2001年3月
安萨尔联盟	Asbat Al-Ansar (League of Partisans or Band of Helpers)	2002年11月
巴巴尔·哈尔萨	Babbar Khalsa (BK)	2001年3月
“巴斯克祖国与自由”，即埃塔	Basque Homeland and Liberty (Euskadi ta Askatasuna) (ETA)	2001年3月
俾路支解放军	Baluchistan Liberation Army (BLA)	2006年7月

续表

中文名称	英文名称	制裁日期
博科圣地	Boko Haram (Jama' atu Ahli Sunna Lidda Awati Wal Jihad) (BH)	2013 年 7 月
埃及伊斯兰圣战组织	Egyptian Islamic Jihad (EIJ)	2001 年 3 月
全球伊斯兰媒体阵线	Global Islamic Media Front (GIMF) including GIMF Banlga Team also known as Ansarullah Bangla Team (ABT) and Ansar al Islam	2016 年 7 月
摩洛哥伊斯兰战斗团	Groupe Islamique Combattant Marocain (GICM)	2005 年 10 月
哈马斯伊扎尔丁卡西姆旅	Hamas Izz al-Din al-Qassem Brigade	2001 年 3 月
伊斯兰圣战运动	Harakat-Ul-Jihad-Ul-Islami (HUJI)	2005 年 10 月
孟加拉国伊斯兰圣战运动	Harakat-Ul-Jihad-Ul-Islami (Bangladesh) (HUJI-B)	2005 年 10 月
哈拉卡特圣战/阿拉米和真主旅	Harakat-Ul-Mujahideen/Alami (HuM/A) and Jundallah	2005 年 10 月
"真主穆斯林游击"	Harakat Mujahideen (HM)	2001 年 3 月
哈卡尼网络	Haqqani Network (HQN)	2015 年 3 月
决断组织	Hasam including Harakat Sawa' d Misr, Harakat Hasm and Hasm	2017 年 12 月
真主党	Hizballah (Party of God)	2019 年 3 月
高加索酋长国	Imarat Kavkaz (IK) also known as the Caucasus Emirate	2013 年 12 月
印度圣战者	Indian Mujahideen (IM)	2012 年 7 月
亚丁伊斯兰军	Islamic Army of Aden (IAA)	2001 年 3 月
伊斯兰圣战联盟	Islamic Jihad Union (IJU)	2005 年 7 月
乌兹别克斯坦伊斯兰运动	Islamic Movement of Uzbekistan (IMU)	2002 年 11 月
"伊拉克和黎凡特伊斯兰国"	Islamic State of Iraq and the Levant (ISIL) also known as Dawlat al-'Iraq al-Islamiyya, Islamic State of Iraq (ISI), Islamic State of Iraq and Syria (ISIS) and Dawlat al Islamiya fi Iraq wa al Sham (DAISh) and the Islamic State in Iraq and Sham	2014 年 6 月

续表

中文名称	英文名称	制裁日期
穆罕默德军	Jaish e Mohammed（JeM）and splinter group Khuddam Ul-Islam（Kul） – JeM proscribed March 2001and KuI	2005年10月
神权游击队	Jamaah Anshorut Daulah	2016年7月
支持伊斯兰与穆斯林	Jamaat Nusrat al-Islam Wal-Muslimin（JNIM）also known as Jamaat Nusrat al-Islam Wal-Muslimin（JNIM），Nusrat al-Islam，Nusrat al-Islam wal Muslimeen（NIM），including Ansar al-Dine（AAD），Macina Liberation Front（MLF），al-Murabitun，al-Qa’ida in the Maghreb and az-Zallaqa	2019年3月
自由人党	Jamaat ul-Ahrar（JuA）	2015年3月
孟加拉国圣战者大会党	Jammat-ul Mujahideen Bangladesh（JMB）	2007年7月
辅尔克安圣战组织	Jamaat Ul-Furquan（JuF）	2005年10月
伊斯兰哈里发军队	Jaysh al Khalifatu Islamiya（JKI）which translates as the Army of the Islamic Caliphate	2014年11月
伊斯兰祈祷团	Jeemah Islamiyah（JI）	2002年11月
阿克萨烈士旅	Jund al-Aqsa（JAA）which translates as Soldiers of al-Aqsa	2015年1月
哈里发战士旅	Jund al Khalifa-Algeria（JaK-A）which translates as Soldiers of the Caliphate	2015年1月
黎凡特伊斯兰战士	Kateeba al-Kawthar（KaK）also known as Ajnad al-sham and Junud ar-Rahman al Muhajireen	2014年6月
库尔德工人党	Partiya Karkeren Kurdistani（PKK）which translates as the Kurdistan Worker’s Party	2001年3月
虔诚军	Lashkar e Tayyaba（LT）	2001年3月
泰米尔猛虎解放组织	Liberation Tigers of Tamil Eelam（LTTE）	2001年3月
利比亚伊斯兰战斗组织	Libyan Islamic Fighting Group（LIFG）	2005年10月
“革命旅”	Liwa al-Thawra	2017年12月

续表

中文名称	英文名称	制裁日期
伊斯兰教法虔信者	Minbar Ansar Deen also known as Ansar al-Sharia UK	2013年7月
东印度尼西亚圣战队	Mujahidin Indonesia Timur (MIT) which translates as Mujahideen of Eastern Indonesia	2016年7月
国家行动	National Action	2016年12月
巴勒斯坦伊斯兰圣战组织	Palestinian Islamic Jihad - Shaqaqi (PIJ)	2001年3月
解放巴勒斯坦人民阵线总指挥部	Popular Front for the Liberation of Palestine-General Command (PFLP-GC)	2014年6月
革命人民解放党阵线	Revolutionary Peoples' Liberation Party - Front (Devrimci Halk Kurtulus Partisi - Cephesi) (DHKP-C)	2001年3月
萨拉菲斯特呼声与战斗组织	Salafist Group for Call and Combat (Groupe Salafiste pour la Predication et le Combat) (GSPC)	2001年3月
拯救教派或救世主教派	Saved Sect or Saviour Sect	2006年7月
巴基斯坦先知之友	Sipah-e Sahaba Pakistan (SSP) (Aka Millat-e Islami Pakistan (MIP) - SSP was renamed MIP in April 2003 but is still referred to as SSP) and splinter group Lashkar-e Jhangvi (LeJ)	2001年3月
穆罕默德特里克纳法兹沙里亚	Tehrik Nefaz-e Shari'at Muhammadi (TNSM)	2007年7月
巴基斯坦塔利班运动	Tehrik-e Taliban Pakistan (TTP)	2011年1月
库尔德自由之鹰	Teyre Azadiye Kurdistan (TAK)	2006年7月
突厥伊斯兰党	Turkestan Islamic Party (TIP) also known as East Turkestan Islamic Party (ETIP), East Turkestan Islamic Movement (ETIM) and Hizb al-Islami al-Turkistani (HAAT)	2016年7月
土耳其人民自由前线党	Turkiye Halk Kurtulus Partisi-Cephesi (THKP-C)	2006年7月

另外14个涉及北爱尔兰问题的恐怖组织：

1. 持久爱尔兰共和军（Continuity Army CouncilCumann na mBan）
2. 爱尔兰妇女理事会（Cumann na mBan）
3. 菲安娜·海伊雷恩（Fianna na hEireann）
4. 橙色志愿者（Orange Volunteers）
5. 红手突击队（Red Hand Commando）
6. 红手保卫者（Red Hand Defenders）
7. 爱尔兰国民解放军（Irish National Liberation Army）
8. 爱尔兰人民自由组织（Irish People's Liberation Organisation）
9. 爱尔兰共和军（Irish Republican Army）
10. 忠英志愿军（Loyalist Volunteer Force）
11. 萨尔伊尔（Saor Eire）
12. 阿尔斯特防卫协会（Ulster Defence Association）
13. 阿尔斯特自由战士（Ulster Freedom Fighters）
14. 阿尔斯特志愿者力量（Ulster Volunteer Force）

第四节　欧盟新增减的恐怖组织（实体）名单

欧盟有两种恐怖名单：

一是本·拉登、塔利班、“基地”组织、“伊斯兰国”及其相关组织和个人名单。该名单主要是在联合国安理会1267制裁委员会的名单基础上制定，但是欧盟理事会授权欧盟委员会“根据联合国安理会、塔利班制裁委员会以及成员国的相关信息”对该名单进行增加、修订。每次修改都要经过一定程序，最后对欧共体第881号规则（EC Regulation 881/2002）的附件进行更新。2015年度，随着反恐日益成为联合国等国际组织的工作热点，欧盟该名单亦频频更新。自2013年1月23日（第185次修订）至2019年5月24日（第303次修订）间大大小小合计修订118次。其中，从2018年1月11日（第280次修订）至2019年5月24日（第303次修订），最近一年合计修订 23 次。①

二是"参与恐怖活动的个人、团体和实体名单"（Persons，Groups and Entities Inloved in Terrorist Acts）。该名单是各成员国具有法定资格的相关机构（如司法人员和警察机构）在调查的基础上形成的。由具有法定资格的相关机构，根据相关个人、团体和实体参与恐怖行动的确凿信息或材料做出名单，制定的名单没有时间期限。列入名单之上的个人和实体名字要每 6 个月复核一次。自 2018 年 1 月至 2019 年 1 月期间，欧盟对该名单复核了 3 次，其中 2018 年复核了 2 次，时间分别为 2018 年 3 月 21 日、2018 年 7 月 30 日、2019 年 1 月 8 日。② 与 2017 年 11 月 13 日（该年份最新核查结果）相比，2018 年的名单没有发生变化，2019 年实体名单增加 1 个。2019 年 1 月 8 日，欧盟将"伊朗情报和安全部内部安全局"（Directorate for Internal Security of the Iranian Ministry for Intelligence and Security）列入实体和其他团体名单。

以下是截止 2019 年 5 月欧盟最新复核的参与恐怖活动的个人、团体和实体名单：

1. 阿布尼达尔组织（'Abu Nidal Organisation' — 'ANO'（a. k. a. 'Fatah Revolutionary Council'，a. k. a. 'Arab Revolutionary Brigades'，a. k. a. 'Black September'，a. k. a. 'Revolutionary Organisation of Socialist Muslims'）.

2. 阿克萨烈士旅（'Al-Aqsa Martyrs' Brigade'）

3. 'Al-Aqsa e. V. ' .

4. 巴巴尔·哈尔萨（'Babbar Khalsa'）

5. 菲律宾共产党/新人民军（'Communist Party of the Philippines'，including 'New People's Army' — 'NPA'，Philippines. ）

① https：//eur-lex. europa. eu/legal-content/EN/TXT/PDF/？uri=CELEX：52018XC1122（02）&qid=1488956023352&from=EN（上网日期：2019 年 4 月 30 日）

② https：//eur-lex. europa. eu/search. html？qid=1559641106351&text=COUNCIL%20DECISION%20（CFSP）%202018&scope=EURLEX&type=quick&lang=en&DTS_DOM=PUBLISHED_IN_OJ&AU_CODED=CONSIL&FM_CODED=DEC（上网日期：2019 年 4 月 30 日）

6. 伊斯兰组织（‘Gama’a al-Islamiyya’（a. k. a.‘Al-Gama’a al-Islamiyya’）（‘Islamic Group’ — ‘IG’）.

7. 伊朗情报和安全部内部安全局‘Directorate for Internal Security of the Iranian Ministry for Intelligence and Security’.（2019 年 1 月 8 日新增）

8. 大东方伊斯兰突击队战线（‘İslami Büyük Dogu Akıncılar Cephesi’ — ‘IBDA-C’（‘Great Islamic Eastern Warriors Front’）.

9. 哈马斯（‘Hamas’，including‘Hamas-Izz al-Din al-Qassem’.）

10. 真主党军事组织（‘Hizballah Military Wing’（a. k. a.‘Hezbollah Military Wing’，a. k. a.‘Hizbullah Military Wing’，a. k. a.‘Jihad Council’（and all units reporting to it，including the External Security Organisation））.

11. 圣战者党（‘Hizbul Mujahideen’ — ‘HM’）

12. 卡利斯坦金德巴德军（‘Khalistan Zindabad Force’ — ‘KZF’.）

13. 库尔德工人党（‘Kurdistan Workers’ Party’ — ‘PKK’，（a. k. a.‘KADEK’，a. k. a.‘KONGRA-GEL’）.

14. 泰米尔独立猛虎解放组织（‘Liberation Tigers of Tamil Eelam’ — ‘LTTE’）

15. 哥伦比亚民族解放军（‘Ejército de Liberación Nacional’（‘National Liberation Army’））

16. 巴勒斯坦伊斯兰圣战组织（‘Palestinian Islamic Jihad’ — ‘PIJ’）

17. 解放巴勒斯坦人民阵线（‘Popular Front for the Liberation of Palestine’ — ‘PFLP’）

18. 解放巴勒斯坦人民阵线总指挥部（‘Popular Front for the Liberation of Palestine — General Command’（a. k. a.‘PFLP — General Command’））

19. 库工党和革命人民解放党-阵线（‘Devrimci Halk Kurtuluş Partisi-Cephesi’ — ‘DHKP/C’（a. k. a.‘Devrimci Sol’（‘Revolutionary Left’），a. k. a.‘Dev Sol’）（‘Revolutionary People’s Liberation Army/Front/Party’））

20. 光辉道路（‘Sendero Luminoso’ — ‘SL’（‘Shining Path’））

21. 库尔德自由之鹰（‘Teyrbazen Azadiya Kurdistan’ — ‘TAK’（a. k. a.‘Kurdistan Freedom Falcons’，a. k. a.‘Kurdistan Freedom Hawks’））

第三部分

国际重大恐怖活动案例分析

第十三章　美国“连环邮包炸弹”事件

2018 年 10 月 22 日至 11 月 2 日，美国多地出现可疑的邮包炸弹，收件人均为民主党要员或亲近民主党人士，包括民主党籍前总统巴拉克·奥巴马。事件没有造成任何伤亡，但是却引发美国上下一片恐慌，被美国警方定性为“本土恐怖袭击”。10 月 26 日，56 岁的美国公民男子凯撒·赛约克（Cesar Altieri Sayoc）被抓捕归案。

一、事件经过

10 月 22 日至 11 月 2 日，美国多地出现可疑的邮包炸弹，收件人为民主党要员或亲近民主党人士，包括前总统巴拉克·奥巴马、前国务卿希拉里·克林顿、前中央情报局局长约翰·布伦南、前司法部长埃里克·霍尔德、佛罗里达州联邦众议员黛比·沃瑟曼·舒尔茨、加利福尼亚州参议员卡玛拉·哈里斯、新泽西州参议员科里·布克、加利福尼亚州众议员马克辛·沃特斯、“金融大鳄”索罗斯、奥斯卡影帝罗伯特·德尼罗等在内的多名政客与名人。

美国媒体披露的细节显示，寄件人把管状炸弹装入大号黄色牛皮纸信封，打印收件人和寄件人地址，每个信封贴有 6 张邮票。所有信封都出现拼写错误，比如“舒尔茨”（Schultz）误写成“Shultz”，“佛罗里达”（Florida）误写成“Florids”。美国邮政局的邮件分拣设施“拦下”一些包裹。两名不愿公开姓名的执法人员告诉美联社记者，包裹内容并非传统爆炸装置——即收件人打开包裹、炸弹立即爆炸；不清楚是制作者的设计出现问题，还是那些装置有意制造恐慌、而非人身伤害。纽约市警务专员詹姆斯·奥尼尔10月25日在记者会上表示，警方视疑似爆炸装置为“实质性危险”，内含火药，有杀伤力的凶器，而非“恶作剧”。[①]

邮包炸弹事件一出，美国当局即将此事列为国内恐怖主义行为。美国联邦调查局联合全美各地警力，在10月23日深夜展开联合追凶行动，有探员表示“不抓到犯人不准备睡觉”。更有资深调查人士称，这是记忆中美国最紧张的一次调查，是全美执法力量的一次“倾巢出动”。与此同时，美国联邦调查局火速将所有炸弹送往实验室拆解分析，并在邮件上试图搜寻嫌犯的指纹和DNA。通过比对，炸弹分析人员在寄给沃特斯的爆炸装置上发现了一枚指纹，同佛罗里达州一名有犯罪记录的男子凯撒·赛约克的指纹相匹配。美国联邦调查局调查人员请佛罗里达州执法部门的同事将这些DNA样本同之前刑事案件中采集的赛约克的DNA样本进行比对，结果显示比对成功。调查人员最终确认，赛约克就是嫌犯，并于10月26日凌晨在佛罗里达州将其抓捕。[②] 10月26日，美国司法部长塞申斯在新闻发布会上表示，被逮捕的嫌疑人是56岁男子凯撒·赛约克，是佛罗里达州居民。美国联邦调查局局长克里斯托弗·雷表示，尚不能确定赛约克邮寄爆炸装置包裹的动机。

二、袭击者身份

美国司法部11月9日通报，佛罗里达州男子凯撒·赛约克涉嫌邮寄大量含有简易爆炸装置的包裹，被诉30项罪名。通报说，赛约克被诉罪名包括5项使用大规模杀伤性武器罪、5项跨州运输爆炸物罪、5项非法使用邮件罪、5项从事重罪活动时携带爆炸物罪等。其中一些罪名如成立，赛约克将面临终身监禁。通报说，在10月22日至11月2日之间，美国联邦调

---

① “美国邮寄炸弹包裹的男子被逮捕 嫌疑人是特朗普的坚定支持者”，2018年10月27日，https：//www.takefoto.cn/viewnews-1603217.html（上网时间：2019年1月22日）

② “有惊无险的美国邮包炸弹案”，2018年10月31日，http：//dy.163.com/v2/article/detail/DVF684B80512CN4M.html（上网时间：2019年1月22日）

查局等发现了赛约克向美国多地寄出的 16 个包裹。[①]

赛约克是注册共和党选民，是美国总统特朗普的坚定支持者。包裹的收件人均是特朗普的批评者或者与共和党籍总统关系不和者。赛约克也被称为“让美国再次伟大的炸弹客”，呼应了总统特朗普的竞选口号“让美国再次伟大”。他近年来一直生活在一辆白色厢式货车上，车身上贴满了支持特朗普和副总统迈克·彭斯的照片，还有写着“CNN 烂死”（CNN Sucks）的贴纸。车上的其他贴纸则是克林顿、奥巴马及其他自由派公众人物的脸被十字准星瞄准。美国调查人员认为，赛约克在车中制造了管状炸弹。因为车内发现有焊接设备，邮票，信封，纸张，打印机等。据美国 NBC 电视台报道，美国邮包炸弹事件嫌疑人赛约克已将 100 多人列入其制定的潜在目标名单。报道称，美国联邦调查局计划与所有名单上的政治人士、企业家和媒体工作人员们联系，并就嫌疑人打算向他们邮寄炸弹一事发出预警。

据资料，赛约克曾在社交媒体上发表他的政治观点，并在他的两个“脸书”和三个“推特”账户上发表了大量攻击美国民主党的文章和挑衅性照片。2016 年，赛约克作为美国共和党人在佛罗里达州登记投票。一段视频显示，他在特朗普的集会上戴着“让美国再次伟大”的帽子。在其他帖子中，赛约克抨击 2016 年特朗普的竞选对手希拉里·克林顿。他还发布推文威胁前副总统乔·拜登和前司法部长霍尔德。赛约克还多次发表攻击美国亿万富翁和民主党捐赠者索罗斯的讲话。[②]

调查显示，赛约克劣迹斑斑、罪行累累，他的犯罪历史可以追溯到 1991 年。法庭记录显示，他至少被逮捕过 9 次，主要是在佛罗里达州。涉及罪名有盗窃、殴打、欺诈、持有毒品和违反缓刑规定。他曾在 2002 年被捕。迈阿密警方说，他威胁要轰炸一家电力公司，并称“这将比

---

① “美国连环炸弹包裹事件嫌疑人被诉 30 项罪名”，2018 年 11 月 10 日，http：//www. xinhuanet. com/world/2018-11/10/c_1123693146. htm（上网时间：2019 年 1 月 22 日）

② “美国邮包炸弹嫌犯首次出庭：已将 100 多人列入目标名单”，2018 年 10 月 30 日，https：//new. qq. com/omn/20181030/20181030A0REPG. html（上网时间：2019 年 1 月 22 日）

‘9·11’”更糟。”“被告通过电话联系了佛罗里达州电力和照明公司的一名代表，并威胁要炸毁电力设施”。警方的记录显示，他承认了这一罪行，并被判处一年缓刑。记录还显示，赛约克的家于2009年被收走抵债。他于2009年和2010年领取失业救济金。累积了2.1万美元的债务后，他于2012年申请破产。他后来又于2014年被捕，承认在一家购物中心偷铜管。2015年5月，他因涉嫌零售盗窃品而在棕榈滩被捕，于2015年10月被判有罪。

10月29日，赛约克出现在佛罗里达州联邦地区法院，在拥挤的法庭前进行了仅持续几分钟的庭审。赛约克穿着一件棕色的连体裤，里面有一件橙色的衬衫，手脚都戴着手铐，头发扎在马尾辫上。听证会开始前五分钟，赛约克显得非常激动，他的脸涨得通红，眼里充满了泪水。

三、国际社会反应

特朗普多次谴责可疑包裹。10月24日，特朗普发表讲话说：“你们知道，身为总统，我的首要职责是保障美国安全。那就是我们要讲的，就是我们要做的。联邦政府正在积极展开调查，我们会揪出要负责的人，我们会让他们接受法律的制裁。希望事情迅速完成。一切政治暴力行为或威胁，本身都是对我们民主体制的袭击。没有国家靠容忍带有政治恐吓、胁迫或控制目的的暴力行为或暴力威胁取得成功。我们都知道这一点。这种行为必须受到强烈反对和坚决起诉。我们希望各方携手并进。我们可以做到！我们能做到！我们必将做到！这一定会实现”。特朗普25日在社交媒体“推特”写道：“我们今天在社会上看到的愤怒，很大程度由主流媒体刻意制造的虚假和不实报道导致。”中央情报局前局长约翰·布伦南随后在“推特”反驳：“停止互相指责，照照镜子……试着表现得像个总统。”美国副总统彭斯在“推特”上说：“这种行为懦弱并且可耻，在这个国家没有立足之地，肇事者将被绳之以法。”参议院民主党领袖查克·舒默24日说，现任共和党籍总统过去多次纵容政治暴力。美国司法部长塞申斯强调，“这是一个有法律和秩序的政府，我们不会容忍这种无法无天的行为，更不会容忍政治暴力”。美国有线电视新闻网董事会主席杰夫·朱克暗示，可疑包裹事件可能由特朗普和白宫攻击媒体的言论催生。纽约市长比尔·白思豪认为包裹袭击是“恐怖行为”，表示所有政客必须立即停止在媒体上鼓吹袭击。

四、事件影响

《悉尼先驱晨报》10 月 25 日载文认为，极化的美国临近“沸点”。联邦调查局警告，未来可能有更多的炸弹包裹出现。“愤怒、暴力，现在又是炸弹，美国陷入深深的分裂，它在走向新的内战吗?”澳大利亚《新闻报》以此为题写道，美国左右两派从未如此分裂，中间温和阵营迅速蒸发，自由派和保守派不但互不认同，而且越来越拒绝相邻而居，拒绝一起工作，甚至拒绝与对方交往。根据最近的一份民调，1/3 的美国人强烈相信一场内战不可避免。①

---

① 愤怒、暴力、炸弹包裹 美国在走向新的内战吗? 2018 年 10 月 26 日，http://world.huanqiu.com/exclusive/2018-10/13363517.html? agt=15438

第十四章　阿富汗首都喀布尔十天内遭遇三起恐袭

2018年1月20日，阿富汗首都喀布尔的洲际酒店遭遇武力袭击。武装分子伪装成顾客作案，袭击造成包括15名外国人在内的至少40人死亡。1月27日，喀布尔市中心的一辆满载炸药、被涂装成救护车样式的车辆被引爆，造成至少103人死亡，235人受伤[①]。1月29日凌晨，当媒体还在更新对喀布尔救护车爆炸攻击的报道时，喀布尔西部阿富汗著名军事学院-法希姆元帅军校遭武装攻击，造成至少11名士兵死亡，10人受伤。这是自1月20日喀布尔一家洲际酒店遭遇恐怖分子武装袭击之后，阿富汗在10天内连续发生的第三起恶性恐怖攻击事件。

一、事件经过

1月20日晚9点左右，4名武装分子身穿炸弹背心，持重型武器冲入位于阿富汗首都喀布尔的洲际酒店。武装分子伪装成阿军警身份，开车携众多武器弹药进入酒店区域实施袭击，从一层大堂开始对在场民众进行无差别扫射，并挟持了人质。阿军方安全人员随即赶到现场进行反击。安全人员与武装分子的对峙从20日晚持续至21日上午，经过十多小时的对峙，阿安全部队成功击溃袭击者。袭击造成22名平民死亡，20人受伤，126名

---

① “首都恐袭致103人死亡，阿富汗怎么了?” http：//world.huanqiu.com/exclusive/2018-01/11561578.html? agt=15425（上网时间：2019年6月12日）

被劫持人质获释。死亡人员中包括 14 名外国公民。阿富汗安全部队最终挫败了对酒店的袭击，消灭了 3 名武装分子。

1 月 27 日 12 时 50 分左右，在首都喀布尔市中心的公立医院共和国医院大门前发生自杀式汽车炸弹爆炸，袭击造成至少 103 人死亡，235 人受伤。共和国医院大楼一整面墙的外窗户被爆炸产生的冲击波损毁，附近商店均遭严重损毁。事发前，数名袭击者驾驶一辆满载炸药的救护车驶向共和国医院附近道路，在被安检岗的安全人员识别出其目的后，袭击者引爆了炸弹。爆炸地紧邻阿富汗内政部一处办公地，以及多个非政府组织和国际组织办公室。袭击所造成的死伤程度之严重创下阿富汗近年来的新记录。阿富汗总统宣布 1 月 28 日停工一天，全力援救袭击事件中的受害者。阿富汗塔利班宣布对此事负责。

1 月 29 日，共有 5 名武装分子对位于喀布尔的法希姆元帅军事学校发动袭击，并同阿富汗安全部队爆发长达 5 小时冲突。有两名武装分子在学院附近引爆身上炸药死亡，另有两人被击毙，第 5 名武装分子被捕。袭击造成至少 5 名士兵丧生，另有 10 人受伤。极端组织“伊斯兰国”已宣布对该起袭击负责。阿富汗安全部队还在行动中缴获了火箭弹发射器、步枪等武器。法希姆元帅军事学校是阿富汗著名的军事学校，培养的学生从最低阶士兵到高阶参谋军官，被称为阿富汗的“圣西尔”军校（法国著名军校），或阿富汗的“桑德赫斯特”（为英国著名军校）。该校有学员 4000 人，有 300-500 名阿富汗及外籍的教官。学院与法国军校也保持有合作联系。在 2017 年 10 月份该军校就曾遭遇过一次恐怖袭击，15 名年轻的该校阿富汗新兵学员在一辆汽车上遭自杀炸弹客袭击死亡。

二、案件调查

针对 1 月 20 日的案件，阿富汗塔利班宣布对此事负责。阿富汗内政部指责“哈卡尼网络”武装组织在阿境外策划了此次袭击。但该武装组织尚未对此作出回应。“哈卡尼网络”是与塔利班有紧密关联的极端武装组织，经常在喀布尔及阿富汗东部一些省份活动，制造过多起袭击事件。作为阿富汗为数不多的高级酒店，喀布尔洲际酒店以接待高级官员和外国客人为主。该酒店曾于 2011 年 6 月 28 日遭“哈卡尼网络”武装分子的袭击，造成包括 10 名平民在内的 21 人死亡。针对 1 月 27 日的案件，阿富汗塔利班宣布对此事负责。据调查，塔利班对恐袭事件的时间、地点预先进行了精心策划。他们利用医院的救护车对首都警察局专门负责外交使馆安全的派出所和检查站进行自杀性恐怖袭击。该派出所负责包括内政部大楼、欧盟驻阿富汗机构办公地的安全。针对 1 月 29 日的案件，恐怖组织“伊斯兰国”宣布对此事负责。

喀布尔在十天内连续发生三起恶性恐袭，其震惊世界的原因不仅在于其发生的“节奏”紧凑，造成的伤亡人数众多，还在于其发生的地点。首都喀布尔作为安保措施最严密的地区，在层层安全保护之中，暴恐分子依然能以伪装等方式成功得手，引发了民众对政府和警方情报系统防卫不利和严重失误的批评。以 1 月 27 日的爆炸事件为例，民众质疑塔利班武装分子为何能够获取救护车而不被发现，为何能够在喀布尔闹市区长驱直入，而军警人员处置不当，几乎毫无抵抗之力。还有民众要求政府下台。阿富汗资深媒体记者比拉尔·萨瓦瑞认为，这一系列恐怖袭击事件屡屡发生绝非偶然，“喀布尔在过去多年来一直遭受自杀式炸弹攻击者的袭击，表面上看这是情报与安全工作持续失败的体现，但这些都是完全不可接受的，毕竟导致了如此重大的伤亡，而且还有一些是外国人。”此外，有分析认为，阿富汗由于连年冲突和战争，导致征兵异常困难，新征的兵员良莠不齐，容易被恐怖集团渗透和利用。

三、国际社会反应

阿富汗连续发生的恐怖袭击事件震惊了世界，联合国、北约、欧盟以及美国、英国、印度、巴基斯坦、伊朗、沙特阿拉伯等国纷纷发表声明谴责袭击事件。

乌克兰总统波罗申科在其“脸书”账号上表示，他对喀布尔洲际酒店遭恐怖袭击并造成乌航空公司工作人员遇难感到震惊，对遇难者表示哀悼并向遇难者家属表示慰问。

哈萨克斯坦外交部发表声明表示强烈谴责，建议采取紧急行动以彻底解决阿富汗面临的恐怖主义问题，并呼吁阿富汗所有政治势力举行和解谈判。声明表示，作为联合国安理会轮值主席国，以及出于道义责任，哈萨克斯坦将继续帮助阿富汗恢复稳定、打击恐怖主义和实现发展的各项工作。哈萨克斯坦呼吁世界各国在联合国框架下为阿富汗早日实现和平提供协助。对此次恐怖袭击事件的遇难者表示深切哀悼，并祝愿伤者早日康复。哈副外长阿什克巴耶夫在接受媒体采访时指出，阿富汗局势将影响所有中亚国家。因此，联合国和国际社会应为阿富汗提供援助，积极解决该国问题。

巴基斯坦谴责这起袭击是“残忍的恐怖袭击”，并且向受害者家人表示同情。

法国方面，除了总统马克龙，法国外交部也发表声明谴责袭击事件，强调将继续支持阿富汗政府打击恐怖主义的努力。巴黎市长伊达尔戈海则宣布，埃菲尔铁塔当晚从零点开始熄灯，为在喀布尔袭击中丧生的遇难者们哀悼。

四、经验教训分析

随着阿富汗安全局势急剧恶化，阿政府与塔利班的和谈陷入僵局，塔利班不仅没有表现出投降或退让的迹象，还正试图重新控制、渗入阿富汗更多的国土和地区。此外，“伊斯兰国”不断向阿富汗渗透也使该国形势日趋复杂。在塔利班和“伊斯兰国”武装分子在阿富汗发动的恐袭中，其目标不仅仅是针对阿富汗的警察和军队，更是针对外交使团和外国在阿富汗的机构，意在制造紧张气氛，报复美国的反恐新政策以及该组织在地面战场所受的损失。

一是美国向阿富汗增兵的计划引发塔利班强势报复。2017 年底，美国军方声称，将在 2018 年向阿富汗派遣更多军人及军事顾问。而美媒宣称，增兵人数大概在 6000 人左右，首批千余人即将到位。对于美国宣布增兵的做法，阿富汗塔利班早就多次发出过明确的警告。阿塔曾在公开信中威胁，不要再派美军到阿富汗，否则“后果自负”，信中还呼吁外国军队全面撤出阿富汗①。在美国首批增兵计划宣布之后，“诺丁汉大学冲突、安全与恐怖主义中心”访问学者阿夫扎尔·阿什拉夫分析称，塔利班意在通过策动针对外国目标为主的恐怖袭击，以此向国际社会表明，该组织“仍是一支不容忽视的力量”。特朗普政府向阿富汗增兵和增加空袭的战略“显

---

① “阿富汗近期为何接二连三发生恶性恐袭?”https：//pit.ifeng.com/a/20180129/55559311_0.shtml（上网时间：2019 年 6 月 12 日）

然不起作用”。

二是阿塔和“伊斯兰国”以“恐袭竞赛”来抢夺地盘和影响力。从不同的恐怖组织之间的竞争规律来分析，为了争夺影响力和刷存在感，恐怖组织之间通常以竞相发起大规模的恐怖袭击来彰显自身的存在感。在以上三起重大恐怖袭击事件中，两起为阿富汗塔利班所为，一起系“伊斯兰国”制造。香港媒体曾经披露，约有数百至千余名成建制的“伊斯兰国”武装分子已经逃窜到了阿富汗，并开始与塔利班争夺地盘和影响。据阿富汗军方提供的信息，塔利班已经重新控制了阿富汗大约13%的国土，而“伊斯兰国”则想从他们手中分得一杯羹。在双方水火不容的背景下，通过制造更大规模的恐怖袭击成为吸引更多关注、争夺“老大”地位的重要手段，因此两个组织都在事后第一时间就宣布“认领”袭击事件。

三是南亚及其周边国家安全形势未来不容乐观。随着国际社会和地区反恐联盟加强对恐怖主义的打击力度，“伊斯兰国”在伊、叙战场溃败后加速向南亚地区尤其是阿富汗的渗透，不同恐怖组织之间或因争夺地盘加剧冲突和恐袭力度，未来阿富汗及其周边国家的安全形势不容乐观，由此也将使阿富汗再次成为全球的反恐焦点，其周边国家的安全局势也将面临更多的不确定性。阿富汗时政分析人士胡贾图拉·齐亚表示，一方面，塔利班将继续谋求制造暴力袭击；另一方面，极端组织“伊斯兰国”核心势力在叙利亚、伊拉克受挫后，部分武装分子和资金将加速流向阿富汗。齐亚认为，阿政府需要加强同国际盟友的军事及情报交流等合作，采取强有力的机制和策略严厉打击武装分子，减少平民伤亡。

第十五章　索马里首都汽车炸弹袭击

2018 年 11 月 9 日，索马里首都摩加迪沙的索马里刑事调查局总部附近发生 3 起汽车炸弹袭击。截至 2018 年 11 月 10 日，袭击死亡人数已升至 50 人，另有 58 人受伤。索马里极端组织“青年党”宣称制造了这 3 起袭击。

一、事件经过

2018 年 11 月 9 日下午，位于索马里首都摩加迪沙的索马里刑事调查局总部附近连续发生 3 起汽车炸弹袭击。案发当时，一辆载有炸药的汽车冲向刑事调查局总部附近的萨哈菲酒店并被引爆，第二辆载有炸药的汽车在这家酒店与刑事调查局总部大楼之间被引爆。上述两起爆炸发生后，警方协同酒店和索马里刑事调查部门的保安与武装分子交火。大约 20 分钟以后，发生了第三起爆炸，一枚炸弹在酒店附近一条繁忙的街道边的三轮车内被远程引爆。目击者称进入萨哈菲酒店的武装分子与酒店警卫展开激烈枪战，该酒店所有人阿布迪法塔赫·拉希德和他的 3 名保镖在袭击中遇害身亡。截至 2018 年 11 月 10 日，死亡人数已升至 50 人，另有 58 人受伤。

二、案件调查

摩加迪沙市的警察队长穆罕默德·艾哈迈德在爆炸发生后表示，警方已经证实在 11 月 9 日的爆炸中，有 39 人死亡，40 人受伤，但死亡人数可能会继续上升。艾哈迈德还指出，当天有 4 名武装分子试图从墙上炸出洞口、闯入酒店，但已经全部被警方击毙，另外还有 2 名袭击者被汽车炸弹当场炸死。据外媒报道，萨哈菲酒店一直以来都颇受外国旅客的欢迎，因为它较其他酒店更安全，也能俯瞰摩加迪沙的景色。自 1991 年起，索马里内战频生，当时萨哈菲酒店甚至成为国际媒体工作者唯一能安全下榻的地方。

11 月 10 日，与“基地”组织有关联的伊斯兰激进组织索马里“青年党”通过其所属的宣传机器“安达鲁斯”广播电台宣称对该袭击事件负责。“青年党”军事行动发言人阿布·穆萨布强调，此次袭击经过精心设计，因“该酒店是政府官员的基地”，袭击所针对的目标就是居住在酒店中的索马里政府官员。

11 月 29 日，索马里安全部队对外宣称逮捕了数名“青年党”武装分子，他们是 11 月 9 日轰炸摩加迪沙萨哈菲酒店的关键嫌疑人。

三、国际社会反应

摩加迪沙萨哈菲酒店恐袭案发生后，联合国秘书长古特雷斯于当天发表声明，对袭击表示谴责。他强调“索马里百姓对和平与繁荣的追求不会被类似的暴力事件所吓倒”。古特雷斯还向受害者家属表示慰问，祝愿伤者早日康复，并重申联合国将坚定支持索马里政府和人民实现和平的努力。

联合国索马里援助团（UNSOM）也在当天发表声明，对袭击表示强烈谴责。该团秘书长索马里问题副特别代表泽宁加（Raisedon Zenenga）表示，“援助团与索马里政府和人民共同对这一恐怖袭击行为表示明确谴责。此类应该受到谴责的恐怖主义行径，丝毫不会破坏索马里人民建设国家政权、恢复经济和加强安全保障的努力，联合国与国际社会将继续与他们站在一起。”

四、经验教训分析

一是索马里局势持续动乱是暴恐难除的根源。自 20 世纪 90 年代初穆罕默德·西亚德·巴雷（Mohamed Siad Barre）政府被推翻以来，索马里一直处于危机状态。因为长期饱受内战困扰，加上索马里政府对各州的控制能力严重不足，为恐怖组织的渗透、发展和壮大提供了温床。此外，索马里政府军面临军事不足、手段单一、装备落后和情报缺乏等问题，而美西方国家针对索马里暴恐问题所采取的军事手段反而在一定程度上加剧了局势的动荡。“全球风险洞察”网站称，“青年党”是一个“正在复兴的”恐怖组织，其战术越来越复杂，并且索马里政府未能应对这项威胁，要根除恐怖主义，关键还得靠索马里自身的稳定和发展。[①] 国际社会应合理分配反恐资源投入，建立有效机制，加强国际反恐合作，提升地区国家反恐能力，以应对不断演变的恐怖主义威胁，帮助索马里及其他恐怖袭击事件高发地区促进法治和社会经济进步，筑牢反恐“第一道防线”。

二是“青年党”与“基地”组织相勾结，增加了国际社会反恐难度。索马里“青年党”活跃在该国中部和南部大部分地区。2013 年 9 月 21 日，该组织曾对肯尼亚内罗毕韦斯特盖特购物中心发动恐袭，造成大量平民伤亡。为此，美国将其列为全球反恐战的严打对象，不惜投入各种资源，增强肯尼亚等东非国家情报、军事、技术实力。但“青年党”与“基地”组织的密切联系使其恐怖势力的触角不断地延伸到更多国家。“基地”组织侧重“以人为恐”，流窜性、隐蔽性、分散性及网络性明显，比“伊斯兰国”对国际社会构成的威胁或“更加长远”。摩加迪沙的希兰研究中心表示，“青年党”在很大程度上已经适应了美国空袭所造成的威胁。该中心指出，单单依靠空袭，很可能已经不足以挫败“青年党”。美国国会研究中心的分析人员劳伦·布兰查德则认为，对“青年党”的空袭可以分散该组织的行动能力，但是美军的空袭行动实际上可能会提高青年党在“圣战组织”中的地位[②]，有利于其继续招募新人。

三是“青年党”死灰复燃凸显东非恐情反弹，加大“一带一路”沿线安全风险。近年来，恐怖主义对非洲大陆的威胁有增无减。虽然索马里政

---

① “索马里安全形势频敲警钟”，http：//www.xinhuanet.com/world/2019-04/12/c_1210106209.htm（上网时间：2019 年 6 月 15 日）

② “美国空袭与索马里青年党：令人质疑的效果”，https：//chinese.aljazeera.net/news/2019/2/11/us-air-strikes-and-somali-youth-movement-doubts-in-results（上网时间：2019 年 6 月 15 日）

府在非洲联盟维和部队协助下，逐渐将“青年党”武装逐出重要城市，但综合东非各国和地区近期发生的多起恐袭案件来看，该组织在经历美国、埃及和肯尼亚等国家的高压严打之后，逐步呈现反弹复燃之势。从恐袭策略上看，“青年党”正试图化整为零，更多地通过采取安装临时爆炸装置和有针对性的暗杀等手段，进行跨境杀戮游客平民，并向大城市渗透，制造安全威胁[①]。此外，一个观察索马里局势的联合国组织发布报告指出，极端组织“伊斯兰国”在伊拉克和叙利亚全面溃败后，试图将索马里作为“新据点”。索马里政府高官强调“‘伊斯兰国’的战斗人员正在从中东转移到非洲，必须加紧采取对策”。随着“一带一路”倡议在东非国家的进一步落实，合作机遇增多的同时，恐袭风险和威胁也不容小觑，应提高警惕。

① “肯尼亚接连发生恐袭，索马里青年党死灰复燃，东非恐情反弹令‘一带一路’沿线安全风险大增”，http：//wenhui. whb. cn/zhuzhan/huanqiu/20190130/239289. html（上网时间：2019 年 6 月 15 日）

第十六章　印尼泗水连环爆炸案

2018 年 5 月 13-14 日，印尼第二大城市泗水发生连环爆炸，导致多人死伤，成为印尼本土近十年来死伤最严重的一次恐袭。此次系列恐袭由三个家庭分别实施，不仅有妇女，还有孩童参加，成为东南亚首起“家庭式恐袭案”，也预示着东南亚面临的暴恐新趋势。

一、事件经过

此次恐袭事件在两天内连续发生，影响巨大。5 月 13 日白天，泗水有三座教堂遭袭。第一起发生于 13 日上午 6：30 左右，当时正值圣玛丽天主教堂（SMTB）做完第一场弥撒。据目击者称，两名袭击者骑着摩托车径直冲向教堂的院子，其中一人身背双肩包并引发炸弹。一个小时后，大概 7：45 左右，一名身穿罩袍的女性携带两名女孩，在印尼基督教堂（GKI）入口引爆炸弹，而与此同时，泗水五旬节派中央教堂也发生爆炸，据称是一名袭击者驾驶小货车并引爆炸弹。这三起爆炸袭击至少造成包括 6 名嫌犯在内的 13 人死亡，40 多人受伤。

尽管爆炸案引起了印尼有关方面高度关注，印尼总统佐科亲赴案发现场视察，军方受命“全力支援警方反恐戒备”，但恐袭威胁仍未消停。13 日当晚，泗水郊区一栋公寓内发生爆炸，警方接案后发现，爆炸疑似恐怖分子在准备炸弹时“误触引爆”，屋主安东的妻子和长子在爆炸中身亡，而安东则在警察冲入时威胁将引爆炸弹而被警方击毙，此外，安东还有三个儿子受伤被警方控制。而到了 5 月 14 日上午 8：50 左右，爆炸案再次发生。这一次炸弹袭击甚至发生在泗水警察总部的安检口。据印尼警方介绍，4名袭击者携1名女童分骑两辆摩托车在安检口引发炸弹，爆炸共造成至少7人死亡，所幸的是8岁女童在袭击中幸存。

二、袭击主谋

此次五起爆炸袭击涉及三个家庭，是东南亚首起“家庭式作案”的恐袭案件，不仅有妇女参与，还有孩童，具有不易被察觉的特点，危害性大。5月13日三座教堂被袭，是一个六口之家所为。父亲蒂塔带着儿子骑着摩托车袭击圣玛丽天主教堂，另一个儿子开着小货车袭击五旬节派中央教堂，而母亲普姬则带着两个9岁和12岁的女儿在印尼基督教堂（GKI）入口引爆。同样，在泗水郊区的公寓内，安东一家尽管是“误触引爆”炸弹，但显然也是在为发动恐袭做准备。而5月14日袭击泗水警察总部的恐怖分子也来自同一家庭，包括那名幸存的8岁女童。

事发后，“伊斯兰国”（IS）宣称对连环爆炸案负责。而据印尼警方调查发现，宣誓效忠“伊斯兰国”的印尼本土恐怖组织——“神权游击队”（JAD）则是这一系列案件的直接策划者。神权游击队成立于2015年，其创始人和精神领袖是阿曼·阿卜杜勒-拉赫曼，成立后便宣布效忠于“伊斯兰国”。过去几年神权游击队在印尼发动多起针对警察、平民和宗教场所的恐怖袭击。据悉，此次发动恐袭的几个家庭，要么刚从土耳其被遣送回国，要么与神权游击队关系密切。例如，蒂塔一家是2017年从土耳其回国的，据称是“伊斯兰国”的追随者；而安东据称是神权游击队的骨干成员。此外，也有分析认为，此次连环爆炸案是对印尼警方延长阿曼·阿卜杜勒-拉赫曼刑期的报复。据介绍，阿曼本是2017年8月刑满释放，但印尼警方认为其涉嫌为2016年雅加达恐袭事件提供武器和资金，再次将其逮捕，并于2018年2月以涉嫌在菲南走私军火判处神权游击队新头目泽纳尔·安肖里入狱七年。印尼当局的这些做法引起了神权游击队的强烈不满，这是神权游击队发动连环爆炸案的导火索之一。

三、国际社会反应

印尼泗水连环爆炸案发生后，其以家庭为单位的作案方式，尤其还涉及孩童，引起了国际社会尤其是地区国家的高度警惕与严重谴责。新加坡总理李显龙强烈谴责这一系列袭击事件，并表示“已准备好同印尼合作，将作案者绳之以法”。新加坡伊斯兰教理事会也发表声明，谴责“这些袭击事件令人发指，与主张和平及推崇各社群和睦相处的伊斯兰教教义背道而驰”。澳大利亚总理特恩布尔则形容这一系列恐袭凶残到令人难以置信的地步，“他们威胁文明国家、威胁文明的生活方式、威胁人民的宗教和睦与宗教信仰”。此外，美国、英国、日本、欧盟等也对恐袭事件表示强烈谴责，其中一些国家还向计划前往印尼或在印尼的本国公民发出了恐袭预警。

四、经验教训分析

印尼泗水爆炸案系家庭式连环作案，死伤严重，影响恶劣，至少有三点教训值得警惕。

一是回流人员威胁增大。随着“伊斯兰国”在中东遇挫，大量恐怖分子回流国内或前往一些暴恐“温床区”。东南亚既有大批民众曾奔赴“伊斯兰国”并正在回流，也存在一些暴恐“温床区”吸引着国际暴恐势力。此次参与作案的一个家庭就曾前往“伊斯兰国”。而随着越来越多的家庭和人员回流国内，由于缺乏重新融入当地社会的意愿与能力，可能会继续受极端主义思想的影响，并发动自杀性袭击，以完成其所谓的“圣战使命”。

二是家庭式作案值得警惕。此次连环爆炸案均是以家庭为单位，其中妇女和孩童参与恐袭，超乎想象，具有极强的欺骗性与隐蔽性。菲律宾防长洛伦扎纳在2018年香格里拉对话会上表示，家庭式发动恐怖袭击，这在东南亚是新出现的，当地的恐怖分子以前从来没有这样干过。这种利用妇女或儿童等弱势群体作为掩护的恐怖袭击，可能会以其欺骗性与隐蔽性而获得更多恐怖分子的效仿，不仅难以防备，其引发的社会恐慌更是巨大的。

三是年轻人尤其是未成年人的激进化问题值得关注。此次以家庭为单位实施恐袭，也提出了一个令人担忧的趋势，即未成年人可能在家长的影响下出现激进化的问题。此前，一直有观点认为，奔赴“伊斯兰国”的东南亚人中大部分是妇女和孩子，不足以形成威胁。然而，印尼泗水家庭式恐袭案应该令人警惕，那就是这些妇女和儿童也会受到“伊斯兰国”意识形态的影响，她们也会发动恐袭，而且一些孩童随着年龄的增长还可能成为暴恐主力。因此，印尼防长里亚米扎尔德将此次连环爆炸袭击事件称为“第三代恐怖主义”，“伊斯兰国”的意识形态通过社会媒体、非正式网络和外籍圣战分子从中东传到了欧洲和亚洲。

第十七章　巴基斯坦大选前系列爆炸案

7 月 25 日，巴基斯坦进行新一届的国民议会选举。在这前半月时间，巴基斯坦多次发生恐怖袭击事件，“伊斯兰国”和巴基斯坦塔利班等都先后涉案，尤其是 7 月 13 日的一场政治集会遭特大恐袭，伤亡巨大，凸显巴基斯坦不稳定的安全形势。

一、事件经过

7 月 13 日，在俾路支人民党的一场政治集会上，当该党一名领导人的车队抵达集会现场时，袭击者在密集的人群中引爆了爆炸物，从而造成重大人员伤亡。爆炸发生后，救援人员迅速赶到现场，将受伤人员送到车上，前往医院接受治疗，但是由于当地是贫困地区，电力缺少，只能在黑暗中进行救援。13 日发生在该国西南部俾路支省默斯东地区的袭击事件造成至少 130 人死亡，是该国自 2014 年白沙瓦校园袭击事件后所遭受的伤亡最为严重的恐怖袭击事件。当日早些时候，宗教政党联盟“联合行动同盟”候选人阿克拉姆·杜兰尼在开普省本努地区遇袭，4 人死亡，32 人受伤。除此以外，7 月巴基斯坦已发生多起针对大选的各类袭击，如：7 月 3 日，“正义运动党”位于北瓦济里斯坦选举办公室遭手榴弹袭击，10 人受伤。7 月 7 日，“联合行动同盟”候选人在本努遭爆炸袭击，7 人受伤。7 月 10 日晚，开普省首府白沙瓦，人民民族党竞选造势集会遭自杀式爆炸袭击，造成包括该党候选人比鲁尔在内的至少 14 人死亡，另有 65 人受伤。

巴基斯坦塔利班（巴塔）事后宣称负责。过去一周时间内，巴基斯坦全国共有近150人死于恐怖袭击。巴基斯坦逢选必暴，政客成高危目标。2007年12月27日，前总理贝·布托参加大选竞选集会时就遭恐袭身亡。巴将于7月25日举行新一轮大选，巴国家反恐中心多次发出预警，称多名政坛领袖是恐怖分子的攻击目标，其中包括“正义运动党”领袖伊姆兰·汗、人民民族党及伊斯兰贤哲会领袖等人。

二、国际社会反应

袭击事件引发社会各界强烈谴责。巴基斯坦总统侯赛因、过渡政府总理穆尔克、陆军参谋长巴杰瓦相继发表声明，谴责袭击行为是“懦夫行径”。联合国安理会14日发表媒体声明，“以最强烈的言辞”谴责该起自杀式炸弹袭击，对死者家属和巴基斯坦政府致以最深切的同情和慰问。安理会同时强调，必须将此类恐怖主义行径的实施者、组织者、资助者和支持者绳之以法，同时敦促所有国家按照国际法和安理会相关决议规定的义务，与巴基斯坦政府和其他有关方面积极合作。中国国家主席习近平7月15日就巴基斯坦发生严重恐怖袭击事件致电巴基斯坦总统侯赛因，向无辜遇难者表示深切的哀悼，向伤者及遇难者的亲属表示诚挚的慰问。习近平表示，恐怖主义是人类的共同敌人。中方坚决反对一切形式的恐怖主义，对这一恐怖袭击事件予以强烈谴责。中国人民始终同巴基斯坦人民站在一起，坚定支持巴基斯坦为打击恐怖主义、维护国家稳定、保护人民生命安全所作的努力。

三、事件影响

其一，暴恐极端威胁持续攀升。一是恐怖组织趁势扩大影响。6月13日，巴塔第三任头目法兹卢拉在阿富汗库纳尔省被美无人机击毙，随后出自南瓦济斯坦马哈苏德部落的瓦利当选新头目。巴塔前两任头目贝图拉和哈基姆拉均出身该部落。在强大的部落支持下，瓦利或将扭转此前巴塔内部分裂、实力下降的颓势，包括“自由党”等各大派系已纷纷表态效忠。瓦利主张强硬对抗巴政府与外来势力，未来很可能在巴境内发起力度更大的袭击。此外，“伊国”继续征召当地暴恐分子加盟，同时强化行动能力，活动范围从巴西北边境向腹地拓展，13日默斯东恐袭案凸显其威胁。二是宗教极端化威胁加剧。巴7月暴恐虽集中在西线开普省和俾路支省，但全境宗教极端化倾向值得关注。如，宗教政党“巴基斯坦候命运动”自2017年10月以来借维护穆罕默德“封印先知”地位（即最后的先知）起势，诉诸街头政治，并在本次大选中派出了超过150名候选人。该党支持者多为波莱维派，系占巴人口主体的温和派别，却提出激进政治主张，未来走向令人担忧。再如，反印极端武装“虔诚军”的公开组织“达瓦慈善会”组建政党“民族穆斯林联盟”，该党虽被巴当局禁止注册，却借助合法政党“真主至大运动”参选，派出50余名候选人。

其二，选举乱象不断。一是加剧民众对选前安全的担忧。事发后，极端组织“伊斯兰国”在互联网上发布消息称制造了这起袭击。这次袭击是巴基斯坦自2014年白沙瓦陆军公立学校恐怖袭击事件以来伤亡最大的一次。巴基斯坦《黎明报》网站刊文称，一名巴官员说，这是在选举前一系列袭击事件中最致命的一次，加剧了民众对选举前安全的担忧。巴基斯坦将于7月25日举行国民议会选举。国民议会是巴基斯坦议会下院，现有342个席位，其中272个席位由国民直接选举产生，采取简单多数原则。其余70个席位为保留席位，包括60个妇女席位和10个少数教派席位。保留席位将参照各政党在国民议会选举中获得的席位数按比例进行分配。二是前总理谢里夫案持续发酵。7月6日，巴问责法院以获取非法收入、通过离岸公司在英国伦敦购置4套高档房产、以及在案件审理过程中不配合调查为由，判处谢10年监禁。13日谢从伦敦回国，落地即被捕。谢虽被判刑，但对政局仍有影响。一方面，谢支持者认为他无辜获刑，实为军方故意打压，巴军政矛盾愈演愈烈；另一方面，谢派抗议示威活动可能干扰大选。谢回国前，其支持者就在拉合尔多个地区举行游行示威，并试图前往机场迎接，与警方发生冲突。三是穆斯林联盟（谢派）和人民党抗议选举不公。谢派多次指责选举委员会违背宪法，认为看守政府、国家问责局和司法机构等未能给各党派提供公平竞争的环境。7月13日，因涉嫌洗钱，人民党主席、前总统扎尔达里及其妹被巴最高法院列入“出境管制名单”。人民党对此强烈不满，声称巴法律遭到破坏，国家问责局等部门已成为某些“机构”的工具，认为选举受到干预，选举委员会工作“失败”。互为政坛宿敌的谢派与人民党逐渐“走近”。四是“正义运动党”异军突起。该党近年来不断抨击谢派政府贪腐。伊姆兰·汗本人在谢里夫入狱后政治声望空前，正运党民调支持率与谢派不相上下甚至反超。巴国内外媒体普遍认为，巴军有意利用司法，扶持正运党，强化对选举及选后政局的塑造。

第十八章　中国驻卡拉奇使馆恐袭案

当地时间 11 月 23 日，中国驻巴基斯坦卡拉奇使馆遭俾路支分离势力“俾路支解放军”袭击，事件造成巴方警察在内的多人死伤，凸显巴基斯坦严峻的安全形势和中国“一带一路”项目面临的巨大海外安全风险。

一、事件经过

综合巴基斯坦主流媒体还原现场的报道，袭击事件发生时，三名武装分子携带枪支和手雷等武器，试图进入位于克利夫顿第四街区（Clifton Block 4）的中国驻卡拉奇总领事馆。其中一人还身穿炸弹背心，图谋在进入馆区后引爆炸弹制造自杀式袭击。他们在试图闯入总领事馆馆区时，在检查站被巴基斯坦警卫拦下。见无法进入总领事馆后，袭击者随后向负责领事馆安保的警卫人员开枪，并使用手雷炸毁了领事馆大门。爆炸声响起后，巴基斯坦警方和安全部队迅速赶到了袭击现场。双方随即进行了短暂的交火。在交火中，两名恐怖分子被巴方警察和安全部队击毙，另有一名恐怖分子则引爆了穿在自己身上的炸弹背心。交火和自杀式爆炸也造成了巴方两名警察丧生。

二、国际社会反应

巴基斯坦外交部发言人费萨尔事后在自己的“推特”账号上发言，确认了击毙所有袭击者且领馆工作人员无一伤亡的事实。中国外交部随即发布公告，谴责上述袭击，并确认在此次袭击事件中无中方人员伤亡。中国驻巴基斯坦大使馆也确认了上午的遭袭事件，并透露领事馆目前已加强戒备。23日下午晚些时候，中国国务委员兼外长王毅应约同巴基斯坦外长库雷希紧急通电话。库雷希表示，巴方谴责恐怖分子的袭击，并将进行彻底调查。王毅则表示，谴责这一针对外交机构的暴行，他还感谢了巴警方迅速采取的安全措施，并对巴方殉职的警卫人员表示哀悼。袭击事件发生后数小时，一个名为“俾路支解放军”（BLA）的武装组织致电“半岛电视台”，称其三名组织成员发动了针对中国领事馆的攻击。巴基斯坦对此高度重视。巴基斯坦《黎明报》25日报道称，巴警方已锁定13名疑犯，包括分离主义武装组织“俾路支解放军”的流亡头目哈比亚尔·马里和指挥官亚斯兰·阿初。

三、幕后真凶

袭击发生后不久，法新社、路透社和半岛电视台等国际媒体均收到以“吉汉德·俾路支”名义发布的一通电话录音，称“俾路支解放军”（下称“俾解”）对此事负责。随后，推特上出现所谓“俾解”发布的袭击者照片及视频。“俾解”系巴基斯坦境内以谋求“俾路支独立”为目标的暴力分离组织，曾有袭击中方目标的前科案底。但是，回溯相关推特账户和发布“俾解”消息的“俾路支解放之声”网站的内容，发现犯案者应该不是“俾解”，而是从“俾解”分化出来的一伙势力，为首者是原“俾解”的头目和发言人之一阿斯拉姆·俾路支，故可称之为“阿斯拉姆分支”。从“俾路支解放之声”网站上“俾解”发布的多篇声明中可以发现，2017年6月起，阿斯拉姆与“俾解”产生了若干矛盾，同年12月阿斯拉姆及其同伙巴希尔·宰卜遭到“停职”，两人所使用的“密拉克·俾路支”和“吉汉德·俾路支”这两个发言人化名也遭“停用”。2018年8月中旬，“俾解”和“阿斯拉姆分支”正式分道扬镳。在此次袭击事件中，发布消息的推特账户和所谓发言人“吉汉德”都指向了“阿斯拉姆分支”。

实际上，导致“阿斯拉姆分支”从“俾解”中脱离的直接原因正是该分支于2018年8月11日在巴俾路支省达尔本丁发动了针对中方项目人员所乘车辆的自杀式袭击。“俾解”反对“滥用”自杀式袭击，阿斯拉姆则公开宣称自杀式袭击者正是其子。透过这两起针对中方的案件可以看到“阿斯拉姆分支”的危害性：其一，该分支带有更加明确的反华、仇华特征，不仅在短短数月内两次针对中方目标发动袭击，而且在袭击发生后第一时间发表对华挑衅言论。其二，该分支的行动方式更加暴恐化。包括“俾解”在内的俾路支暴力分离组织很少使用自杀式袭击，而惯用伏击、炸弹等手法。在对我驻卡拉奇总领馆的袭击事件中，执法部门在调查中发现恐怖分子身着自杀式炸弹背心，企图暴力闯馆后扩大伤害。同时，该分支在两起案件后都极力利用媒体和互联网散布消息、图片和视频，企图扩大影响、制造恐慌，明显是在效仿“伊斯兰国”之类的恐怖组织。

“俾路支”暴力分离组织活动猖獗。一方面，“俾路支”暴力分离势力加速暴恐化。首先，“俾路支”分离势力内部长期派别林立，在从事暴恐活动上存在某种“竞争”关系。其次，近年来巴政府和军方加大对“俾路支”暴力分离组织打击力度，特别是 2015 年 8 月巴政府推出“‘俾路支’和平项目”以来，已有超过 3000 名武装分子向政府投降；但与此同时，残余势力更加顽固极端，其中部分还加强了联合，甚至在局部增强了暴恐频度。再次，国际恐怖主义向本地区渗透，也促使“俾路支”暴力分离势力在行动上更加残忍。另一方面，“俾路支”人作为一个族群，较为集中地居住在巴基斯坦、伊朗、阿富汗三国边境地区，“俾路支”暴力分离势力也利用边境地带作为掩护。近一个时期以来，阿富汗国内冲突持续不断，南亚地区和邻近的中东地区地缘政治形势持续紧张，这是“俾路支”暴力分离势力猖獗活动的大背景。

此外，巴报道还称事件或与印度有关联。美联社称，巴基斯坦反恐部门官员乌马尔·基塔布说，巴当局正在调查亚斯兰·阿初是否在印度，他被认为是这次袭击事件的策划者。此前，“俾路支解放军”声称对该事件负责。基塔布指该组织受到“敌对国”的支持。法新社称，“敌对国”说的是印度。巴基斯坦世界新闻网站 25 日报道称，基塔布 24 日告诉媒体，中国总领馆遇袭背后是印度调查分析局（RAW）。“没有事先侦察，这类袭击不可能发生。我们目前正在调查恐怖分子从哪里来。”该报道说，阿初据说目前在新德里的迈克斯医院接受治疗。他此前被巴基斯坦部队打伤后，逃到印度。据调查，阿初不止一次拿假护照借道阿富汗出入印度，他的姐姐在如法炮制时被逮捕。据了解，RAW 被称为印度的中央情报局，主要目标是海外，在整个南亚的行动能力很强。这个部门相对比较神秘，但是几十年来也被披露曝光过。在 1971 年印度肢解巴基斯坦、把东巴基斯坦变成孟加拉国的过程中，RAW 发挥过很重要的作用。

四、恐袭难碍中巴友好合作

首先，从整体上看，中巴经贸合作以中巴经济走廊为引领，以瓜达尔港、能源、交通基础设施、产业园区合作为重点而逐渐形成“1+4”布局，有力地为巴加快经济增长、缓解能源危机和创造就业等发挥了积极作用。也正因如此，俾路支省的主流声音都是希望中巴合作力度更大、进展更快、覆盖面更广，而不是反对中巴经济走廊和中巴合作。其次，中巴经贸合作为俾路支省民众带来实惠。以瓜达尔港建设为例。该地基础设施建设落后，连基本用水都难以保证，中方承接运营瓜达尔港之后，建设了海水淡化设施，不仅解决了港口内生产和生活用水问题，还计划解决当地民众吃水难的问题。同时，中方援建的法曲尔小学和中巴博爱医疗急救中心已经落成，中国红十字援外志愿医疗队也已入驻，帮助当地民众解决教育和医疗困难。再次，中巴经济走廊建设没有地缘政治目的。回顾中巴关系的历史，可以看到两国友好合作从政治、军事向经济、社会领域纵深拓展的前进历程。特别是新世纪以来中巴双边贸易、工程承包和投资合作呈现出快速增长之势，为两国在深化经济关系的背景下共建中巴经济走廊奠定基础。可以说，中巴经济走廊是两国关系升级和发展战略对接的结果，而所谓“军事化”更是无稽之谈。10月下旬来华参加北京香山论坛的巴海军部长贾维德·伊克巴尔再次明确表示，瓜达尔港是纯商业性质的项目，没有军事色彩，而中方更是从未提出过军事要求。

第四部分

国际恐怖与反恐怖斗争大事记

2018 年大事记

1 月

1 月 1 日，俄罗斯护法机关称，在过去的一昼夜里，俄罗斯 30 座城市接到了 53 个匿名虚假炸弹威胁电话，“电话恐怖分子”继续攻击俄罗斯。

1 月 1 日，尼日利亚官方证实，南部河流州首府哈科特港附近奥莫库镇，当地民众结束迎接新年活动返家时遭不明身份武装分子枪击，至少 21 人丧生，数十人受伤。

1 月 1 日，埃及吉萨，激进主义者针对科普特人所属的酒类商店进行有目标打击，导致店内 2 名工作人员死亡、1 人受伤。

1 月 2 日，尼日利亚东南部贝努埃州州长塞缪尔·奥尔托姆证实，该州一座村庄当天遭到游牧部族富拉尼人袭击，造成至少 50 人死亡，另有多人受伤。

1 月 2 日，埃及总统塞西签发总统令，宣布将全国范围紧急状态自本月 13 日起再度延长 3 个月。这是自 2017 年 4 月起埃及政府第三次宣布延长全国紧急状态。分析认为，此次延长凸显出埃及严峻的安全局势及政府打击恐怖主义、确保国家安全的决心。

1 月 2 日，尼日利亚阿达马瓦，“博科圣地”引爆一枚炸弹，导致 3 名路人死亡。

1 月 2 日，肯尼亚曼德拉，5 名安全员遭到“青年党”的伏击和谋杀，3 人受伤。

1 月 3 日，以色列议会以 52 票赞成、49 票反对的微弱多数票初步通过一项允许对“恐怖分子”判处死刑的法案。这意味着以色列将从法律上加强对“恐怖分子”的打击。

1月3日，阿富汗瓦什尔，2名平民遭到塔利班炸弹袭击身亡，4人受伤。

1月3日，尼日利亚甘姆博鲁，一名自杀炸弹袭击者在对手派清真寺引爆炸弹，导致至少14名信徒死亡、1人受伤。

1月3日，埃及西奈，极端组织“伊斯兰国”在西奈的分支机构——“伊斯兰国西奈行省”的恐怖分子制造爆炸袭击，导致1名警察死亡。

1月4日，阿富汗喀布尔，一名自杀炸弹者在抗议集会上引爆炸弹，导致约20名示威者和警察死亡，27人受伤。

1月4日，埃及阿里什，激进主义者发动两次单独袭击，4人遭袭身亡，2人受伤。

1月5日，阿富汗首都喀布尔发生自杀式炸弹袭击，炸弹在一些民众与警察附近被引爆，造成至少11人死亡，另有25人受伤。极端组织“伊斯兰国”已宣称对此案负责。

1月5日，也门拉吉，什叶派激进分子向郊区发动迫击炮袭击，导致3人死亡。

1月5日，埃及色贝卡，4名男子被宗教激进分子枪杀。

1月5日，伊拉克塔吉，“圣战”组织在一个市场引爆炸弹，导致1名路人死亡，11人受伤。

1月5日，索马里布洛伯德，“青年党”在机场附近引爆炸弹导致1人死亡、2人受伤。

1月6日，菲政府军在南部同反政府武装“邦萨摩罗伊斯兰自由战士组织”发生交火，一名政府军士兵和9名武装分子在交火中死亡。

1月6日，印度索波雷，“穆罕默德军”沿着城市街道制造了爆炸袭击，导致4名警察身亡、2人受伤。

1月7日，阿富汗东部库纳尔省政府向媒体证实，该省多个检查站遭极端组织“伊斯兰国”武装分子袭击，双方交火持续至8日，至少已有18人死亡。

1月7日，叙利亚西北部伊德利卜省发生一起逊尼派制造的汽车炸弹袭击事件，一辆装有数吨炸药的汽车在一家超市前爆炸，造成34人死亡，其中包括11名儿童，另有70人受伤。

1 月 7 日，伊拉克巴格达，“圣战”组织在一家咖啡馆外引爆炸弹，导致 1 人死亡，4 人受伤。

1 月 8 日，尼日利亚贝努埃，恐怖分子制造了一波袭击，导致 70 名村民死亡，49 人受伤。

1 月 9 日，执行清剿搜索任务的一支伊拉克警方巡逻队在萨拉赫丁省遭路边炸弹袭击，造成 1 名警察死亡、2 人受伤。

1 月 9 日，叙利亚大马士革，一个与“基地”组织有联系的团体向一处居民区发射炮弹，袭击导致 5 人不幸遇难，30 人受伤。

1 月 9 日，索马里摩加迪沙，一个与“基地”组织有关联的小团体引爆一枚炸弹，导致 3 名平民死亡。

1 月 9 日，巴基斯坦西南部俾路支省首府奎达发生一起自杀式炸弹袭击事件，造成至少 7 人身亡，另有 28 人受伤。

1 月 10 日，泰国东阳达，伊斯兰叛乱分子向一户人家开火，导致 3 名家庭成员死亡，遇难者中包括 1 名 73 岁的老人。

1 月 10 日，阿富汗阿尔奇，塔利班袭击一处警察检查站，导致 5 人丧生、2 人受伤。

1 月 10 日，也门赛义德，一个车队遭到一起自杀式炸弹袭击，导致 3 人丧生、3 人受伤。

1 月 10 日，伊拉克曼丹，伊斯兰极端分子在一处市场引爆埋伏好的炸弹，导致 1 人死亡，5 人受伤。

1 月 10 日，菲律宾达图恩塞，一个与“伊斯兰国”有联系的组织引爆路边炸弹，导致 1 人死亡，3 人受伤。

1 月 11 日，喀麦隆科勒法特，伊斯兰极端分子屠杀了 3 名平民。

1 月 12 日，伦敦警方在希思罗机场逮捕了一名企图实施恐怖袭击的 27 岁女子。

1 月 12 日，法国军队总参谋部发布新闻公报说，3 名法国士兵在马里东部的一起汽车炸弹袭击中受伤。

1 月 12 日，伊拉克警方人士说，极端组织“伊斯兰国”在伊北部基尔库克省制造两起袭击事件，造成 4 名平民丧生。

1 月 12 日，巴基斯坦北纳兹马巴德，骑着摩托车的“巴基斯坦塔利班运动”组织成员枪杀了 1 名男子，该男子正在上班途中。

1月13日，伊拉克安全官员称，一辆装有炸弹的汽车在巴格达北部卡济米耶区繁忙的阿丹广场突然发生爆炸，导致至少2人死亡、8人受伤。

1月13日，肯尼亚拉穆，伊斯兰极端分子袭击了一个巴士车队，导致1名警卫和1名妇女死亡、5人受伤。

1月14日，巴基斯坦萨尔科克，一名儿童被恐怖分子遗留在田野中的炸弹炸死，3人受伤。

1月15日，两名自杀式爆炸袭击者先后在伊拉克首都巴格达中部一个广场引爆炸弹，造成38人死亡、105人受伤。

1月15日，俄罗斯彼尔姆的一所学校遭到2名蒙面歹徒袭击，导致至少8名学生和1名教师被刺伤。

1月15日，利比亚首都的黎波里米提加国际机场附近遭武装分子袭击，造成20人死亡、69人受伤。一个名叫“巴沙尔·拜盖拉”的民兵组织实施了这次袭击。

1月15日，刚果（金）穆扎贝，3名安全人员被民主力量伊斯兰主义者枪杀，5人受伤。

1月16日，喀麦隆马塔卡耶艾利，一处清真寺遭到自杀爆炸袭击，造成2人死亡、12人受伤。

1月16日，尼日利亚帕拉姆，3名村民遭到“博科圣地”的枪击死亡。

1月17日，瑞典第三大城市马尔默一个警察局附近发生爆炸，事件未造成人员伤亡。爆炸疑似是由手榴弹引发的。

1月17日，尼日利亚东北部博尔诺州首府迈杜古里发生两起自杀式爆炸袭击，造成10人死亡、65人受伤。两名疑似极端组织“博科圣地”成员当天在迈杜古里郊外一个市场入口和市场内先后引爆了身上的爆炸装置。

1月17日，伊拉克东部迪亚拉省发生多起袭击事件。在该省首府巴古拜以北地区，一个警方巡逻队遭到路边炸弹袭击，袭击造成2名警察死亡、7名警察受伤。数名武装分子在巴古拜东北一座村庄打死一名平民，随后逃离。在巴古拜东北一个检查点，一伙武装分子开枪打伤一名警察。

1月17日，埃及塞比卡，伊斯兰极端分子引爆炸弹，导致1人死亡，4人受伤。

1月17日，尼日利亚穆纳加拉吉，一名自杀式炸弹袭击者在一处难民经常出现的市场引爆炸弹，导致12人死亡、48人受伤。

1 月 17 日，尼日利亚乌卡里，11 名村民被富拉尼恐怖分子杀害。

1 月 18 日，阿富汗穆科塔尔卡拉，塔利班使用自动武器攻击了一处警察检查站，造成 8 人死亡、2 人受伤。

1 月 18 日，尼日利亚卡亚，“博科圣地”杀害了 5 名村民，3 人受伤；尼日尔图摩尔，“博科圣地”攻击一个渔村，杀死 6 人，8 人受伤。

1 月 19 日，伊拉克塔吉，恐怖分子引爆炸弹，导致 2 名平民死亡，3 人受伤。

1 月 20 日，阿富汗首都喀布尔的洲际酒店遭到多名武装分子袭击，经过十多小时的对峙，阿安全部队成功击溃袭击者。袭击造成至少 5 名平民死亡，6 人受伤，126 名被劫持人质获释。

1 月 20 日，伊拉克曼丹，“圣战”组织在鱼市上引爆一枚炸弹，造成 1 名顾客死亡，4 人受伤。

1 月 21 日，阿富汗古尔兰，袭击者引爆炸弹，导致 12 名平民死亡，1 人受伤。

1 月 21 日，叙利亚巴赫拉，一名“圣战”自杀式炸弹袭击者制造爆炸袭击，导致约有 20 人丧生。

1 月 22 日，叙利亚首都大马士革东部一个汽车站遭炮弹袭击，造成 9 名平民死亡，另有 21 人受伤。

1 月 22 日，叙利亚大马士革，逊尼派激进分子向一处基督教社区发射火箭弹袭击，导致 9 名平民死亡、21 人受伤。

1 月 22 日，泰国亚拉，一个为穆斯林国家而战的组织在市场上制造一起摩托车炸弹袭击，造成 3 人死亡、18 人受伤。

1 月 23 日，据澳大利亚警方发布的消息，一名澳大利亚前政府部门雇员因涉嫌资助恐怖主义被捕，她为极端组织“伊斯兰国”提供的资金超过 3 万澳元。

1 月 23 日，伊拉克尤斯法耶，伊斯兰极端分子在一处市场上制造爆炸袭击，导致 3 名路人死亡、2 人受伤。

1 月 23 日，索马里摩加迪沙，伊斯兰教徒在一处难民营附近制造了爆炸袭击，导致 5 人死亡、3 人受伤。

1 月 23 日，叙利亚阿卜杜胡尔，努斯拉阵线制造一起自杀式爆炸袭击，导致 5 人死亡。

1月23日，利比亚班加西，一处清真寺遭到两起自杀式汽车炸弹袭击，导致超过30名信徒死亡、87人受伤。

1月24日，土耳其警方在该国东南部尚勒乌尔法省逮捕来自6个国家的14名涉嫌与“伊斯兰国”恐怖组织有关联的外国公民。

1月24日，利比亚东部城市班加西发生汽车炸弹连环爆炸事件，造成至少33人死亡，数十人受伤。第一起汽车炸弹爆炸发生在班加西市萨尔曼尼区一座清真寺前，当时许多民众正在做宵礼。救护车抵达现场后，同一地点又发生第二起汽车炸弹爆炸，造成更多人员伤亡。

1月24日，菲律宾军队在该国南部逮捕了一名携带手榴弹及制爆设备的西班牙籍的突尼斯男子。

1月24日，阿富汗东部城市贾拉拉巴德一家国际救援机构遭自杀式爆炸袭击，至少3人死亡，20余人受伤。

1月25日，尼日利亚赞瓦拉，伊斯兰极端分子向一辆载有基督教徒的面包车开枪，打死3名乘客，20人受伤。

1月25日，菲律宾达图皮昂，“邦萨摩洛共和国”的伊斯兰教极端分子在稻田里引爆了一枚炸弹，导致2名工人死亡，1人受伤。

1月25日，马里博尼，26名平民遭到伊斯兰极端分子的地雷爆炸袭击身亡，遇难者中包括10名妇女和儿童。

1月26日，伊拉克塔尔米耶，“圣战者”在一个商业区制造爆炸袭击，导致2名路人死亡、5人受伤。

1月26日，阿富汗卡拉巴吉，塔利班发动火箭弹袭击，导致6个小孩死亡、3人受伤。

1月27日，阿富汗公共卫生部发言人宣布，首都喀布尔市中心当天发生的自杀式汽车炸弹袭击已造成63人死亡，151人受伤。

1月27日，厄瓜多尔西北部的埃斯梅拉达斯省圣洛伦索市一处警察局遭汽车炸弹袭击，造成至少23名警察受伤。

1月27日，哥伦比亚玻利瓦尔省南部圣罗莎市布埃纳维斯塔警察局发生一起炸弹袭击，造成2人死亡、1人受伤。

1月27日，伊拉克阿尔巴拉，疑似“伊斯兰国”制造一起爆炸袭击，导致1名农民死亡，2人受伤。

1月27日，马里廷巴克图，伊斯兰极端分子制造袭击导致14人死亡、

18 人受伤。

1 月 27 日，阿富汗喀布尔，一名自杀式炸弹袭击者将一辆装满爆炸物的救护车停在医院外，并引爆炸弹，导致 90 多人死亡、235 人受伤。

1 月 28 日，哥伦比亚再次发生针对警察局的炸弹袭击。北部城市巴兰基亚一个警察局发生炸弹袭击，造成 4 名警察和 1 名平民受伤，附近数栋居民住房、一所学校和数间商铺受损。

1 月 28 日，马里门金加，一名自杀式炸弹袭击者在一处士兵营地制造爆炸袭击，导致 7 名士兵死亡、4 人受伤。

1 月 29 日，阿富汗首都喀布尔的一所军事院校遭自杀式袭击，造成 11 人死亡，16 人受伤。极端组织“伊斯兰国”随后宣称对此次袭击负责。

1 月 30 日，也门政府官员说，也门南部舍卜沃省一个检查站遭汽车炸弹袭击，15 名政府军士兵和 1 名袭击者死亡。

1 月 30 日，尼日尔车提马里，“博科圣地”袭击了一个小镇，导致至少两名守卫人员死亡。

1 月 30 日，也门阿塔克，发生一起自杀式汽车爆炸袭击，导致至少 12 人死亡、12 人受伤。

1 月 30 日，巴基斯坦马克巴尔，逊尼派针对什叶派人士发动了一场爆炸袭击，导致 3 名妇女和 1 名 7 岁的儿童死亡，另有 1 人受伤。

1 月 31 日，马里高，“圣战”者制造了一起路边炸弹袭击，导致 2 人死亡，2 人受伤。

1 月 31 日，伊拉克巴格达，1 名平民遭到伊斯兰极端分子爆炸袭击身亡，3 人受伤。

2 月

2 月 1 日，索马里塔里迪什，“青年党”制作爆炸袭击，导致 2 名电讯员和 1 名路人死亡、3 人受伤。

2 月 1 日，埃及阿里什，“圣战”狙击手打死了一名当地警察，另有 1 人受伤。

2 月 1 日，尼日利亚迈杜古里，一名自杀式炸弹袭击者袭击了一处难民营，导致 4 人死亡、44 人受伤。

2 月 1 日，菲律宾帕提库尔，一辆私人车辆遭到“阿布沙耶夫武装”伏击，造成 2 人死亡、4 人受伤。

2 月 2 日，尼日利亚埃基蒂，一名伊斯兰激进分子谋杀了一名警察。

2 月 2 日，阿富汗吉兰，塔利班发动爆炸袭击，导致 2 名妇女和 1 名儿童死亡、5 人受伤。

2 月 2 日，刚果（金）吉特亚，伊斯兰激进分子袭击了一个健康中心，枪杀了两名守卫和另外一人。

2 月 3 日，意大利中部城市马切拉塔市中心多处发生枪击事件，导致包括外籍人士在内至少 6 人受伤，其中一人伤势严重。一名意大利籍嫌疑人被当地警方抓获。意大利内政部长称，此次袭击系由“种族仇恨”驱使。

2 月 3 日，俄国防部发布消息称，一架俄苏一 25 战机在叙利亚西部地区被击落，一名飞行员成功跳伞并向俄军方报告跳伞位置在极端组织“征服阵线”控制区上空。随后，该名飞行员在与极端分子交火中丧生。

2 月 3 日，阿富汗法拉若德，一名年轻的警察在一个检查站被塔利班枪杀，6 人受伤。

2 月 3 日，喀麦隆亚华，“博科圣地”谋杀了 2 名平民，遇难者包括 1 名学生。

2 月 3 日，巴基斯坦斯瓦特，一名自杀炸弹袭击者针对值班的当地士兵发动袭击，当时这些士兵正在打排球，造成 3 人死亡、13 人受伤。

2 月 3 日，阿富汗谢林塔格布，伊斯兰武装分子对一处警察局发动袭击，导致 5 名守卫死亡，4 人受伤。

2 月 4 日，埃及埃尔阿里什，伊斯兰极端分子用炸弹袭击了一辆皮卡车，导致 3 人丧生、5 人受伤。

2 月 4 日，尼日利亚卡拉，“博科圣地”纵火烧死了 1 名难民，1 人受伤。

2 月 4 日，索马里奥德韦恩，一户人家中遭到爆炸袭击，导致家中 4 人死亡，包括妇女和儿童。

2 月 4 日，喀麦隆吉塔挖，伊斯兰极端分子攻击一个和平社区，四处放火，杀死了包括 1 名孕妇在内的 6 名居民，另有 2 人受伤。

2 月 5 日，中国驻巴基斯坦卡拉奇总领事馆向新华社记者证实，一名中国公民当天在卡拉奇市一处公园附近遭不明身份枪手袭击，因伤势严重不幸遇难，与遇难者同行的另一名中国公民逃过一劫。

2月5日，2015年巴黎恐怖袭击案嫌疑人萨拉赫·阿卜杜勒·萨拉姆在比利时布鲁塞尔出庭受审。在当天的庭审中，萨拉赫拒绝回答提问，并拒绝在受审期间被拍摄照片或被录像。

2月5日，韩国国家情报院向国会汇报称，为保障平昌冬奥会安全举行，国情院在海外情报机构的协助下，针对3.6万名外国人采取了禁止入境韩国的措施。

2月5日，马里高斯，两名当地士兵遭到伊斯兰极端分子枪击身亡。

2月5日，伊拉克肖拉，疑似伊斯兰极端分子向一座房屋内投掷手榴弹，造成1人死亡、1人受伤；在伊拉克哈姆林，1名逊尼派极端强硬派组织成员谋杀了6名守卫石油线路的工作人员；在巴格达，伊斯兰极端分子在一处繁忙的街道上引爆炸弹，造成1人死亡、6人受伤。

2月5日，阿富汗坎大哈，疑似伊斯兰激进分子在一处市场上枪杀3名平民。

2月6日，一名19岁的巴勒斯坦人在约旦河西岸城市希伯伦持刀行刺以色列安保人员，被当场打死。遇袭的以色列安保人员受轻伤。

2月6日，美国总统特朗普下令美国土安全部牵头组建全国审查中心，严格防范危险分子进入美国。

2月6日，泰国隆迈，一名男子和他的岳父被伊斯兰叛乱分子枪杀。

2月6日，伊拉克基尔库克，一名大学教授疑似遭到伊斯兰教倡导者暗杀。

2月6日，叙利亚伊德利卜，包括2名儿童在内的6名难民遭到逊尼派炮弹袭击身亡，另有30人受伤。

2月6日，伊拉克阿布赛达，一家水果供应商被圣战组织枪杀。

2月6日，叙利亚巴布图马，恐怖分子向基督教区的中央广场发动迫击炮袭击，导致4名平民丧生、9人受伤，当时该广场上正在组织人道主义活动。

2月6日，索马里摩加迪沙，3人在大学附近被伊斯兰极端分子枪杀。

2月6日，尼日利亚巴基，一个安静的村庄遭到伊斯兰极端分子袭击，造成8人死亡。

2月7日，美国得克萨斯州警方称，在该地的一个宗教集会上发生持刀伤人事件，有4人被刺伤，1名男子被逮捕。

2月7日，巴基斯坦米尔阿里，伊斯兰极端分子朝一辆经过的安全巡逻队发动火箭弹袭击，造成2名成员死亡、4人受伤。

2月7日，阿富汗格里什克，伊斯兰激进分子朝一处警察检查站发动射击，导致1名成员死亡、7人受伤。

2月7日，索马里阿夫戈耶，“青年党”制造爆炸袭击，导致2人死亡、4人受伤；在摩加迪沙，当地一名休班士兵在大学附近被枪杀。

2月7日，巴基斯坦海拉尔·凯尔，一名部族长老遭到伊斯兰极端分子爆炸袭击身亡。

2月7日，叙利亚大马士革，逊尼派发动炮击，导致2名平民死亡、2人受伤。

2月8日，美国军方证实，极端组织“伊斯兰国”内部臭名昭著的英籍“四人组”最后两名成员亚历山大·阿蒙·科泰和沙菲·谢赫落网。这一团体成员全部来自英国首都伦敦，频频在血腥斩首视频中露面，因英国口音被称为“甲壳虫”，与英国知名乐队“甲壳虫”同名。2018年1月，他们在叙利亚东部被美国支持的叙利亚民主军抓获。

2月8日，伊拉克拉马迪，发生一起自杀式炸弹袭击，导致2人死亡、14人受伤；伊拉克塔吉，一处市场发生一起爆炸袭击，导致1人死亡，2人受伤。

2月9日，伊拉克辛贾尔，“伊斯兰国”处死6名宗教少数派人士。

2月9日，阿富汗巴提科特，伊斯兰激进分子在一场板球比赛上制造爆炸袭击，导致4名板球运动员被炸死、2人受伤。

2月9日，利比亚班加西，伊斯兰极端分子在一处清真寺内引爆了2枚炸弹，造成2人死亡、143人受伤。

2月9日，伊拉克哈奈根，伊斯兰极端分子袭击了一家受欢迎的咖啡馆，四处开枪射击，造成7人死亡、3人受伤。

2月10日，土耳其警方逮捕了48名疑为“伊斯兰国”恐怖组织的成员，他们涉嫌策划袭击。

2月10日，伊拉克尤斯法耶，恐怖分子在一处市场上引爆炸弹，导致1名路人死亡、2人受伤；伊拉克摩苏尔，一名自杀炸弹手发动袭击导致3名伊拉克人死亡；伊拉克杜贾尔，恐怖分子向一户家庭发动射击，造成3人死亡、3人受伤；伊拉克图兹库尔马图，5名牧羊人被伊斯兰恐怖分子绑架并枪杀。

2 月 10 日，马里莫普提，5 名平民遭到伊斯兰极端分子炮弹袭击身亡，另有 18 人受伤。

2 月 10 日，阿富汗纳瓦，伊斯兰武装分子对一处警察检查站发动袭击，造成 6 人死亡、8 人受伤；阿富汗阿纳达拉，宗教极端分子对一辆载有板球运动员的汽车发动爆炸袭击，造成 2 人死亡。3 人受伤。

2 月 10 日，印度孙加宛，“穆罕默德军”对当地的一个军营发生自杀袭击，导致 1 名妇女死亡，4 人受伤。

2 月 10 日，叙利亚伊德利卜，恐怖分子在一处城市广场制造一起汽车炸弹袭击，导致 7 名路人死亡、30 人受伤。

2 月 11 日，印度军方击毙了 3 名“穆罕默德军”组织恐怖分子，该组织袭击了位于印度北部的一座军营。

2 月 11 日，伊拉克辛贾尔，“伊斯兰国”成员在居民住宅内引爆炸弹，导致 2 名居民丧生。

2 月 11 日，泰国北大年，伊斯兰极端分子引爆了 6 枚炸弹，导致 9 人受伤。

2 月 12 日，印度卡兰纳加尔，一名当地警察被两名使用自动步枪的恐怖分子枪杀。

2 月 12 日，叙利亚汉什科恩，两名平民遭到“伊斯兰国”的爆炸袭击身亡，3 人受伤；叙利亚玛拉特米斯林，敢死队成员制造一起自杀式炸弹袭击，导致 8 名平民流血身亡，14 人受伤。

2 月 12 日，伊拉克法尔哈提雅，“圣战”组织射杀了 3 名家庭成员，然后引爆一枚炸弹，导致 2 名反击的军官死亡，6 人受伤。

2 月 13 日，委内瑞拉玻利瓦尔州狂欢节游行队伍遭枪击，造成 3 人遇难，5 人受伤。

2 月 13 日，由美国主导的打击“伊斯兰国”国际联盟在科威特召开部长级会议。会议谋求继续推动打击恐怖主义和极端主义。

2 月 13 日，伊拉克米格达迪耶，一名农业工作人员遭到逊尼派炸弹袭击身亡；伊拉克巴格达，“圣战”组织在一条繁忙的街道引爆了一枚炸弹，导致 5 人受伤。

2 月 14 日，伊拉克外长贾法里表示，恐怖组织“伊斯兰国”行动开始至今，已造成1.8万名伊拉克平民死亡，3.6万人受伤。

2月14日，美国佛罗里达州布劳沃德县帕克兰的一所高中发生枪击案，已造成至少16人死亡、14人受伤，枪手已被警方逮捕。

2月14日，美国新奥尔良Marti Gras狂欢节连续发生三起枪击事件，造成3人死亡，至少5人受伤。

2月14日，阿富汗巴拉布鲁克，伊斯兰武装分子袭击了一处警察检查站，造成7人丧生。

2月14日，阿尔及利亚比尔艾尔阿特尔，原教旨主义者用简易炸弹制造袭击，导致5名当地士兵死亡、2人受伤。

2月15日，阿富汗赫拉特，两名儿童遭到塔利班炮弹袭击身亡。

2月15日，巴基斯坦托马斯特地区，两名部族长老遭到爆炸袭击身亡，另有2人受伤。

2月16日，尼日利亚达普奇，“博科圣地”攻击一个小村庄，造成17名居民死亡、50人受伤。

2月16日，巴基斯坦马孟德，一个和平委员会成员遭到塔利班炸弹袭击身亡。

2月16日，肯尼亚瓦吉尔，三名基督教学校教师被伊斯兰极端分子谋杀。

2月16日，也门马发德，“基地”组织发动一起针对检查站的爆炸袭击，导致3人死亡、2人受伤。

2月16日，索马里巴里，“青年党”激进分子制造路边炸弹袭击，导致两名当地士兵死亡。

2月17日，伊拉克巴格达，伊斯兰极端分子在一排商店外面引爆一枚炸弹，导致1名路人死亡、4人受伤。

2月17日，刚果（金）贝尼，民主力量组织伊斯兰极端分子伏击一辆民用车辆，并屠杀5名乘客，遇难者中包括3名妇女，袭击还造成8人受伤。

2月17日，阿富汗木兰丁，塔利班杀害了5名警察；阿富汗格里什克，4名情报人员枪杀了16名同事，之后加入了塔利班。

2月17日，尼日利亚孔杜加，3名自杀式炸弹袭击者在鱼市上制造爆炸袭击，导致19名顾客死亡、70人受伤。

2月18日，俄罗斯达吉斯坦共和国一所教堂发生枪击事件，造成5人死亡、4人受伤。“伊斯兰国”宣称对这起事件负责。

2月18日，伊拉克如特巴，“伊斯兰国”发动爆炸袭击，导致2名伊拉克人死亡，5人受伤；叙利亚卡米什利，发生一起针对库尔德族居民的汽车炸弹袭击，导致5名居民死亡，7人受伤。

2月18日，达吉斯坦基兹利亚尔，一名伊斯兰神学院学生在一个教堂仪式上纵火，造成5名女性信徒死亡、7人受伤。

2月19日，尼日利亚，“博科圣地”袭击了位于约贝州达普奇地区的一所女子技术学院，46名女学生失踪。21日晚，尼军方成功解救了被绑架的女学生。

2月19日，阿尔及利亚车查尔，两名当地安全人员遭到伊斯兰激进分子炸弹袭击身亡，1人受伤。

2月19日，阿富汗纳德阿里，伊斯兰激进分子袭击了一处警察检查站，并枪杀了5名当地警察，另有6人受伤；阿富汗巴拉布鲁克，塔利班谋杀了16名警察，9人受伤；阿富汗加兹尼，2名阿富汗人在塔利班袭击中丧生，3人受伤。

2月20日，阿富汗阿钦，“伊斯兰国”成员谋杀了10名平民。

2月20日，阿富汗贾拉拉巴德，一处宾馆遭到伊斯兰极端分子发动爆炸袭击，导致3名部族长老死亡、3人受伤。

2月20日，喀麦隆萨拉马萨利，和平宗教人士放火烧毁了平民的房屋，并屠杀了6名平民，另有5人受伤。

2月20日，阿富汗巴什科德，塔利班发动爆炸袭击导致2名当地人死亡。

2月21日，缅甸掸邦北部腊戌市第二区的佑马银行和伊洛瓦底银行之间发生炸弹爆炸，造成2人死亡、11人受伤，多座建筑物受损。

2月21日，斯里兰卡一辆长途客车爆炸，19人受伤，包括12名军人。爆炸发生在位于首都科伦坡以东190公里的迪耶特拉沃，那里有一家大型军事训练中心。军方怀疑，爆炸可能由炸弹或手榴弹引发。

2月21日，南非东开普省多名持枪匪徒冲入恩格科波警察局并开枪射击，打死6名警察和1名军人。

2月21日，阿富汗如巴特，宗教极端分子使用机关枪枪杀了一处检查站的8名警察，袭击还造成3人受伤；阿富汗科图普，伊斯兰激进分子用自动武器射击一辆载有政府雇员的车辆，造成5人死亡。

2月21日，马里萨赫勒，2名法国军人在巡逻时遭到伊斯兰极端分子爆炸袭击身亡。

2月21日，利比亚居芙拉，3人遭到自杀式汽车炸弹袭击身亡，另有3人受伤。

2月21日，乍得乍得湖，“博科圣地”谋杀了两名边防警卫。

2月22日，塔利班武装分子在阿富汗中部加兹尼省对一处检查站发动袭击，造成8名警察丧生，另有3人受伤。

2月23日，阿富汗国民军设在西部法拉省的一座军事基地遭塔利班武装分子袭击，18名士兵身亡。

2月23日，深夜至24日凌晨，泰国南部宋卡、陶公、北大年3个府治逾10个地点发生多起袭击事件，包括焚烧商店、开枪扫射警务人员住宅以及焚烧汽车轮胎等。

2月23日，索马里首都摩加迪沙发生两起汽车炸弹袭击事件，造成至少38人死亡。晚6时左右，武装分子使用的一辆载有炸弹的汽车在索国家情报与安全机构总部附近爆炸。约15分钟后，一辆朝总统府方向驶去的汽车在总统府附近的一个街区被引爆。

2月23日，叙利亚大马士革，逊尼派组织向一处居民区发动炮弹袭击，造成一名居民死亡，43人受伤。

2月23日，索马里摩加迪沙，发生两起袭击，其中一起是自杀式爆炸袭击，共导致45人死亡，36人受伤。

2月24日，阿富汗南部的赫尔曼德省首府拉什卡尔加市发生两起自杀式汽车炸弹袭击。第一起袭击发生在一座军营附近，造成1名袭击者和2名士兵身亡以及多人受伤。第二起袭击发生在当地安全部门的办公地点附近，造成包括袭击者在内的2人身亡、至少10人受伤。塔利班组织宣称制造了拉什卡尔加市的两起炸弹袭击。

2月24日，缅甸若开邦首府实兑清晨发生4起炸弹爆炸事件，造成2人轻伤。爆炸发生在当地时间清晨4时至5时，地点分别位于一名政府高级官员的住所院内、当地法院附近、财政办公楼前以及江边的路上。

2月24日，也门临时首都亚丁的一处反恐部队营地遭连环汽车炸弹袭击，造成包括平民在内的至少14人身亡、40多人受伤。

2 月 24 日，泰国陶公府直辖县两处商店遭到不法分子纵火焚烧，警方认为这些袭击事件有可能是南部分裂势力所为。

2 月 24 日，也门亚丁，发生两起自杀式汽车炸弹袭击，导致 14 人死亡、43 人受伤。

2 月 25 日，伊拉克巴拉德鲁斯，伊斯兰国成员向一群牧羊人开火，造成一人死亡，1 人受伤。

2 月 25 日，印度索拉，一名警察在一处住宅前执勤时被极端主义分子枪杀。

2 月 25 日，喀麦隆布沃尔瓦里，2 名敢死队自杀式炸弹袭击者制造爆炸导致 4 名村民死亡。

2 月 26 日，伊拉克塔尔米耶，“圣战”组织在一处市场制造爆炸，1 名无辜者死亡，2 人受伤。

2 月 26 日，叙利亚哈扎诺，沙姆解放组织向一处居民区发射炮弹，造成 6 名平民丧生。

2 月 27 日，伊拉克卡拉沙巴克，3 名平民被“伊斯兰国”武装分子枪杀。

2 月 27 日，阿富汗坎大哈，一个伊斯兰极端组织谋杀了 6 名警察，另有 5 人受伤。

2 月 27 日，尼日利亚坦博，伊斯兰极端分子烧毁了一座教堂，并杀死了 20 名无辜人士，包括 1 名牧师。

2 月 28 日，巴基斯坦西南部俾路支省首府奎达发生一起针对安全部队人员的自杀式爆炸袭击，造成 4 名安全部队人员死亡，另有 6 人受伤。

2 月 28 日，叙利亚德拉，逊尼派组织向一处住宅区发射炮弹，造成 2 人死亡、18 人受伤。

2 月 28 日，马里莫普提，圣战组织发动爆炸袭击，导致 4 名联合国维和人员死亡。

3 月

3 月 1 日，阿富汗总统阿什拉夫·加尼为结束长达 16 年的战争，向塔利班组织提议停火及释放囚犯，并欲承认该组织为政治党派。

3 月 1 日，俄罗斯国家反恐委员会代表表示，2017 年情报部门在俄罗斯境内挫败了25起恐怖袭击。

3月1日，阿富汗官员表示，一名德国籍男子在叛乱活动肆虐的赫尔曼德省与塔利班分子一同被捕。这是阿国爆发战争16年来，塔利班分子中第一次出现欧洲人。

3月1日，尼日利亚奇基德，一辆民用车遭到自杀式炸弹袭击，导致车上2名乘客死亡。

3月1日，索马里卡达，一名“圣战”自杀式炸弹袭击者发动袭击，导致至少两人死亡，3人受伤；索马里摩加迪沙，“青年党”向体育场外发动迫击炮袭击，导致3名平民身亡，2人受伤。

3月2日，布基纳法索政府信息中心发布消息称，有4名在首都瓦加杜古市中心制造袭击的武装分子被击毙。

3月2日，伊拉克阿布格莱布，圣战爆炸袭击者向一处市场发动袭击，造成1名平民死亡，2人受伤。

3月2日，也门特里姆，一名神职人员被激进的武装分子在清真寺内暗杀。

3月2日，尼日利亚布尼亚迪，在星期五祷告期间，“博科圣地”在一名年轻的女孩身上绑上炸弹，并将其送入对手派的清真寺中，导致28人受伤；尼日利亚兰恩，“博科圣地”发动袭击，导致3名人道主义工作人员死亡、3人受伤。

3月2日，索马里劳瓦尔谢贝利，一辆救护车遭到炸弹袭击，车上的4名伤员遇袭身亡，2人受伤；索马里阿夫戈耶，一名自杀式炸弹袭击者制造袭击，导致1名警卫死亡、3人受伤。

3月2日，阿富汗喀布尔，一名自杀式炸弹袭击者谋杀了一名年轻女孩，袭击还造成22人受伤。

3月2日，肯尼亚菲诺瓦德，“青年党”成员发动袭击并杀死了5名当地警察，3人受伤。

3月3日，瑞士首都伯尔尼火车站附近广场发生爆炸物威胁，州警方立即出动，设立安全防线。车站附近的办公人员被紧急疏散，广场上的教堂暂时关闭。

3月3日，叙利亚代尔泽尔，“伊斯兰国”制造了爆炸袭击，导致2名平民死亡、4人受伤。

3月3日，索马里乔哈尔，“青年党”伊斯兰分子制造爆炸袭击，随后向布隆迪的维和人员开枪，袭击造成3人死亡、7人受伤。

3月3日，阿富汗瓦尔达克，塔利班发动伏击，两名儿童在交火中身亡。

3月4日，刚果（金）贝尼，民主力量联盟的伊斯兰分子发动伏击，杀死了7名当地人，还造成8人受伤。

3月4日，伊拉克塔基夫，伊斯兰极端分子发动袭击造成2人死亡，3人受伤。

3月4日，泰国印戈，伊斯兰“叛乱分子”枪杀了一名种植橡胶的农民，这名农民已经69岁了。

3月4日，叙利亚沙米库，叙利亚反抗军沙姆解放组织谋杀了3名平民，还造成3人受伤。

3月5日，土耳其警方在首都安卡拉抓获12名极端组织“伊斯兰国”嫌疑人。

3月5日，土耳其警方宣布挫败一起由极端组织策划的针对美国驻土耳其大使馆的袭击。警方在安卡拉和北部城市萨姆松抓捕了数名嫌疑人。

3月5日，尼日利亚穆纳达尔提，一名骑着自行车的自杀式袭击者引爆炸弹，导致包括他自己在内的4人死亡，袭击还造成18人受伤。

3月5日，叙利亚伊德利卜，叙利亚反抗军沙姆解放组织发动袭击，导致1名平民死亡，3人受伤。

3月6日，阿富汗东部楠格哈尔省发生一起爆炸袭击事件，造成至少2人死亡，另有3人受伤。袭击者使用磁性炸弹引爆一辆油罐车，爆炸引发火灾并波及附近建筑，超过30家店铺被焚毁。

3月6日，尼日利亚甘姆博鲁，3名平民在他们自己的村庄内遭到伊斯兰极端分子的屠杀；尼日利亚迪克瓦，4名伐木工人在收集木头时遭到“博科圣地”的炮弹袭击身亡。

3月6日，叙利亚巴卜，一名自杀式汽车炸弹袭击者发动袭击导致1名路人死亡，5人受伤。

3月6日，伊拉克巴格达，和平宗教在一处商店外制造爆炸袭击，导致1名购物者身亡，4人受伤。

3月7日，阿富汗东部的楠格哈尔省当天发生一起自杀式爆炸袭击事件，造成包括袭击者在内的至少3人死亡，另有16人受伤。袭击发生在当天下午，地点位于首府贾拉拉巴德第一警区。3名死者分别是袭击者、主管当地宗教事务的政府高级官员阿卜杜勒·扎希尔·哈卡尼及其随行保安。袭击者当天尾随哈卡尼乘坐的车辆并伺机引爆身上炸药，袭击目标很可能就是哈卡尼本人。

3月7日，奥地利首都维也纳警方称，维也纳市中心发生持刀袭击事件，一对夫妇及他们的女儿被严重刺伤。其后不久，在同一区域发生了另一起持刀袭击事件，一名男子被严重刺伤，一名阿富汗籍男子被捕。

3月7日，叙利亚阿勒颇，沙姆解放组织发动恐怖袭击，导致了3名平民死亡，3人受伤。

3月7日，索马里阿夫戈耶，一个伊斯兰极端分子向一辆载有4人的汽车发动炸弹袭击，导致4人全部身亡。

3月8日，中国水电15局位于马里中部距离首都巴马科700千米处的项目工地现场及营地遭遇大约25—30名不明身份武装人员袭击。吊车、皮卡车、发电机等施工设备和物资均被烧毁；中方人员安全无伤亡，但随身手机、电脑等物品全部被抢。该项目组正在封闭工地并开始撤离。

3月8日，阿富汗法里亚布，5名平民被塔利班砍死，受害者包括3名妇女和1名儿童。

3月8日，伊拉克阿德哈伊姆，伊斯兰极端分子绑架并谋杀了2名海关管理人员。

3月8日，巴基斯坦奎达，逊尼派激进分子朝两名正在家门口的什叶派人士开枪，导致1人死亡，1人受伤。

3月9日，阿富汗首都喀布尔的一场政治集会遭遇自杀式炸弹袭击，一名袭击者在集会入口处的安全检查点引爆了身上的炸弹，造成包括一名袭击者在内至少7人死亡、22人受伤；阿北部塔哈尔省一处检查站遭武装人员袭击，造成至少18名安全人员身亡，另有14人受伤，塔利班组织已宣称制造了这起袭击。

3月9日，马里迪亚卢贝，伊斯兰极端分子制造一起地雷爆炸袭击事件，导致4名当地安全人员身亡，4人受伤。

3月9日，叙利亚贾拉马纳，逊尼派发动火箭弹袭击，导致2名平民被炸死，3人受伤。

3月9日，利比亚艾季达比耶，一处检查站遭到自杀式炸弹袭击，导致

3 人死亡。

3 月 10 日，阿富汗西南部法拉省一个检查站遭到塔利班武装分子袭击，造成至少 15 名士兵身亡；阿富汗巴拉布鲁克，伊斯兰教极端分子发动袭击，杀死了 24 名当地安全人员，另有 22 人受伤；阿富汗奈克，“伊斯兰国”支持者朝一处检查站开枪扫射，导致 7 名当地警察死亡。

3 月 10 日，索马里韦都，“青年党”用一枚简易炸弹制造爆炸袭击，导致 4 人丧生、1 人受伤。

3 月 11 日，“伊斯兰国”武装分子深夜在萨拉赫丁省图兹胡尔马图市北部一条公路上冒充政府军设立检查站，并袭击路过的平民车辆，导致 9 名平民死亡，另有多人受伤。

3 月 11 日，伊拉克尤斯法耶，伊斯兰极端分子在一处餐馆发动爆炸袭击，导致 1 名路人死亡，4 人受伤。

3 月 11 日，阿富汗那比吉尔，塔利班发动火箭弹袭击，导致包括 2 名妇女和 3 名儿童在内的 7 人死亡，袭击还造成 2 人受伤。

3 月 12 日，刚果（金）东北部地区伊图里省发生新一轮部族冲突，造成至少 40 人死亡。遭遇袭击的几个村庄位于该省阿尔伯特湖周边地区，袭击者首先对居民房屋纵火，随后使用砍刀和步枪屠杀村民。

3 月 12 日，尼日尔格布，伊斯兰极端分子在一个小村庄发动突袭，导致 3 人死亡，1 人受伤。

3 月 12 日，叙利亚格兰尼基，“伊斯兰国”制造一起地雷爆炸袭击，导致 2 名儿童死亡、3 人受伤。

3 月 12 日，伊拉克阿齐姆，伊斯兰强硬派人士在公路上随机拦截车辆，并向乘客开枪射击，导致 15 人死亡，5 人受伤。

3 月 13 日，巴勒斯坦总理拉米·哈姆达拉所在的车队在到访加沙地带时遭到炸弹袭击，数人轻伤，总理并未受伤。巴勒斯坦就此事件指责是哈马斯所为。

3 月 13 日，也门亚丁，一名自杀式炸弹袭击者开着汽车驶入一个厨房，导致包括 1 名男孩在内的 7 人死亡，30 人受伤。

3 月 13 日，尼日利亚古马，从市场返回的妇女和儿童遭到伊斯兰恐怖分子的袭击，袭击造成 3 人死亡，4 人受伤。

3 月 13 日，伊拉克巴格达，一处市场疑似遭到“伊斯兰国”发动的爆炸袭击，袭击造成1人死亡，4人受伤。

3月14日，巴基斯坦卡拉奇，恐怖分子用手榴弹向警察发动攻击，导致1人死亡，3人受伤；巴基斯坦拉温德，一名年轻的敢死队自杀式炸弹袭击者发动袭击，导致10人丧生，35人受伤。

3月14日，阿富汗纳德阿里，2人遭到伊斯兰极端分子自杀式炸弹袭击身亡，3人受伤；阿富汗法拉，塔利班袭击造成10人死亡，8人受伤。

3月15日，伊拉克曼达里，在伊斯兰极端分子发动的袭击中，2名边防士兵遇袭身亡。另外3人遭到绑架和谋杀。

3月15日，阿富汗齐拉塞夫拉，塔利班制造一起炸弹爆炸袭击，导致6名妇女和儿童丧生，10人受伤。

3月16日，哈萨克斯坦政府出台《2018—2022年打击宗教极端主义和恐怖主义国家规划》，根据规划未来五年反恐预计“耗资”8.4亿美元。

3月16日，索马里博萨索，疑似“青年党”投掷手榴弹制造袭击，导致3人死亡、2人受伤。

3月16日，伊拉克卡尔库什，伊斯兰极端分子使用机关枪打死了5名边防警卫。

3月17日，阿富汗首都喀布尔发生自杀式汽车炸弹袭击，造成至少2名平民死亡，另有多人受伤；阿富汗斯宾卡恩，一名儿童遭到塔利班炸弹爆炸袭击身亡，袭击还造成16人受伤。

3月17日，尼日利亚图顿，5名渔民遭到“博科圣地”残忍杀害。

3月18日，阿富汗喀布尔帕格曼地区一枚路边炸弹被引爆，造成2名平民死亡、1人受伤；阿富汗喀布尔西部第13警区的达什特巴尔奇一所私立学校内，一名袭击者投掷一枚手榴弹，造成6人受伤，袭击者当场被炸死。

3月18日，巴基斯坦布里瓦拉，伊斯兰激进分子朝一处教堂开火，之后还用砖头打死受害者，袭击还造成7人受伤。

3月19日，哥本哈根警方表示，土耳其驻丹麦大使馆早间遭至少2人丢掷汽油弹攻击，建筑外部轻微受损，事件未造成人员伤亡。

3月19日，伊拉克艾尔萨布，两名村民被“伊斯兰国”谋杀，3人受伤。

3月19日，阿富汗阿卡拉木丁，“伊斯兰国”在一个体育场制造了爆炸袭击，造成3名观众死亡，10人受伤；阿富汗什恩达德，一辆被放置了炸弹的摩托车发生爆炸，导致 1 人死亡，9 人受伤。

3 月 19 日，叙利亚杰拉布卢斯，发生一起自杀式炸弹袭击，导致 1 名平民死亡，1 人受伤。

3 月 20 日，伊拉克中部萨拉赫丁省发生“伊斯兰国”武装分子袭击事件，武装分子在一家餐馆外向人群开枪，造成至少 6 名平民被打死，另有 13 人受伤。

3 月 20 日，叙利亚首都大马士革一处人口密集的市场遭火箭弹、炮弹袭击，造成至少 35 人身亡、34 人受伤；叙利亚哈得巴，一起自杀式爆炸袭击导致 2 名平民死亡，7 人受伤。

3 月 20 日，阿富汗纳瓦，塔利班谋杀了 2 名当地警察，3 人受伤。

3 月 21 日，阿富汗内政部官员说，阿首都喀布尔的一处集市当天发生自杀式爆炸袭击，已造成除袭击者之外的至少 26 人死亡、18 人受伤。极端组织“伊斯兰国”已宣称制造了此次袭击事件。

3 月 21 日，叙利亚大马士革，一处繁忙的市场遭到逊尼派的火箭弹袭击，袭击造成 40 名无辜人士死亡、35 人受伤。

3 月 21 日，阿富汗喀布尔，一群人在庆祝节日时，遭到伊斯兰极端分子自杀式炸弹袭击，造成 33 人死亡、66 人受伤。

3 月 21 日，也门斯纳，一个极端主义组织用一枚炸弹袭击了一辆过往的车辆，造成 4 名平民死亡、3 人受伤。

3 月 21 日，美国特拉维斯空军基地，一名自杀式炸弹袭击者撞向空军基地的大门，袭击者当场身亡，但未造成其他人员伤亡。

3 月 22 日，阿富汗提里恩克特，逊尼派组织向一处房屋发动迫击炮袭击，造成 2 名居民死亡、2 人受伤。

3 月 22 日，索马里摩加迪沙，伊斯兰极端分子在酒店外发动汽车炸弹袭击，导致 14 人死亡、10 人受伤。

3 月 22 日，叙利亚大马士革，一个为伊斯兰教而战的组织向一处房屋发动火箭弹袭击，导致 4 人死亡、14 人受伤。

3 月 23 日，法国西南部卡尔卡松一家超市发生枪击事件，有人员被劫持。法国检方称，枪手宣称自己效忠极端组织“伊斯兰国”，他枪杀了一名酿酒师、一名瓦工、一名屠夫和一名警察，袭击还造成 15 人受伤。

3 月 23 日，阿富汗拉什卡尔加，一场摔跤比赛上发生一起自杀式汽车炸弹袭击，导致 16 人死亡、45 人受伤。

3 月 23 日，尼日尔图莱尔，伊斯兰激进分子向市场上的人群开火，造成 5 人死亡、4 人受伤。

3 月 24 日，埃及第二大城市亚历山大发生爆炸事件，造成 2 人死亡、4 人受伤。

3 月 24 日，伊拉克穆沙哈达，一处市场发生一起伊斯兰极端分子爆炸袭击，导致 1 名路人死亡、2 人受伤；伊拉克萨迪亚，宗教极端主义分子朝一辆民用车开火，造成 4 人死亡，其中包括一名妇女和儿童，另有 2 人受伤。

3 月 24 日，叙利亚伊德利卜，发生一起自杀式汽车炸弹袭击，导致 7 名平民死亡，25 人受伤；叙利亚玛兹拉，逊尼派极端分子炮轰一个足球场，导致一名男孩死亡、7 人受伤。

3 月 25 日，马来西亚警方宣布重挫一起恐怖组织阴谋，逮捕了 7 名恐怖分子。这些恐怖分子企图绑架及杀害警员，袭击宗教场所及住宅。

3 月 25 日，索马里摩加迪沙，议会外发生一起自杀式汽车炸弹袭击，导致至少 4 人死亡、10 人受伤。

3 月 25 日，阿富汗赫拉特市，逊尼派自杀式袭击者试图进入什叶派清真寺，但是只杀死了 1 名守卫人员，另有 9 人受伤。

3 月 26 日，墨西哥海军陆战队巡逻和护卫人员遭到连环袭击，造成包括一名军人在内的 5 人死亡，另有 12 人受伤。

3 月 26 日，尼日利亚科诺杜加，3 名女性自杀式炸弹袭击者发动爆炸袭击，造成其他 3 人受伤。

3 月 27 日，索马里摩加迪沙，一名女议员在家门外被两名“青年党”成员暗杀。

3 月 28 日，也门安全部门称，一支军方车队在东部哈德拉毛省遭遇武装分子袭击，造成至少 11 名士兵死亡。

3 月 28 日，阿富汗科瓦，伊斯兰武装分子在葬礼上向哀悼者开火，导致 2 人丧生、4 人受伤。

3 月 28 日，刚果（金）贝尼，民主力量联盟成员发动突袭，导致 10 名人死亡、10 人受伤。

3 月 28 日，索马里摩加迪沙，一名红十字会的工作人员被伊斯兰极端分子炸死。

3月28日，也门穆卡拉，11名士兵遭到“基地”组织的伏击和杀害。

3月29日，伊拉克沙克拉，圣战者发动炮弹袭击，导致8人死亡、2人受伤。

3月29日，利比亚艾季达比耶，一名自杀式汽车炸弹袭击者在一个街区发动袭击，导致8人死亡、8人受伤。

3月29日，马里班德加加拉，伊斯兰极端分子对一家援助人员经常光顾的酒店发起袭击，导致一名警卫死亡、2人受伤。

3月30日，孟加拉国杰马勒布尔，逊尼派对手在其清真寺发动袭击，导致22人受伤。

3月30日，尼日利亚迈杜古里，4名自杀式炸弹袭击者发动袭击，导致1名妇女和1名男孩死亡、13人受伤。

3月30日，巴基斯坦德拉伊斯梅尔汗，塔利班朝过往的车辆发动爆炸袭击，导致3名警察死亡。

3月30日，阿富汗库纳尔，敢死队制造自杀式爆炸袭击，导致2人死亡、1人受伤。

3月31日，伊拉克加扎，发生一起自杀式爆炸袭击，导致3人死亡、11人受伤。

4月

4月1日，阿富汗卡马，“伊斯兰酋长国”制造了一起炸弹袭击，导致1名当地的安全人员死亡，2人受伤。

4月1日，巴基斯坦奎达，一辆民用车遭到针对性袭击，车内一名什叶派男子中弹身亡，1人受伤。

4月1日，索马里布罗马惹，乌干达维和人员遭到自杀式袭击，造成8人死亡、6人受伤。

4月2日，尼东北部博尔诺州首府迈杜古里遭到极端组织“博科圣地”袭击，造成至少15人死亡、数十人受伤。“博科圣地”武装分子将车辆停靠在进入迈杜古里前的一个军事检查站附近。随后，这群武装分子对周围两个社区展开袭击，并与军方发生交火。

4月2日，澳大利警方在该国昆士兰州一家商场停车场的汽车中解除自制爆炸装置。

4月2日，南非林波波省的德里耶科普村附近发生一起大巴疑似遭人用汽油炸弹纵火事件，车上的6名矿工被烧死，另外有28人被烧伤。

4月2日，索马里布拉布尔特，4名儿童和他们的父母遭到“青年党”炸弹爆炸袭击身亡。

4月2日，巴基斯坦奎达，一个基督教家庭在复活节时遭到针对性袭击，4人中枪身亡。凶手声称“所有的赞美归功于安拉”，袭击还造成1人受伤。

4月2日，喀麦隆萨格梅，伊斯兰极端分子发动伏击，导致5名当地部队成员死亡，3人受伤。

4月4日，阿富汗卡斯乌鲁兹甘，一个为伊斯兰国家而战的组织袭击了一处安全营并谋杀了2名成员，还造成5人受伤。

4月4日，泰国那拉提瓦，伊斯兰“叛乱分子”枪杀一名休班警察，事发地点在这名警察家中。

4月5日，尼日利亚阿索，两名年轻的天主教徒被伊斯兰极端分子枪杀。

4月5日，马里阿盖洛克，伊斯兰极端分子向联合国维和部队基地发射迫击炮，造成2人死亡、10人受伤。

4月5日，叙利亚拉卡，“伊斯兰国”利用简易炸弹制造一起爆炸袭击，导致一名平民死亡、2人受伤。

4月6日，阿富汗巴尔加利，塔利班发动袭击，造成2人死亡，3人受伤。

4月6日，索马里摩加迪沙，发生两起自杀式汽车炸弹袭击，导致3人死亡、3人受伤。

4月6日，叙利亚大马士革，在周五祈祷期间，恐怖分子对一座对手派清真寺发动了爆炸袭击，造成1人死亡，6人受伤。

4月7日，叙利亚巴卜，一处清真寺外遭到伊斯兰极端分子的汽车炸弹袭击，导致8人死亡、20人受伤。

4月8日，尼日利亚军方宣布，在尼东北部博尔诺州开展的营救行动中解救出149名被极端组织“博科圣地”劫持的人质，并击毙5名该组织武装分子。

4月8日，柏林警方挫败一起持刀袭击图谋。警方在行动中共逮捕4人，其中1人计划在当天进行的柏林半程马拉松比赛中发动袭击。这4人与2016年柏林圣诞市场袭击案嫌疑人阿尼斯·阿姆里存在私人关系。当年事件共造成12人丧生和数十人受伤。

4月8日，阿富汗萨艾普勒，6名警察遭到“伊斯兰国”杀害，3人受伤。

4月9日，伊拉克西部安巴尔省安全人士说，该省哈迪塞市当天凌晨发生一起自杀式袭击事件，造成至少2名安全人员丧生，另有7人受伤。

4月9日，阿富汗什恩达德，和平宗教倡导者在市场上引爆炸弹，造成包括儿童在内的8人死亡、17人受伤。

4月11日，阿富汗哈瓦加奥马里，塔利班袭击了一个政府大院并杀死15名阿富汗人，8人受伤。

4月11日，尼日利亚简德克尤拉地区，至少有50名村民遭到米耶蒂安拉武装分子杀害，袭击还造成26人受伤。

4月12日，阿富汗东部加兹尼省官员证实，凌晨3时左右，一伙塔利班武装分子佯攻哈贾奥马里行政区警察局，在吸引了大部分安保力量后，另一伙武装分子乘机冲入区政府机关发动袭击，区长阿里·沙姆斯·多斯特等共12人死亡。

4月12日，布基纳法索纳所布，一名学生被伊斯兰教徒谋杀，这名袭击者高喊赞美安拉，袭击还造成1人受伤。

4月12日，索马里巴拉维，伊斯兰教徒在一处足球场引爆炸弹，造成5名球迷死亡、13人受伤。

4月12日，叙利亚阿扎兹，7名平民遭到伊斯兰极端分子自杀式炸弹袭击身亡，15人受伤。

4月13日，阿富汗西部赫拉特省信丹德地区一个检查站遭塔利班武装人员袭击，造成至少11名安全人员身亡。

4月13日，也门贝达，安萨尔安拉组织用一枚导弹瞄准一群记者，导致1名记者死亡、3人受伤。

4月14日，阿富汗北部巴格兰省一处供电设施遭塔利班武装袭击，造成首都喀布尔大面积停电。

4月14日，埃及西奈，“伊斯兰国”发动大规模自杀式袭击，至少有8名警察死亡，15人受伤。

4月15日，巴基斯坦奎达，伊斯兰激进分子向离开教堂的信徒开火，造成2人死亡、5人受伤。

4月15日，马里廷巴克图，乔装成联合国维和人员的伊斯兰极端分子使用机枪朝过往的巴士开火射击，造成5人受伤。

4月15日，巴基斯坦古勒姆，和平宗教战士枪杀了2名部落人员，还造成5人受伤。

4月15日，阿富汗贾拉拉巴德，塔利班武装分子砍死了一所世俗大学的3名警卫。

4月16日，叙利亚拉卡，4名平民遭到萨拉菲斯特组织制造的炸弹袭击身亡。

4月16日，伊拉克摩苏尔，伊斯兰极端分子在一个人群拥挤的市场上引爆2枚炸弹，造成5人死亡、11人受伤。

4月17日，意大利撒丁岛萨萨里省埃斯波尔拉图市发生一起炸弹袭击事件。当地的一名副市长位于乡间住宅，被不明身份的人放置炸弹并引爆。爆炸导致部分房屋倒塌，未造成人员伤亡。

4月17日，伊朗米尔加维，逊尼派武装"正义军"涉嫌袭击一处警察哨所，造成3人死亡。

4月17日，叙利亚杜马，一名自杀式汽车炸弹袭击者在对手清真寺外引爆炸弹，导致1名路人死亡、2人受伤。

4月18日，尼日利亚安格万罗戈，米耶第安拉组织将4名建筑工人残忍砍死。

4月18日，利比亚班加西，伊斯兰激进分子制造汽车炸弹袭击，导致1死2伤。

4月18日，阿富汗坎大哈，塔利班制造爆炸袭击导致5人死亡。

4月18日，索马里巴尔卡得，"青年党"成员引爆路边炸弹，导致4人死亡。

4月19日，阿富汗普勒阿拉姆，塔利班发动突然袭击，导致一名妇女死亡。

4月19日，苏丹贾姆拉，伊斯兰极端分子向平民开火，造成4人死亡，6人受伤。

4月20日，阿富汗帕恩，塔利班制造简易炸弹袭击，导致5人平民丧生、14人受伤。

4月21日，阿富汗警方在首都喀布尔市区挫败一起炸弹袭击图谋。警方在喀布尔市区第五警区发现一辆安置了磁性炸弹的汽车，并在袭击者引爆之前控制了这辆汽车和爆炸装置。

4 月 21 日，阿富汗萨艾普勒，宗教激进分子袭击了一处警察检查站并杀死 6 名成员，2 人受伤。

4 月 21 日，也门塔伊兹，一名安萨尔安拉狙击手涉嫌杀害红十字会的一名人道主义工作人员。

4 月 22 日，阿富汗首都喀布尔一个选民登记站附近的发生爆炸事件，成至少 31 人身亡、54 人受伤。极端组织“伊斯兰国”宣称制造了这起袭击事件。

4 月 22 日，巴基斯坦奎达，2 名哈扎拉少数派人士遭到强硬派人员针对性袭击身亡，袭击还造成 1 人受伤。

4 月 22 日，尼日利亚巴马，两名自杀式袭击者在祈祷期间袭击了一座竞争对手的清真寺，导致两名朝拜者身亡，10 人受伤。

4 月 22 日，尼日利亚乌姆比，伊斯兰极端分子制造了一起简易炸弹爆炸袭击，导致 3 名平民死亡、11 人受伤。

4 月 22 日，尼日利亚甘博鲁，“博科圣地”杀害了 18 名收集木材的森林工人。

4 月 23 日，阿富汗贾格哈图，4 名当地警察遭到塔利班伏击身亡，7 人受伤。

4 月 24 日，尼东南部贝努埃州首府马库尔迪一所教堂遭到一群持枪牧民的袭击，造成至少 16 人死亡。

4 月 24 日，3 名自杀式袭击者在巴基斯坦西南部俾路支省首府奎达对警方及安全人员发动袭击，造成至少 5 名警察遇难、7 人受伤。

4 月 24 日，尼日利亚姆巴隆，伊斯兰极端分子向天主教信徒开火，造成包括两名祭司在内的 19 人死亡，24 人受伤。

4 月 24 日，巴基斯坦奎达，三名自杀式炸弹手引爆炸弹，导致 8 人死亡，23 人受伤。

4 月 24 日，叙利亚大马士革，恐怖分子向一个拥挤的市场发动火箭弹袭击，造成 5 人死亡、22 人受伤。

4 月 25 日，阿富汗奎尔拉克，塔利班原教旨主义者袭击了一个警察检查站，导致 14 名警察身亡、4 人受伤。

4 月 26 日，索马里巴拉维，“青年党”发动爆炸袭击，导致 3 人死亡、3 人受伤。

4 月 26 日，尼日利亚姆巴蒙多，伊斯兰极端分子朝一处教堂和学校开火，造成 7 名村民死亡。

4 月 27 日，巴基斯坦赛德盖，一处婚礼上发生一起简易炸弹爆炸事件，导致 30 人受伤。

4 月 27 日，马里安德拉博卡尼，伊斯兰极端分子砍死了 31 名平民。

4 月 28 日，阿富汗纳德阿里，发生一起自杀式汽车炸弹袭击，导致包括 1 名女性在内的多人死亡，5 人受伤。

4 月 28 日，尼日利亚色阿加卜，米耶第安拉组织袭击了一个村庄，导致 20 人受伤。

4 月 28 日，索马里加尔卡尤，自杀式袭击者在一处餐厅引爆炸弹，导致 7 人死亡、8 人受伤。

4 月 28 日，沙特阿拉伯吉赞，安萨尔安拉组织朝一处石油设施发射导弹，导致 1 名工人死亡。

4 月 29 日，阿富汗楠格哈尔，一名妇女和两名儿童遭到塔利班迫击炮袭击身亡。

4 月 30 日，阿富汗公共卫生部说，首都喀布尔市区当天上午连续遭遇两起爆炸袭击，造成至少 21 人死亡、27 人受伤。

4 月 30 日，阿富汗霍斯特，BBC 的一名记者被宗教激进分子枪杀。

4 月 30 日，阿富汗坎大哈，一所宗教学校发生一起自杀炸弹袭击，袭击导致 11 名儿童死亡、16 人受伤。

5 月

5 月 1 日，中非共和国班吉，穆斯林民兵向一处教堂投掷手榴弹，造成包括 1 名牧师在内的 16 人死亡、96 人受伤。

5 月 1 日，伊拉克塔尔米耶，8 名平民遭到恐怖分子枪手射杀身亡，袭击还造成 3 人受伤。

5 月 1 日，尼日利亚姆比，一名青少年在一处清真寺附近发动了自杀式爆炸袭击，导致寺内 12 名信徒死亡、58 人受伤。

5 月 1 日，阿富汗查温尼，2 名平民遭到路边炸弹袭击身亡，另有 1 人受伤。

5月2日，位于首都的黎波里的利比亚最高选举委员会驻地遭到自杀式袭击，造成11人死亡。

5月2日，利比亚特里波里，2名自杀式袭击者袭击了选举总部，导致12人死亡、20人受伤。

5月2日，叙利亚哈塞克，“伊斯兰国”引爆一枚地雷，爆炸导致3名儿童死亡、7人受伤。

5月2日，尼日利亚阿达马瓦，米耶蒂安拉组织向4个村庄开火，造成至少15人死亡。

5月3日，肯尼亚曼德拉，和平宗教活动分子用砍刀砍死4名采石工，受害者均为基督教徒。

5月3日，叙利亚达纳，伊斯兰极端分子制造一起汽车爆炸袭击，导致包括两名援助工人在内的4人死亡、13人受伤。

5月3日，巴基斯坦阿塔克，一辆巴士遭到自杀式炸弹袭击，导致至少2人死亡、13人受伤。

5月4日，俄罗斯联邦安全局发布消息称，成功抓获5名“伊斯兰国”分支组织成员。

5月4日，伊拉克阿布赛达，伊斯兰极端分子制造一起爆炸袭击，导致3名平民死亡、5人受伤。

5月4日，尼日利亚梅纳里舒瓦，一名自杀式炸弹袭击者冲入一户家庭并发动爆炸袭击，导致3人死亡、9人受伤。

5月5日，喀麦隆马班达，一处清真寺遭到2名自杀式爆炸袭击者发动袭击，导致寺内12人死亡、14人受伤。

5月6日，尼日利亚中北部卡杜纳州一村庄遭武装分子袭击，造成至少45人死亡。

5月6日，阿富汗东部霍斯特省首府霍斯特市发生炸弹袭击事件，造成至少12人死亡、23人受伤。

5月6日，索马里南部城镇多布利附近发生一起路边炸弹袭击事件，造成至少8名肯尼亚士兵死亡，另有两人受伤。索马里“青年党”已宣称制造了这起袭击事件。

5月6日，肯尼亚东卜雷，“青年党”制造一起爆炸袭击，导致15人死亡。

5月6日，阿富汗霍斯特，一处清真寺遭到自杀式炸弹袭击，导致17人死亡、37人受伤。

5月7日，阿富汗萨菲岛，塔利班制造一起地雷爆炸袭击，导致2名平民死亡、2人受伤。

5月7日，利比亚苏尔特，伊斯兰极端分子向平民开火，造成2人死亡。

5月8日，利比亚北部城市苏尔特附近一个军事检查站遭自杀式汽车炸弹袭击，导致2名士兵丧生、3名士兵受伤。

5月8日，伊拉克梅尔，伊斯兰极端分子在一处油田附近制造一起爆炸袭击，导致3名平民死亡、3人受伤。

5月8日，阿富汗坎大哈，宗教激进分子对警察巡逻队发动袭击，造成4人死亡。

5月9日，阿富汗首都喀布尔当天发生的多起袭击造成至少4人死亡、十多人受伤。“伊斯兰国”宣称制造了该起袭击事件。

5月9日，叙利亚首都大马士革两地遭炮弹袭击，共造成4人死亡、24人受伤。叙利亚国家电视台报道说，位于大马士革市中心迈尔季区一座名为“大马士革塔”的商务大楼当天中午被炮弹击中，造成多人死伤。另有一枚炮弹落入大马士革城北的迈萨特广场，一辆汽车被击中后发生爆炸，造成至少2人死亡、10多人受伤。

5月9日，索马里首都摩加迪沙南部城镇的一个人员密集的市场，遭遇一起自杀性炸弹袭击，袭击造成至少10人死亡。

5月9日，阿富汗巴德吉斯，塔利班袭击了一处选民登记中心并杀死8名警卫，另有6人受伤。

5月9日，索马里万拉维，一处市场发生一起自杀式炸弹袭击，导致10人死亡、10人受伤。

5月10日，南非夸祖鲁—纳塔尔省一座清真寺遭到身份不明的武装人员袭击，致使1人死亡、2人受伤。

5月10日，索马里南部下谢贝利州官员称，该州当天发生一起路边炸弹袭击事件，造成至少7名政府军士兵死亡。

5月11日，索马里瓦达吉尔，青年党入侵一户人家，枪杀了4人，2人受伤。

5 月 11 日，巴基斯坦班努，伊斯兰极端分子在一个拥挤的义卖市场上发动袭击，造成 1 人死亡，13 人受伤。

5 月 12 日，伊拉克安全人员说，伊中部萨拉赫丁省和东部迪亚拉省当天发生多起针对议会选举的袭击，造成 4 名安全人员死亡，另有 5 人受伤。

5 月 12 日，伊拉克基尔库克，“伊斯兰国”成员在一辆车上安置了炸弹，爆炸导致 3 人死亡。

5 月 12 日，法国巴黎，一名男子在一个歌剧院外拿刀捅刺路人，同时大声赞美安拉，造成 1 名路人死亡，4 人受伤。

5 月 12 日，叙利亚拉卡，发生一起伊斯兰国的汽车炸弹袭击，导致 2 人死亡，5 人受伤。

5 月 13 日，尼泊尔加德满都博卡拉机场发现一个简易爆炸装置。

5 月 13 日，印尼第二大城市泗水 3 座教堂发生炸弹连环爆炸袭击，造成至少 10 人死亡、41 人受伤。

5 月 13 日，阿富汗贾拉拉巴德，税务局遭到自杀式爆炸袭击，袭击造成 10 名平民身亡，42 人受伤。

5 月 14 日，阿富汗法拉城，塔利班发动大规模袭击，自杀式炸弹袭击造成至少有 30 人死亡。

5 月 14 日，尼日利亚摩帕穆罗，10 名村民被米耶蒂安拉组织屠杀。

5 月 14 日，伊拉克迪布斯，发生一起路边炸弹袭击，导致 3 人死亡。

5 月 15 日，尼日利亚孔杜加，敢死队制造一起自杀式爆炸袭击，导致袭击者和 4 名平民死亡，5 人受伤。

5 月 16 日，印度尼西亚廖内省警察总部遭到袭击。警方击毙 4 名袭击者，另有 1 人被捕。这起事件还造成 1 名警察死亡、2 人受伤。

5 月 16 日，伊拉克塔吉，袭击者在一处葬礼上发动了自杀式爆炸袭击，导致 8 名哀悼者死亡、31 人受伤。

5 月 16 日，叙利亚吉斯尔菲克特里亚，“伊斯兰国”朝一个购物区发动火箭弹袭击，导致 2 名居民死亡、19 人受伤。

5 月 16 日，印度尼西亚北干巴鲁，3 名伊斯兰极端分子持剑闯入一处警察局，杀死 1 名警察，3 人受伤。

5 月 17 日，毛里塔尼亚军方表示，联合国一个车队在中非遭遇“反巴拉卡武装力量”的袭击，导致一名毛里塔尼亚维和部队成员死亡，8 名队员受伤，另有40名武装分子被击毙。

5月17日，尼日利亚迪克瓦，一处清真寺遭到对手派发动的自杀式爆炸袭击，造成寺内4人死亡、15人受伤。

5月17日，印度博纳莫哈拉，伊斯兰“分离主义者”在一个果园里折磨并杀死一名23岁的男子。

5月17日，巴基斯坦卡车里察克，自杀式爆炸袭击造成1人死亡，11人受伤。

5月18日，法国内政部长杰拉尔·科隆在巴黎宣布，法国情报部门近期挫败一起可能使用蓖麻毒素的恐怖袭击图谋，两名埃及裔涉案嫌疑人被捕。

5月18日，尼日尔西部蒂拉贝里省一个村庄当天傍晚遭到一伙不明身份的武装分子袭击，造成至少17名平民死亡。

5月18日，阿富汗贾拉拉巴德，“圣战”组织在一个板球场事先安置了炸弹，爆炸造成8名观众死亡、55人受伤。

5月19日，俄罗斯车臣共和国首都格罗兹尼一处教堂遭武装分子袭击，造成多人死伤。

5月19日，索马里瓦达吉尔，“青年党”武装分子在当地安全人员的汽车上安置了一枚炸弹，爆炸造成一名安全人员死亡。

5月20日，泰国南部边境多地发生爆炸袭击事件，至少造成2人受伤。不法分子分别在13处地点放置爆炸物，且爆炸地点大都是市区的银行自动存取款机。

5月21日，澳大利亚悉尼雷登豪斯学校邦迪校区，因受到炸弹威胁，对校内人员进行紧急疏散。

5月21日，阿富汗迪亚克，塔利班发动了两次袭击，造成14名当地警察死亡，12人受伤。

5月21日，阿尔及利亚奎得色巴，极端主义分子在一处清真寺内谋杀了2名和平宗教对手派人士。

5月22日，阿富汗官员表示，塔利班在阿富汗东部加兹尼省发动了一系列袭击事件，导致至少14名警察死亡，包括一名地区警察局长以及一名后备部队指挥官。塔利班发言人穆贾希德宣称对袭击事件负责。

5月22日，利比亚艾季达比耶，一处检查站遭到自杀式爆炸袭击，导致3名守卫人员死亡、2人受伤。

5 月 22 日，也门马里卜，5 名平民在安萨尔安拉组织发动的迫击炮袭击中身亡，20 人受伤。

5 月 22 日，阿富汗坎大哈，一处公交车站附近发生一起大型的汽车炸弹袭击，造成 21 人死亡、41 人受伤。

5 月 23 日，印度阿纳恩特纳格，伊斯兰极端分子发动了手榴弹袭击，导致包括儿童在内的多人遇难，10 人受伤。

5 月 23 日，伊拉克巴格达，逊尼派忠实分子在什叶派区域的一个公园里穿着自杀背心引爆自己，造成 7 人死亡、16 人受伤。

5 月 24 日，利比亚东部班加西市中心发生了一起汽车炸弹袭击，造成至少 7 人死亡，约 20 人受伤。

5 月 24 日，巴基斯坦卡拉特，羌城军涉嫌引爆地雷，造成 1 名男子死亡、1 人受伤。

5 月 24 日，阿富汗迈丹瓦尔达克，逊尼派制造爆炸袭击，导致 4 名平民死亡，2 人受伤。

5 月 25 日，印尼国会全体会议通过了《反恐法》修正案，此举被视为“为警方预防恐怖主义行为而采取强有力行动”提供了法律依据。

5 月 25 日，伊拉克加里卜，两个村庄遭到自杀式爆炸袭击，导致 2 名守卫身亡。

5 月 26 日，马里塔拉塔耶，“圣战”组织屠杀了 20 名平民。

5 月 26 日，伊拉克穆塔比耶，“伊斯兰国”制造爆炸袭击，导致 4 人死亡。

5 月 27 日，印度卡拉婆拉，伊斯兰武装分子朝一处军营开火时，导致 2 人死亡，其中 1 人是平民。

5 月 27 日，阿富汗纳德阿里，自杀式爆炸袭击导致 8 人死亡，12 人受伤。

5 月 27 日，莫桑比克帕尔马，伊斯兰极端分子将 10 名村民斩首，遇难者中包括儿童。

5 月 28 日，尼日利亚玛莎玛里，一处清真寺附近发生一起自杀式爆炸袭击，导致袭击者和另外 5 人死亡，7 人受伤。

5 月 29 日，比利时东部城市列日发生枪击案，一名枪手向学校外的一名平民和两名女警察射杀，同时高声赞美安拉，造成至少 3 人死亡，数人受伤，涉案枪手被警方击毙。比利时当局将事件定性为“恐怖袭击”。

5月29日，伊拉克巴古拜，“圣战”组织在女子学校附近引爆了一枚炸弹，造成1名路人死亡、7人受伤。

5月30日，阿富汗喀布尔，一处政府大楼遭到自杀式爆炸袭击，导致1人死亡、5人受伤。

5月31日，涉嫌鼓动伊斯兰武装分子攻击英国王室四岁乔治王子的男子，当日在伦敦的法庭承认犯下恐怖主义罪行。

6月

6月1日，伊拉克萨拉赫丁，3名平民遭炸弹袭击身亡。

6月1日，阿富汗查克哈布，一名当地的警察遭到塔利班的伏击身亡，另有1人受伤。

6月1日，也门法扎，萨尔安拉成员在一处小镇袭击了政府军，造成18人死亡、30人受伤。

6月2日，利比亚艾季达比耶，一名乘车的女子遭到“伊斯兰国”激进分子枪杀，5人受伤。

6月2日，尼日利亚康灵，一处葬礼疑似遭到米耶蒂安拉组织的袭击，造成出席葬礼的12名哀悼者死亡。

6月2日，阿富汗宾尼希萨尔，伊斯兰极端分子引爆一枚路边炸弹，导致一名考古学家身亡、3人受伤。

6月2日，索马里巴里卡达尔，“青年党”发动袭击，导致4人死亡、10人受伤。

6月3日，伊拉克迪布斯，伊斯兰极端分子制造了一起路边炸弹袭击，导致2名当地警察死亡、4人受伤。

6月4日，阿富汗首都喀布尔一个神职人员集会场所附近发生自杀式炸弹袭击，造成14名温和的神职人员身亡、17人受伤；阿富汗什茹拉奎拉，3名儿童遭到“伊斯兰国”极端分子埋设的地雷爆炸身亡。

6月4日，莫桑比克马科米亚，伊斯兰极端分子用砍刀砍死7名村民，4人受伤。

6月5日，尼日尔东南部靠近尼日利亚边境地区发生3起自杀式炸弹袭击事件，造成至少9人死亡。

6 月 5 日，索马里艾尔卡格露，“青年党”发动火箭弹袭击，导致 2 名立法者和 10 名保镖死亡；索马里巴拉德，“青年党”发动伏击导致 5 人死亡，3 人受伤。

6 月 5 日，巴基斯坦马斯吞，“伊斯兰国”对一处检查站发动自杀式爆炸袭击，导致 3 名警察死亡、2 人受伤。

6 月 5 日，阿富汗巴格兰，2 名平民遭到自杀式炸弹袭击身亡，1 人受伤。

6 月 6 日，阿富汗东北部巴格兰省首府普勒胡姆里选民登记中心发生爆炸，造成至少 2 人死亡，另有 2 人受伤。

6 月 6 日，伊拉克巴格达，一处什叶派清真寺遭到两起爆炸袭击，导致寺内 18 名信徒身亡、90 人受伤。

6 月 6 日，尼日利亚谢山，米耶蒂安拉组织在半夜时袭击了一个村庄，谋杀了 9 名熟睡的居民，另有 5 人受伤。

6 月 6 日，肯尼亚哈勒尔，伊斯兰极端分子引爆了一枚地雷，导致 5 名肯尼亚边界安全人员死亡、3 人受伤。

6 月 7 日，马里戈斯，“基地”组织发动枪击袭击，导致 1 人死亡。

6 月 7 日，阿富汗霍斯特，正在清真寺内做祷告的 4 名信徒遭到和平宗教对手派枪杀，3 人受伤。

6 月 8 日，叙利亚阿布卡马尔，“伊斯兰国”发动一系列自杀式炸弹袭击，导致 30 人死亡。

6 月 8 日，喀麦隆曼戈乌弗亚，一处村庄遭到伊斯兰极端分子袭击，6 人死亡。

6 月 8 日，阿富汗梅塔拉姆，一名宗教学者和另外 4 人在离开清真寺的时候遭到对手派的炸弹袭击身亡，12 人受伤。

6 月 8 日，伊拉克基尔库克，一处购物区遭到穆贾希德炸弹袭击，导致一名妇女受伤身亡，14 人受伤。

6 月 9 日，阿富汗奎拉扎尔，塔利班袭击了 3 处检查站，杀死了 24 名警察。

6 月 9 日，沙特阿拉伯贾赞，3 名平民遭到安萨尔安拉组织发动的火箭弹袭击身亡。

6 月 9 日，伊拉克哈利斯，恐怖分子在一个蔬菜市场发动爆炸袭击，导致1名路人死亡，23人受伤。

6月9日，马里博尼，“基地”组织发动袭击导致3人死亡。

6月9日，索马里基斯马尤，一起自杀式汽车炸弹袭击导致7人丧生、7人受伤。

6月10日，叙利亚台尔里法特，恐怖分子制造简易炸弹袭击，导致4名平民死亡、4人受伤。

6月10日，尼日利亚姆比，“博科圣地”制造爆炸袭击，导致1名男孩身亡、2人受伤。

6月10日，叙利亚戴尔泽尔，一处检查站遭到一起自杀式摩托车爆炸袭击，导致3人死亡、7人受伤。

6月11日，利比亚德尔纳，自杀式爆炸袭击导致2人死亡，3人受伤。

6月11日，叙利亚拉卡，“伊斯兰国”制造爆炸袭击导致3名平民死亡。

6月11日，阿富汗萨尔普尔，逊尼派发动一连串的袭击，导致16名安全人员死亡、42人受伤；阿富汗喀布尔，农村发展办公室外发生一起敢死队自杀式爆炸袭击，导致17名工人死亡、13人受伤；阿富汗加兹尼，塔利班发动爆炸袭击，导致6名妇女和儿童身亡、3人受伤。

6月11日，莫桑比克查恩伽，4名村民被伊斯兰极端分子砍死。

6月12日，印度普尔瓦马，一处法院遭到伊斯兰极端分子袭击，导致2人死亡、1人受伤。

6月12日，尼日利亚安特萨，米耶蒂安拉组织对一处农业社区进行袭击，导致一家四口人全部身亡，21人受伤。

6月12日，阿富汗谢赫沃尔，一处安全员的哨所遭到塔利班的袭击，导致18名安全人员丧生。

6月12日，索马里提德，青年党对一处政府基地发动袭击，导致4人死亡。

6月12日，阿富汗加兹尼，伊斯兰极端分子发动自杀式汽车炸弹袭击，导致5人死亡、26人受伤。

6月13日，阿富汗贾拉拉巴德，一处市场遭到自杀式爆炸袭击，导致1人死亡、7人受伤。

6月13日，叙利亚巴卜，一处市场发生一起自杀式汽车爆炸袭击，造成9人受伤。

6 月 14 日，南非开普敦一座清真寺清晨发生袭击事件。一名 30 岁左右男子当天在清真寺内持刀袭击人群，致 2 人身亡。袭击者被随后赶到的警察当场击毙。

6 月 14 日，也门阿比扬，一处检查站遭到自杀式汽车炸弹袭击，导致 3 人死亡、7 人受伤。

6 月 14 日，印度斯利那加，一名主张和平的报纸编辑和两名警卫均被虔诚军枪杀。

6 月 15 日，也门塔伊兹，恐怖分子谋杀了一名红十字会人道主义工作者。

6 月 16 日下午，许多人在贾拉拉巴德郊区举行集会，欢庆阿政府和塔利班同意在开斋节期间停火。其间，一辆装有爆炸物的汽车发生爆炸，造成包括塔利班成员、阿富汗安全人员在内的 25 人死亡、54 人受伤。极端组织“伊斯兰国”称是他们制造了这起袭击。

6 月 16 日，委内瑞拉内政部长雷韦罗尔说，首都加拉加斯一家夜总会发生催泪弹爆炸事件，造成至少 17 人死亡。

6 月 16 日，尼日利亚东北部博尔诺州丹博阿镇接连遭遇两次袭击，一次是自杀式爆炸袭击，一次是手榴弹袭击，总共造成至少 34 人死亡、18 人受伤。当晚是俄罗斯世界杯尼日利亚队的首战，当地民众看完直播比赛后回家途中遭袭。

6 月 16 日，阿富汗贾拉拉巴德，一个开斋庆典上发生一起自杀式炸弹袭击，导致 36 人死亡、65 人受伤。

6 月 17 日，阿富汗东部楠格哈尔省长办公室附近遭炸弹袭击，造成至少 15 人死亡、45 人受伤。当天当地政府官员在办公室与塔利班武装人员举行了会谈。当会议结束许多人走出办公室时，一名恐怖分子在大门外引爆了爆炸物。

6 月 17 日，印度克拉姆，伊斯兰武装分子闯入一户人家家中，枪杀一名居民。

6 月 17 日，肯尼亚瓦吉尔，“青年党”对一辆载有边防士兵的车辆发动袭击，导致 8 人死亡。

6 月 18 日，阿富汗琼姆，17 名阿富汗安全人员遭到塔利班袭击丧生。

6 月 19 日，塔利班武装在阿富汗西部两个省袭击多个安全检查站，造成至少45名安全人员死亡。

6月19日，尼日利亚加吉拉姆，9名当地安全人员遭到“博科圣地”组织的伏击和杀害，2人受伤。

6月19日，中非共和国里皮，伊斯兰极端分子向一处天主教教堂开火，导致1名信徒身亡、3人受伤。

6月20日，印度坎迪扎尔，伊斯兰极端分子向一辆过往的车辆投掷手榴弹，导致一人死亡，2人受伤。

6月21日，叙利亚伊德利卜，伊斯兰极端分子制造了两起汽车炸弹袭击，导致5名平民死亡、35人受伤。

6月21日，阿富汗加兹尼，塔利班发动袭击，导致6名警察身亡、4人受伤。

6月22日，印尼恐怖组织“神权游击队”创始人及精神领袖阿曼·阿卜杜勒·拉赫曼以涉嫌煽动和策划多起恐怖袭击罪名，被印尼首都雅加达南区法院判处死刑。

6月22日，阿富汗斯宾博尔达克，塔利班绑架了12名道路施工人员，并杀死了4名救援人员，43人受伤；阿富汗尼姆鲁兹，塔利班闯入一处选民登记中心发动袭击，导致7人死亡。

6月22日，尼日利亚多瓦延，米耶蒂安拉组织袭击了一个小村庄，烧毁了房屋，导致18人死亡、5人受伤。

6月23日，津巴布韦总统姆南加古瓦在第二大城市布拉瓦约进行竞选集会时，现场突然发生爆炸，造成包括副总统肯博·莫哈迪在内的多名官员和民众受伤。

6月23日，尼日利亚警方证实，尼中部高原州11个村庄当晚遭到不明身份武装分子的袭击，造成至少200人死亡。

6月23日，埃塞俄比亚总理阿比·艾哈迈德·阿里在首都亚的斯亚贝巴市中心默斯凯尔广场演讲时遭遇手榴弹袭击，现场1人死亡、上百人受伤，阿比本人无碍。

6月23日，尼日利亚屯古社，午夜时分发生一起自杀式爆炸袭击，导致5名村民死亡、6人受伤。

6月23日，莫桑比克马甘加，一个伊斯兰组织放火烧了100多所房屋，并杀死了5个村民，还造成5人受伤。

6月24日，阿富汗奎拉瑙，塔利班屠杀了选民登记中心的10名警卫。

6月25日，索马里巴拉德，“青年党”制造一起爆炸袭击，导致2名安全人员死亡。

6月26日，喀麦隆欧尔福，宗教极端分子杀死3名男子并绑架一名女子，1人受伤。

6月26日，巴基斯坦德拉伊斯梅尔汗，伊斯兰极端分子向两名警察开枪射击，造成1人死亡、1人受伤。

6月27日，叙利亚北部阿勒颇省阿夫林市发生两起汽车炸弹袭击，造成多名武装人员和平民死亡。两起爆炸分别发生在阿夫林市中心一处环岛附近以及武装组织“沙姆阵线”总部旁。

6月27日，索马里万拉维恩，青年党制造一起爆炸袭击事件，导致3名当地士兵身亡、7人受伤；索马里摩加迪沙，市场上的一名警卫被伊斯兰教徒枪杀。

6月28日，美国马里兰州首府安纳波利斯市《首府新闻报》编辑部遭遇枪击，导致5人遇难。

6月28日，法国著名建材企业拉法基集团因涉嫌资助极端组织“伊斯兰国”而被立案审查。

6月28日，阿富汗洛加尔，出席和平会议的13名老人被“伊斯兰国”极端分子杀害，4人受伤。

6月29日，尼日利亚高原，米耶蒂安拉组织的狂热分子杀害了98人。

6月29日，索马里摩加迪沙，伊斯兰极端分子谋杀了3人，其中1人是学生。

6月30日，叙利亚马拉特阿尔努曼，逊尼派制造一起简易炸弹袭击，导致1名平民死亡、1人受伤。

6月30日，阿富汗楠格哈尔省，“伊斯兰国”成员烧毁了一所学校，并将校内3名工作人员斩首。

7月

7月1日，伊拉克北部基尔库克市一处存放国民议会选举选票的仓库遭自杀式汽车炸弹袭击，造成1名平民死亡、20人受伤。

7月1日，阿富汗东部楠格哈尔省首府贾拉拉巴德市发生自杀性袭击，造成至少 19 人死亡，另有多人受伤。

7 月 1 日，马里北部发生了一起针对法军巡逻部队的恐怖袭击，造成至少 4 名平民死亡，多人受伤。此次爆炸发生在法军和马里军队联合巡逻期间，3 辆法军装甲车遭到汽车炸弹袭击，随后遭到埋伏的武装人员攻击。

7 月 1 日，阿富汗贾拉拉巴德，发生一起针对锡克教徒和印度教少数民族的炸弹袭击事件，造成 19 人死亡、20 人受伤。

7 月 1 日，索马里摩加迪沙，“青年党”朝一处居民区发动迫击炮袭击，造成 5 人死亡。

7 月 1 日，尼日利亚萨本安格瓦，伊斯兰极端分子杀死了 6 名村民并烧毁他们的教堂；尼日尔布拉布林，“博科圣地”制造一起袭击，导致 10 名边防警卫死亡、7 人受伤。

7 月 2 日，比利时检察官称，该国警方 6 月 30 日逮捕了一对伊朗裔比利时夫妇，他们涉嫌密谋当天在巴黎近郊维勒班实施炸弹袭击。同一天，另外 3 名嫌疑人分别在法国、德国、奥地利被捕。

7 月 2 日，尼日尔国防部召开新闻发布会证实，驻扎在尼东南部迪法省的两处军事据点 6 月 30 日夜间遭极端组织“博科圣地”武装分子袭击，共造成至少 10 名政府军士兵死亡、4 名士兵失踪、3 名士兵受伤。

7 月 2 日，巴基斯坦博雅，伊斯兰极端分子发动袭击导致 2 人死亡、2 人受伤。

7 月 3 日，美国马里兰州《首都公报》报社编辑室发生枪击案，造成 5 人死亡。

7 月 3 日，阿富汗普勒阿拉姆，一名妇女和一名儿童遭到伊斯兰极端分子炸弹袭击身亡，另有 3 人受伤。

7 月 3 日，索马里霍丹，一名平民遭到“青年党”的炸弹袭击身亡，袭击还造成 7 人受伤。

7 月 3 日，阿富汗巴哈拉克，塔利班发动袭击，造成 2 人死亡、7 人受伤；阿富汗安达尔，“伊斯兰酋长国”组织制造了一起炸弹袭击，导致 4 人身亡。

7 月 3 日，索马里桑古尼，一个伊斯兰极端组织发动炮弹袭击，导致 3 人死亡、2 人受伤。

7 月 4 日，伊拉克巴格达，伊斯兰极端分子引爆一枚炸弹，导致 1 名路人死亡、11 人受伤。

7 月 4 日，阿富汗布尔卡，伊斯兰武装分子闯入一处选民登记工作人员的庇护所，杀死 2 人，另有 2 人受伤。

7 月 5 日，阿富汗德亚克，两名警察遭到“伊斯兰国”激进分子的伏击和杀害。

7 月 5 日，阿富汗加尼凯尔，“伊斯兰酋长国”成员杀死了 2 名当地士兵，另外造成 5 人受伤。

7 月 5 日，叙利亚曼布吉，恐怖分子在一所学校附近引爆炸弹示威，炸死 1 名抗议者，另有 22 人受伤。

7 月 6 日，制造东京地铁沙林毒气袭击的日本奥姆真理教原教主麻原彰晃等被执行死刑。

7 月 6 日，阿富汗吉姆特尔，5 名安全人员在“伊斯兰酋长国”发动的袭击中丧生、11 人受伤。

7 月 6 日，印度肖皮安，一名当地警察被伊斯兰分离主义者绑架并被囚禁杀害。

7 月 6 日，莫桑比克奎特拉约，伊斯兰极端主义者屠杀了 5 名正前往水稻种植园的无辜人士，另有 1 人受伤。

7 月 6 日，叙利亚布萨惹，“圣战”组织制造一起汽车炸弹爆炸事件，造成 3 名儿童丧生、11 人受伤。

7 月 7 日，索马里曾发生一起袭击事件，造成 12 人死亡、17 人受伤。索马里“青年党”宣称制造了那起袭击。

7 月 7 日，叙利亚奎巴新地区，伊斯兰极端分子在一个市场引爆炸弹，导致 3 名顾客身亡、14 人受伤。

7 月 7 日，索马里摩加迪沙，伊斯兰极端分子袭击了一栋政府大楼，导致 9 名工作人员身亡、21 人受伤。

7 月 7 日，阿富汗乌鲁兹甘，伊斯兰极端主义者向士兵开火，造成 4 人死亡、2 人受伤；阿富汗塔利恩科特，一处检查站的 8 名当地人被“伊斯兰国”成员谋杀，6 人受伤。

7 月 8 日，突尼斯内政部证实，一伙恐怖分子袭击西北部坚杜拜省一处边境检查站，造成至少 6 名安全人员死亡。

7 月 8 日，沙特阿拉伯内政部发言人称，沙特一道路安全检查站遭恐怖分子袭击，造成6人死亡、1人受伤。

7月8日，阿富汗简恩格巴，“伊斯兰国”发动袭击致使3人死亡、2人受伤；阿富汗沙乔伊，5名安全人员遭到“伊斯兰国”的伏击和杀害，4人受伤。

7月9日，伊拉克巴格达，敢死队制造自杀式爆炸袭击，导致1人死亡。

7月9日，索马里摩加迪沙，宗教激进分子在城市街道上发起枪击，造成2名安全人员身亡；索马里达布卡，持有手枪的“青年党”枪击了一名部落长老。

7月9日，伊拉克白芨，3名什叶派教徒被逊尼派伊斯兰极端分子伏击并杀害，5人受伤。

7月10日，阿富汗东部楠格哈尔省首府贾拉拉巴德市，阿富汗安全部队的一辆汽车遭到自杀式炸弹袭击，造成至少10人死亡，其中大部分是平民。另外，该事件还造成至少4人受伤。

7月10日，巴基斯坦西北部城市白沙瓦发生自杀式炸弹袭击事件，造成包括巴基斯坦人民民族党领导人哈龙·比洛尔在内的22人死亡、62人受伤。

7月10日，尼日利亚阿达马瓦，米耶蒂安拉组织屠杀了大约50名村民。

7月10日，叙利亚扎伊尊，发生一起自杀式炸弹袭击，导致40人身亡。

7月10日，泰国那拉提瓦，一名士兵在回家的路上遭到伊斯兰极端分子枪杀。

7月10日，阿塞拜疆甘加，两名警察被一个激进的宗教团体刺死。

7月11日，阿富汗卡克萨菲德，路边炸弹爆炸导致5名平民死亡、4人受伤；阿富汗贾拉拉巴德教育局遭到伊斯兰极端分子发动自杀式袭击，导致12人死亡、10人受伤。

7月11日，尼日利亚塔拉巴，米耶蒂安拉组织屠杀了42人，其中大部分是妇女和儿童。

7月12日，阿富汗北部阿尔奇地区多个检查站遭到塔利班武装人员袭击，造成至少40名安全人员丧生。

7月12日，报道称自7月5日以来，法国正式实行“列车反恐警察”计划，在法国行驶的列车上部署国家宪兵队行动小组反恐精锐部队人员，这些军人身穿便衣，隐藏在乘客之中，一旦发生恐袭，将采取相应的干预行动。

7月12日，阿富汗达什特阿克，一群宗教激进分子袭击了当地军事基地，造成15人被杀、13人受伤。

7月13日，巴基斯坦西南部俾路支省默斯东地区俾路支人民党的一场政治集会上发生自杀式炸弹袭击，造成150人死亡、186人受伤，是该国自2014年白沙瓦校园袭击事件后所遭受的伤亡最惨重的恐怖袭击事件。“伊斯兰国”宣称对当天的袭击事件负责。

7月13日，印度阿恰巴尔，虔诚军成员暗杀了两名当地警察，另有1人受伤。

7月13日，阿富汗坎大哈，伊斯兰极端分子枪杀了3名安全人员。

7月13日，索马里拜多阿，一个为伊斯兰教法而战的团伙谋杀了3名警卫，另外造成4人受伤。

7月14日，索马里首都摩加迪沙发生两起爆炸，造成至少2人死亡。摩加迪沙警方表示，当天有自杀式袭击者驾驶一辆汽车冲向总统府附近的一个检查点，安全人员向汽车射击，汽车随即爆炸。几分钟之后，检查点附近的路口又发生另一起爆炸。一些安全人员认为，爆炸发生地附近一家索马里政府及商务人员经常出入的宾馆可能是此次袭击的目标。

7月14日，索马里摩加迪沙，“青年党”接连制造了两起自杀式爆炸袭击，导致5人死亡、20人受伤。

7月14日，阿富汗拉什卡尔加，发生一起自杀式炸弹袭击，导致1人死亡，11人受伤；阿富汗巴拉布卢克，11名当地安全人员遭到伊斯兰极端分子袭击身亡，另有4人受伤。

7月14日，尼日利亚吉利，“博科圣地”占领当地军事基地并屠杀了60多人，38人受伤。

7月15日，阿富汗首都喀布尔发生一起自杀式爆炸袭击事件，袭击者在阿富汗农村复兴与发展部办公楼外引爆身上爆炸装置，造成包括一名袭击者在内的至少8人死亡，另有15人受伤。

7月15日，联合国驻阿富汗援助团发布最新报告说，2018年1月至6月，阿富汗各类武装冲突和其他暴力事件共造成包括妇女儿童在内的5122名平民死伤，其中，死亡1692人，受伤3430人。

7月15日，联合国中东和平进程特别协调员尼古拉·姆拉德诺夫在加沙地带呼吁以色列和巴勒斯坦各派保持克制和停止暴力循环。

7月16日，阿富汗楠格哈尔省，逊尼派组织引爆地雷，导致2名平民丧生、6人受伤；阿富汗加尼凯尔，塔利班屠杀了7名警察。

7月17日，阿富汗北部萨尔普勒省官员说，该省赛义德地区一个葬礼现场当天遭极端组织“伊斯兰国”袭击，造成22人死亡，另有23人受伤；阿富汗查哈尔山巴，一处检查站的6名当地警察遭到“伊斯兰国”成员枪杀身亡。

7月17日，尼日利亚穆斯尼，6名商人遭到“博科圣地”组织谋杀，其中一名遇难者是女性。

7月18日，布基纳法索军方当日宣布，在近日于该国北部展开的一次反恐行动中，成功捣毁一个恐怖组织基地，并抓获了60名疑似恐怖分子。

7月18日，也门马里卜，一枚远程控制的炸弹爆炸，造成4人受伤，疑似是宗教极端分子所为。

7月18日，伊拉克基尔库克，伊斯兰极端分子在一处饭馆外引爆炸弹，导致1名路人身亡，29人受伤。

7月18日，阿富汗坎大哈，塔利班发动了两次袭击，共杀死了17名阿富汗人，10人受伤。

7月19日，阿富汗法拉，“伊斯兰国”成员枪杀了6名阿富汗人，5人受伤；阿富汗沙科，伊斯兰极端主义者谋杀了8名当地警察，4人受伤。

7月19日，乍得达不阿，伊斯兰极端主义者将和平捕鱼社区的18名居民割喉，另造成12人受伤。

7月20日，巴基斯坦查曼市主要道路莫尔路发生爆炸，至少5人受伤。

7月20日，阿富汗沙尔萨法，“伊斯兰国”发动一次袭击，造成7人死亡、4人受伤；阿富汗昆都士，塔利班杀害了12名正在执勤的安全人员，9人受伤。

7月20日，尼日利亚加吉卜，“博科圣地”枪手在一排停着的汽车前扫射，打死了12名乘客，40人受伤。

7月20日，巴基斯坦索科，和平委员会的两名成员遭到伊斯兰虔诚军的伏击和杀害。

7月21日，索马里摩加迪沙，一名政府官员遭到“青年党”爆炸袭击身亡，他的母亲和兄弟受伤。

7月21日，阿富汗卡拉桑加尔，5名阿富汗人被塔利班武装分子枪杀，3人受伤；阿富汗阿尔加安迪，6名情报官员遭到“伊斯兰国”的伏击和谋杀。

7 月 21 日，叙利亚哈塞克，逊尼派制造简易爆炸袭击，导致 1 名平民身亡，2 人受伤。

7 月 22 日，加拿大多伦多发生恶性枪击事件，导致 2 名受害者死亡、12 人受伤，枪手在与警方交火过程中死亡。25 日，极端组织“伊斯兰国”宣称对该袭击事件负责。

7 月 22 日，南非警方表示，夸祖卢-纳塔尔省发生多名歹徒开枪攻击一辆计程小型巴士的事件，导致 11 人丧生、4 人受伤。

7 月 22 日，阿富汗卫生部表示，在喀布尔国际机场附近的自杀式炸弹袭击，造成 23 人死亡、至少 107 人受伤。事件发生时阿富汗副总统杜斯塔姆刚抵达，他此前因涉嫌酷刑拷问和绑架逃离阿富汗。大批民众正离开机场。爆炸装置被一名自杀式炸弹袭击者启动。他未能靠近杜斯塔姆，当阿富汗特种部队发现并阻止他时，他就发动了爆炸袭击。“伊斯兰国”宣布对此袭击事件负责。

7 月 22 日，阿富汗扎瓦卡，“伊斯兰国”发动的一系列袭击造成 14 人死亡，12 人受伤；阿富汗曼尼坎多尔，逊尼派组织发动的野蛮袭击致使 15 名边防警卫死亡、5 人受伤。

7 月 22 日，索马里巴尔桑古尼，“青年党”发动的自杀性爆炸袭击导致 27 人死亡。

7 月 22 日，加拿大多伦多，一名“伊斯兰国”成员将 2 名女孩枪杀，另有 13 人受伤。

7 月 23 日，索马里官员说，索马里政府军当天在索南部港口城市基斯马尤以北约 50 公里处的一个军事基地挫败极端组织“青年党”发动的袭击，在交火中打死 87 名武装分子。武装分子当天上午对这一军事基地发动自杀式汽车炸弹袭击。交火导致 4 名政府军士兵死亡，另有 5 人受伤。

7 月 23 日，尼日利亚孔杜加，一座清真寺遭到宗教主义者自杀式炸弹袭击，11 名信徒死亡、8 人受伤。

7 月 24 日，也门亚丁，敢死队制造自杀式爆炸袭击，导致包括一名妇女在内的两名路人死亡、6 人受伤。

7 月 24 日，阿富汗首都喀布尔多处居民区发生爆炸事件，造成至少 7 人受伤。

7月24日，利比亚艾季达比耶，伊斯兰极端分子袭击了一处警察局，杀死了2名居民，另有4人受伤。

7月24日，索马里劳威尔朱巴，“青年党”发动自杀式爆炸袭击造成6人死亡。

7月25日，伊拉克东部迪亚拉省安全部门官员表示，“伊斯兰国”残余分子当天在该省制造了两起袭击，共导致4人死亡、1人被绑架。“伊斯兰国”武装分子当天在距该省首府巴古拜约25千米的一处村庄引爆路边炸弹，炸死一名部落领袖，并开枪打死了两名试图逃生的农民。此外，当天清晨“伊斯兰国”武装分子还袭击了巴古拜北部一处村庄，导致1名村民死亡、1人被绑架。

7月25日，巴基斯坦举行国会大选投票。邻近阿富汗的西部城市圭达一个票站发生炸弹袭击，造成最少31死70伤，极端组织“伊斯兰国”宣称发动袭击。

7月25日，叙利亚南部苏韦达省多地遭“伊斯兰国”袭击，死亡人数已升至215人，另有180人受伤。武装分子当天清晨在苏韦达市一个人员密集的市场引爆炸弹，造成包括商贩和路人在内多人死伤。当地一处靠近公交始发站的路口也发生爆炸。此外，“伊斯兰国”武装分子还对苏韦达省东部和北部多个村庄发动袭击，叙军方将其击退并打死多名武装分子。

7月25日，一辆载有索马里政府军士兵的汽车在前往索南部下朱巴州巴莱多格莱机场时遭路边炸弹袭击，造成至少6名士兵死亡。

7月26日，尼日利亚加卡纳，“博科圣地”对一处村庄发动袭击，导致13人身亡、12人受伤。

7月26日，肯尼亚拉穆，宗教极端分子发动伏击，导致一名当地警察身亡、2人受伤。

7月26日，阿富汗喀布尔，发生一起自杀式炸弹袭击，导致6人身亡、6人受伤。

7月27日，阿富汗萨尔基，8名平民在“伊斯兰国“发动的袭击中丧生，3人受伤。

7月27日，尼日利亚布那里，“博科圣地”发动袭击，导致包括一名妇女和儿童在内的14人遇难。

7月28日，阿富汗贾拉拉巴德，发生一起针对学校训练助产士的自杀性爆炸和枪击，导致 3 人死亡，7 人受伤。

7 月 29 日，索马里摩加迪沙，2 名平民疑似遭到“青年党”谋杀，另有 2 人受伤。

7 月 29 日，阿富汗南瑞，“伊斯兰国”发动袭击，导致 4 名安全人员身亡、1 人受伤。

7 月 29 日，塔吉克斯坦丹哈拉，4 名骑自行车的外国人在旅行途中被“伊斯兰国”枪杀，3 人受伤。

7 月 29 日，也门亚丁，伊斯兰极端分子向一名机场管理人员开枪致其死亡。

7 月 29 日，阿富汗巴米扬，一名部落长老被逊尼派原教旨主义者谋杀。

7 月 30 日，莫桑比克奇洛特，一个伊斯兰主义团体对一处军事基地发动攻击，导致 1 名当地士兵死亡。

7 月 30 日，叙利亚阿勒颇，一个为伊斯兰教法而战的团体向居民区发射火箭弹袭击，造成 2 名当地人死亡，6 人受伤。

7 月 31 日，巴基斯坦德拉伊斯梅尔汗，伊斯兰极端分子枪杀了 2 名巡路警察。

7 月 31 日，菲律宾巴西兰岛，自杀式炸弹袭击导致包括妇女和儿童在内的 11 人死亡、7 人受伤。

7 月 31 日，阿富汗贾拉拉巴德，难民管理中心遭到敢死队自杀式炸弹袭击，导致 15 人死亡、15 人受伤；阿富汗巴拉巴鲁克，一辆客车遭到炸弹袭击，造成包括妇女和儿童在内的 11 人死亡、31 人受伤。

8 月

8 月 1 日，阿富汗纳瓦，塔利班极端主义分子打死了 6 名地方警察，5 人受伤；阿富汗赫拉特，一名自杀炸弹手在什叶派清真寺引爆炸弹，导致 32 名教徒死亡，66 人受伤。

8 月 1 日，泰国北大年，伊斯兰极端分子自杀式炸弹袭击者向一群教师发动袭击，导致两名警卫人员死亡，4 人受伤。

8 月 2 日，俄罗斯驻叙利亚大使馆遭到恐怖组织武装分子阵地发射的迫击炮袭击。2 发炮弹落入俄罗斯使馆区，另有 2 颗在使馆临近区附近爆炸。

8 月 2 日，尼日利亚米尔索，“博科圣地”组织袭击了一个村庄，枪杀并斩首了7名无辜人士，10人受伤。

8月2日，肯尼亚基皮尼，伊斯兰极端分子朝高速公路上的一辆公共汽车射击，造成3名乘客死亡、5人受伤。

8月2日，阿富汗坎大哈，敢死队的一名自杀式汽车炸弹袭击者身穿罩袍，发动爆炸袭击，导致两个美国人和一个德国人死亡，4人受伤。

8月2日，也门莱德胡姆，“基地”组织制造的自杀炸弹袭击造成6人死亡，3人受伤。

8月2日，伊拉克摩苏尔，“伊斯兰国”制造一起爆炸袭击，导致包括妇女和儿童在内的3人死亡、4人受伤。

8月3日，阿富汗喀布尔，伊斯兰极端分子制造炸弹袭击，导致包括两名儿童在内的3名平民死亡、1人受伤；阿富汗格里什，一处外汇市场附近疑似遭到自杀式炸弹袭击，导致至少5人死亡、20人受伤。

8月3日，印度肖皮安地区，伊斯兰恐怖分子向一群安保人员开火，造成2人死亡。

8月4日，索马里首都摩加迪沙大使饭店附近发生汽车爆炸袭击事件，袭击导致至少3人死亡，另有6人受伤。

8月4日，肯尼亚沙卡克摩阿，3名渔民被“青年党”绑架和斩首。

8月4日，尼日利亚迈杜古里，一家医院遭到3名自杀式袭击者发动炸弹袭击，导致2人受伤。

8月5日，尼日利亚杜古里，“博科圣地”屠杀了14人。

8月5日，喀麦隆阿姆奇德地区，至少有8名无辜者遭到敢死队自杀炸弹手袭击身亡，4人受伤。

8月5日，伊拉克拉马迪，伊斯兰极端分子在一处葬礼上发动爆炸袭击，导致3名哀悼者死亡、3人受伤。

8月6日，阿富汗米尔扎·奥朗，逊尼派袭击一处什叶派村庄，导致包括儿童，妇女和老人在内的至少50人被屠杀。

8月7日，菲律宾马京达瑙，“伊斯兰国”极端分子爆炸袭击导致2人死亡。

8月7日，巴基斯坦拉合尔，一辆埋设了炸弹的水果货车发生爆炸，导致37人遇难，35人受伤。

8月8日，也门朱海因，4人遭到“基地”组织自杀炸弹袭击身亡，8人受伤。

8 月 8 日，埃及科瓦斯纳，疑似激进分子向警察巡逻队开火，造成 2 名成员死亡，1 人受伤。

8 月 9 日，法国国防部证实，当天在巴黎近郊上塞纳省勒瓦卢瓦-佩雷市发生的驾车冲撞军人事件中，6 名受伤士兵中 3 人伤势严重。

8 月 9 日，一名袭击者在喀布尔第八警区驾驶装有炸药的汽车，试图攻击国家安全部队车队，在被警察发现后提前引爆了炸药，造成至少 3 名平民受伤，袭击者当场身亡。塔利班宣称制造了这次袭击事件。

8 月 10 日，土耳其南部阿达纳省警方拘捕一名俄罗斯公民，理由是其涉嫌谋划使用无人机袭击美军飞机。在突审中，他承认自己是极端组织“伊斯兰国”武装人员，正谋划使用无人机袭击因吉尔利克空军基地中的美军飞机，并计划袭击阿达纳市区目标。

8 月 10 日，索马里摩加迪沙，一名敢死队自杀炸弹袭击者制造袭击，导致至少 1 人身亡、3 人受伤。

8 月 10 日，伊拉克巴格达，发生一起路边炸弹袭击，导致 1 名路人死亡，7 人受伤。

8 月 11 日，巴基斯坦纳瓦盖，伊斯兰炸弹袭击者向一辆装载文职人员的卡车发动炸弹袭击，造成 3 人死亡，26 人受伤。

8 月 12 日，巴基斯坦西南部俾路支省首府奎达市一座巴士站发生爆炸事件，造成至少 15 人死亡、32 人受伤。

8 月 12 日，叙利亚萨明，叙利亚反政府武装组织“黎凡特自由人民伊斯兰运动”的武装分子疑似枪杀了 7 名救援人员，

8 月 13 日，土耳其伊斯坦布尔，一名伊斯兰极端分子在警察局刺杀两名警察，造成 1 死 1 伤。

8 月 13 日，布基纳法索瓦加杜古，伊斯兰极端分子朝一家餐厅开火，屠杀 18 名无辜人士，8 人受伤。

8 月 13 日，埃及阿里什，原教旨主义者袭击了一辆警车，杀死 2 名警察，6 人受伤。

8 月 14 日，美国检方表示，俄克拉荷马州一名男子遭到美国联邦调查局逮捕，罪名是他试图以一辆载满爆炸物的汽车炸毁俄克拉荷马市一栋银行大楼。

8月14日，马里廷巴克图，伊斯兰极端分子朝联合国总部开火，造成8人死亡、7人受伤。

8月14日，也门奎塔巴，基地组织发动武力袭击，导致17名平民丧生，7人受伤。

8月14日，索马里摩加迪沙，一家酒店附近遭到“青年党”爆炸袭击，造成1名的士司机死亡，1人受伤。

8月15日，巴基斯坦西南部俾路支省偏远地区，8名军人被一枚路边炸弹炸死。

8月15日，尼日利亚东北部博尔诺州遭连环自杀式爆炸袭击，造成百余人伤亡。1名女性自杀式袭击者在一处农贸市场引爆绑在身上的炸弹，爆炸造成袭击者本人和至少27名平民身亡。还有另外两名女性袭击者在附近一处流浪者收容所大门前自爆。

8月15日，尼日利亚曼达拉里，自杀炸弹手在市场和难民营制造爆炸，导致24人死亡、83人受伤。

8月15日，肯尼亚阿里吉泽，5名当地警察被“青年党”伏击和谋杀，1人受伤。

8月16日，伊拉克白芨，10名伊拉克人遭到自杀炸弹袭击身亡，7人受伤。

8月17日，西班牙巴塞罗那市中心旅游景区发生货车撞人事件，造成包括一名警员在内的7人受伤。“伊斯兰国”极端组织宣称对袭击负责。

8月17日，阿富汗扎布尔，3名儿童遭到塔利班炮弹袭击身亡。

8月17日，布基纳法索吉博，伊斯兰武装分子制造爆炸袭击，导致3人死亡、2人受伤。

8月17日，达吉斯坦哈萨维尤尔特，2人遭到炸弹袭击身亡，2人受伤。

8月18日，叙利亚拉卡，一处清真寺附近发生一起自杀式爆炸袭击，导致15人死亡。

8月18日，芬兰图尔库，1名男子在街上大喊“真主安拉”，之后刺死了街上走着的两名妇女，6人受伤。

8月18日，阿富汗纳瓦，原教旨主义者攻击了一处警察检查站，谋杀5名警官，6人受伤。

8月19日，俄罗斯中部汉特—曼西自治区的苏尔古特市发生一起街头持刀行凶事件，导致 7 人受伤。极端组织宣称是他们制造了这次袭击。

8 月 19 日，叙利亚拉塔基亚，恐怖分子制造了一起汽车炸弹袭击，导致 2 名路人死亡。

8 月 20 日，澳大利亚政府发布最新反恐战略计划。计划中提到，从建筑师到吧台工作人员，所有需要管理大量人群的工作人员，都必须时刻思考安全问题，以防发生恐怖袭击。该策略将成为澳大利亚公共场所的一项长期法规。

8 月 20 日，叙利亚大马士革，“黎凡特解放组织”对一个贸易展览会发动火箭弹袭击，导致 6 名路人死亡、10 人受伤。

8 月 20 日，阿富汗赫尔曼德，宗教极端主义分子杀死了 12 名阿富汗人，15 人受伤。

8 月 20 日，埃及拉法，原教旨主义者引爆了埋设好的炸弹，导致 1 人死亡，5 人受伤。

8 月 21 日，菲律宾南部巴西兰省一座村落遭 50 名武装男子攻击，造成 9 人死亡、16 人受伤。

8 月 21 日，伊拉克塔吉，恐怖分子引爆了埋设好的炸弹，导致 1 名平民死亡、2 人受伤。

8 月 22 日，尼日利亚阿姆奇德，1 名儿童自杀式袭击者制造爆炸袭击，导致 4 人死亡。

8 月 22 日，尼日利亚基吉马塔里，“博科圣地”组织将 6 名村民割喉。

8 月 23 日，阿富汗拉什卡尔加，一处停车场发生自杀式炸弹袭击，导致 7 人死亡、38 人受伤。

8 月 24 日，尼日利亚马拉姆摩杜里，“博科圣地”组织残忍地砍死 5 名平民，5 人受伤；尼日利亚基吉马塔里，“博科圣地”组织朝着睡觉的村民开火，造成 7 人死亡、6 人受伤。

8 月 25 日，阿富汗喀布尔什叶派清真寺遭到自杀式爆炸袭击，已经造成 28 人死亡、50 余人受伤。

8 月 25 日，英国伦敦，一个高喊“真主安拉”的男子挥舞着一把剑刺向路人，3 人受伤。

8 月 25 日，比利时布鲁塞尔，一名来自索马里的寻求庇护者开车向一群警察冲撞过去，用大砍刀袭击警察，大声赞扬安拉并携带古兰经。这起袭击导致3人受伤。比利时当局定调这是一场“恐怖袭击”。

8月25日，喀麦隆加卡拉，一个逊尼派“圣战”组织谋杀了15个村民，烧毁了35户人家，8人受伤。

8月26日，印度普尔瓦马，武装组织“穆罕默德军”在清晨发动袭击，导致8人死亡、8人受伤。

8月27日，缅甸国务资政府新闻发布委员会在通报若开邦袭击事件最新情况时表示，若开邦当天发生多起袭击事件，共造成12名平民死亡。凌晨，一家12口印度族人在若开邦孟都地区遭遇袭击，其中6人当场死亡、2人重伤；孟都镇一个村庄的6名村民当天遇害，其中包括村长和一名儿童。

8月27日，阿富汗纳瓦，一名自杀式袭击者在一处市场外发动袭击，导致13名阿富汗人被炸死、19人受伤。

8月28日，伊拉克官员表示，首都巴格达东部一家市场早晨发生汽车炸弹袭击，造成至少10人丧生、28人受伤。

8月28日，阿塞拜疆国家安全局发表声明说，阿安全部门在阿中部地区挫败了一起恐怖袭击图谋，击毙一名恐怖分子嫌疑人。

8月28日，巴基斯坦巴尔摩，“伊斯兰国”埋设的地雷发生爆炸，导致2名安全人员死亡、3人受伤。

8月28日，叙利亚阿尔杜尔，逊尼派恐怖分子发动袭击，导致2人死亡、3人受伤。

8月29日，土耳其东南部迪亚巴克尔省发生一起针对军用装甲车的炸弹袭击事件，造成2名军人死亡。

8月29日，阿富汗喀布尔，一家银行遭到伊斯兰极端分子自杀式炸弹袭击，5名人员身亡、9人受伤。

8月30日，尼日利亚本吉，伊斯兰极端分子用刀屠杀了18名青年。

8月31日，俄罗斯联邦安全局发布消息称，抓获2名计划对莫斯科实施袭击的恐怖分子。

8月31日，土耳其西部城市伊兹密尔市发生爆炸案，一枚放置在垃圾桶内的炸弹爆炸，造成附近一辆接驳巴士上的数名乘客受伤。

8月31日，利比亚东部城市苏尔特以东的诺费里耶地区发生一起汽车炸弹袭击事件，造成至少3人死亡、2人受伤。

8月31日，肯尼亚塔努，“青年党”成员引爆了在道路上埋设的地雷，并向幸存者开枪扫射，造成 2 人遇害、3 人受伤。

9 月

9 月 1 日，尼日利亚东北部博尔诺州一处军营遭到极端组织“博科圣地”武装人员袭击，至少 30 名士兵在交火中身亡。

9 月 1 日，叙利亚阿勒颇发生一起自杀式汽车炸弹袭击，导致 1 名平民死亡、20 人受伤。

9 月 2 日，索马里首都摩加迪沙发生一起汽车炸弹袭击事件，造成至少 3 名士兵死亡，另有 10 余人受伤。索马里“青年党”宣称制造了这起事件。

9 月 2 日，菲律宾伊苏兰，伊斯兰激进分子在一家网吧外面引爆炸弹，造成 1 人死亡、15 人受伤。

9 月 2 日，尼日利亚拉特亚，米耶蒂安拉组织的枪手闯入一个村庄并枪杀了 12 人，另有 12 人受伤。

9 月 3 日，伊拉克阿布沙赫，“伊斯兰国”成员向几处房屋开火，导致 7 名居民身亡、1 人受伤。

9 月 3 日，阿富汗帕克蒂亚，原教旨主义者发动一起夜袭，导致至少 4 名阿富汗安全人员遇难、6 人受伤。

9 月 4 日，埃及国家新闻局发表声明说，一名男子因背包起火当天在美国驻埃及大使馆附近被捕。警方初步调查显示，被捕男子名为阿卜杜拉·阿伊曼·阿卜杜勒·萨迈亚，现年 24 岁。该男子有极端思想，他将装有易燃化学品的瓶子放在背包内，企图实施袭击，背包在美国驻埃及大使馆附近起火。

9 月 4 日，尼日利亚格沃扎，“博科圣地”攻击了一辆公共汽车，杀死 2 名乘客并绑架了 24 名乘客，另有 25 人受伤。

9 月 4 日，阿富汗米兰扎耶，警察局长遭到塔利班路边炸弹袭击身亡。

9 月 5 日，阿富汗首都喀布尔连续发生两起自杀式爆炸袭击，造成至少 16 人死亡、25 人受伤。第一起爆炸袭击发生在喀布尔第六警区一个体育场内，目标可能是体育场内观看摔跤比赛的人群；第二起爆炸袭击发生在该体育场外，目标可能是维持秩序的警察和赶到现场的媒体记者。两起爆炸袭击间隔约一个小时。

9 月 5 日，中非共和国布里亚，40 多名基督徒被持有大砍刀的伊斯兰极端分子屠杀，遇难者大多是女性。

9月6日，尼日利亚尼丁斯威斯特，两名村民被米耶蒂安拉组织枪手砍死，2人受伤。

9月6日，尼日利亚加纳罗普，5名矿工被伊斯兰极端分子谋杀。

9月6日，阿富汗卡瓦加瓜尔，穿着警察制服的一名塔利班成员向8名熟睡的警察开火；阿富汗阿布卡马力，“伊斯兰国”发动的袭击导致11人丧生、6人受伤。

9月7日，阿富汗巴德吉斯，塔利班制造的袭击事件导致11人死亡。

9月8日，阿富汗坎萨克，一名部落长老被伊斯兰武装分子绑架并谋杀；阿富汗赫拉特，一个原教旨主义组织袭击了一个警察检查站并杀死了9名警察，6人受伤。

9月8日，尼日利亚古杜姆巴里，“博科圣地”袭击了一个小镇，导致至少8名平民死亡。

9月9日，阿富汗喀布尔，一名骑着摩托车的自杀式炸弹袭击者朝着一处纪念碑发动了袭击，导致包括他自己在内的8人死亡，25人受伤。

9月9日，叙利亚莫哈尔德，逊尼派向一处基督教社区发动火箭弹袭击，导致包括2名女孩在内的10人死亡。

9月9日，阿富汗法拉，宗教极端分子对警察检查站发动了袭击，导致4人死亡；阿富汗卡姆雅布，8名阿富汗人遭到恐怖袭击丧生，3人受伤。

9月9日，法国巴黎深夜发生持刀行凶事件，至少7人受伤，其中4人伤势严重。持刀行凶者是一名阿富汗人，已经被警方抓获并拘押。

9月10日，塔利班武装分子对阿富汗东北部昆都士省的一些检查站发起袭击，造成至少15名阿富汗安全部队人员死亡、18人受伤。

9月10日，索马里首都摩加迪沙发生一起汽车炸弹袭击，一辆载有爆炸物的汽车冲向摩加迪沙霍丹区政府大楼，随后发生爆炸，造成至少6人死亡、16人受伤。索马里“青年党”宣称制造了这起事件。

9月10日，位于利比亚首都的黎波里的利比亚国家石油公司总部遭武装分子袭击，导致至少2名员工死亡，另有10人受伤。

9月11日，阿富汗东部楠格哈尔省发生爆炸，一名自杀式袭击者在抗议活动中引爆炸弹，造成68人死亡，另有165人受伤。

9月11日，阿富汗贾拉拉巴德，在一所女子学校外面，一名儿童遭到原教旨主义的弹片袭击身亡，4 人受伤。

9 月 11 日，泰国北大年，伊斯兰武装分子向安全巡逻队发动伏击，杀死 2 名成员，4 人受伤。

9 月 12 日，伊拉克巴格达北部的一家餐馆外发生汽车炸弹袭击事件，造成至少 6 人死亡、42 人受伤。

9 月 12 日，阿富汗赫拉特，塔利班发动了一系列的袭击，导致 6 人死亡、1 人受伤。

9 月 12 日，伊拉克沙尔加特，伊斯兰极端分子发动汽车炸弹袭击，导致 1 名平民死亡、2 人受伤。

9 月 13 日，尼日利亚阿达马瓦，包括 1 名牧师和 9 名妇女在内的 18 名平民遭到伊斯兰极端分子杀害。

9 月 13 日，阿富汗拉什卡尔加，发生一起自杀式汽车爆炸袭击，导致 1 人重伤身亡、2 人受伤。

9 月 13 日，叙利亚加诺比，发生一起自杀式炸弹袭击导致 1 名平民死亡，2 人受伤。

9 月 14 日，墨西哥首都墨西哥城老城区一处游客聚集的广场上发生枪击事件，造成 3 人死亡，至少 7 人受伤。

9 月 14 日，阿富汗瑙巴哈，8 名阿富汗人被伊斯兰极端分子枪杀，3 人受伤；阿富汗达拉苏夫帕恩，宗教激进分子发动恐怖袭击，造成 7 人死亡，其中包括一名妇女，17 人受伤。

9 月 14 日，布基纳法索迪阿比加，伊斯兰激进分子袭击了一处对手派的清真寺，导致一名伊玛目和另外 5 人死亡。

9 月 14 日，法国尼姆费里亚，一名男子开车向人群冲撞，还大声赞美安拉，袭击造成 2 人受伤。

9 月 14 日，尼日利亚布拉玛库鲁里，至少 10 名村民遭到“博科圣地”枪击身亡。

9 月 15 日，伊拉克哈瓦加，2 名伊拉克人被“伊斯兰国”成员谋杀，1 人受伤。

9 月 15 日，巴基斯坦古加蓝瓦拉，一名信仰基督教的男子遭到硫酸攻击，之后在医院重伤身亡。

9 月 15 日，索马里摩加迪沙，伊斯兰极端分子在一辆民用汽车上安装了一枚炸弹，导致汽车司机身亡，1人受伤。

9月15日，阿富汗哈拉在，4名当地人遭到塔利班弹片袭击身亡，4人受伤。

9月16日，也门安全部队在南部阿比扬省遭“基地”组织阿拉伯半岛分支武装分子伏击，5名安全部队人员在交火中死亡，多名武装分子被打死。

9月16日，菲律宾棉兰老岛桑托斯将军市的一家药店前，一枚简易爆炸装置爆炸，数十人受伤。

9月16日，叙利亚杰拉布卢斯，一处公交站遭到自杀式爆炸袭击，导致1名儿童死亡，6人受伤。

9月17日，阿富汗卡里瑙，原教旨主义者杀害了5名当地警察；阿富汗法拉，塔利班发动的一系列袭击导致17人死亡。

9月17日，叙利亚苏威达，恐怖分子枪杀了1名平民，1人受伤。

9月18日，包括一名指挥官在内的9名阿富汗当地警察在阿富汗巴尔赫省北部的一次塔利班袭击中丧生。

9月18日，伊拉克萨拉丁，在巴格达和基尔库克之间的高速公路上行驶的一辆安全巴士遭到炸弹袭击，造成两人死亡，另有14人受伤。

9月18日，阿富汗查哈尔博拉克，一名身穿制服的塔利班分子发动袭击，导致9名警察死亡。

9月18日，马里提丁巴温，伊斯兰极端分子制造一起路边炸弹袭击，导致两人死亡，3人受伤。

9月18日，伊拉克哈瓦加，“圣战”者引爆了一辆公交车，导致5名伊拉克人死亡，5人受伤。

9月18日，尼日利亚孔杜加，“博科圣地”放火烧了三个村庄，造成6名居民死亡。

9月19日，美国宾夕法尼亚州一家地方法院发生枪击事件，造成4人受伤，枪手被警方击毙。

9月19日，“第33个持不同政见的团体”的成员向哥伦比亚北桑坦德省市警察局开枪。

9月19日，伊拉克基尔库克中部的一辆民用汽车遭到炸弹袭击，导致1人死亡，7人受伤，“伊斯兰国”声称对此负责。

9月19日，巴基斯坦奇拉塞夫拉，骑着摩托车的恐怖分子在一处市场枪杀了两名防卫人员。

9 月 20 日，“青年党”武装分子埋下的一枚炸弹在索马里下谢贝利地区爆炸，造成至少 4 名索马里士兵死亡，数人受伤。

9 月 20 日，莫桑比克帕奎，14 名村民被亲伊斯兰教团体屠杀，其中两名村民被活活烧死，14 人受伤。

9 月 20 日，阿富汗加兹尼，5 名当地警察被原教旨主义武装分子谋杀，2 人受伤。

9 月 21 日，印度卡普兰，3 名休班警察被伊斯兰极端分子从家里拖出后遭枪杀，另有 1 人受伤。

9 月 21 日，阿富汗石林塔嘎布，塔利班爆炸袭击导致 8 名儿童死亡，6 人受伤。

9 月 22 日，伊朗西南部胡齐斯坦省首府阿瓦士举行两伊战争纪念日阅兵式时发生袭击事件，至少 29 人死亡、约 60 人受伤。伊朗反政府武装“阿瓦士全国抵抗”和极端组织“伊斯兰国”支持者声称制造了这起袭击。

9 月 22 日，肯尼亚埃尔瓦克，极端伊斯兰分子将 3 名信仰基督教的建筑工人处以石刑，同时颂扬安拉。

9 月 22 日，伊朗阿瓦士，在一个阅兵式上逊尼派极端分子发动袭击，造成 24 人死亡、60 人受伤。

9 月 22 日，刚果（金）贝尼，民主同盟军的伊斯兰极端分子入侵了一处基督教徒聚集的村庄，屠杀了 27 人、5 人受伤。

9 月 23 日，伊拉克阿斯巴，一名男子在家中遭到伊斯兰国谋杀。

9 月 24 日，叙利亚库尔德民兵组织“人民保护联盟”的武装分子对拒绝加入其队伍的人发动袭击，他们突袭了拉卡省的阿尔卡图尼亚村，造成至少 7 人死亡，多人受伤，多处房屋着火。

9 月 24 日，阿富汗巴达拉布，一户人家疑似遭到塔利班的迫击炮袭击，导致屋内 9 人死亡、5 人受伤。

9 月 24 日，布基纳法索同戈梅，搜索队的 3 名成员被伊斯兰极端分子谋杀。

9 月 24 日，巴基斯坦巴丹，激进组织向脊髓灰质炎疫苗接种小组开火，杀死一名警卫。

9 月 24 日，索马里摩加迪沙，“青年党”制造的汽车炸弹袭击导致一位路过的行人死亡、1 人受伤。

9 月 24 日，突尼斯查姆比山，伊斯兰极端分子的炮弹袭击导致两名平民死亡。

9 月 25 日，叙利亚萨拉齐特，一名平民遭到恐怖分子简易爆炸装置袭击身亡。

9 月 25 日，伊拉克巴格达，两人遭到伊斯兰极端分子的炸弹袭击身亡，3 人受伤。

9 月 25 日，马里门金加，骑着摩托的伊斯兰极端分子屠杀了 12 名村民，另有 4 人受伤。

9 月 26 日，阿富汗、印度、伊朗和中国支持与俄罗斯建立统一的恐怖组织信息数据库。

9 月 26 日，布基纳法索巴拉博勒，安全巡逻队遭到恐怖分子埋设的地雷袭击，导致 8 人遇难。

9 月 26 日，叙利亚马尔卡达，“伊斯兰国”制造的爆炸袭击导致两名平民死亡。

9 月 26 日，马里杜安扎，“伊斯兰教与穆斯林支持组织”制造的爆炸袭击和枪击造成平民和士兵遇难身亡。

9 月 26 日，土耳其斯尔纳克的斯洛皮区，库尔德工人党武装分子设置的简易爆炸装置爆炸，2 名保安人员被炸死，另外 2 名保安受伤。

9 月 27 日，伊拉克基尔库克，伊斯兰极端分子制造的爆炸袭击导致 1 名交警死亡、2 人受伤。

9 月 27 日，索马里埃尔瓦克，一个与“基地”组织有联系的团伙在一处茶叶店制造爆炸袭击，导致 2 名无辜者死亡，6 人受伤。

9 月 27 日，尼日利亚乔斯，17 名基督徒在自己家中被伊斯兰恐怖分子砍死，其中有 4 名遇难者是儿童，5 人受伤。

9 月 28 日，独联体国家领导人峰会在塔吉克斯坦首都杜尚别举行，俄罗斯总统普京等出席活动。据塔吉克斯坦新闻网报道，与会各国领导人还围绕如何应对“伊斯兰国”等国际恐怖和极端组织的威胁交换了意见。

9 月 28 日，叙利亚伊德利卜，伊斯兰极端分子在城市的一条街道上引爆炸弹，导致一名路人死亡，2 人受伤。

9 月 28 日，阿富汗坎大哈，穿着警察制服的恐怖分子从背后枪杀了 2 名警官，3 人受伤。

9 月 28 日，马里巴马科，5 人在餐馆用餐时遭到疑似伊斯兰极端分子的炸弹袭击身亡，遇难者中还包括法国和比利时的平民。

9 月 29 日，马里阿马拉奥，伊斯兰极端分子发动袭击，至少有 25 名平民在袭击中丧生。

9 月 29 日，乍得莫萨罗姆，“博科圣地”枪手杀死了包括 3 名林业官员在内的 6 人。

9 月 30 日，叙利亚戴尔哈桑，恐怖分子向一个难民营投掷手榴弹，造成 5 人死亡，5 人受伤。

9 月 30 日，尼日利亚乔斯，米耶蒂安拉组织残忍地杀害了 2 名大学生，3 人受伤。

9 月 30 日，阿富汗赫尔巴扎尔格，塔利班的袭击造成 1 人死亡，6 人受伤。

10 月

10 月 1 日，德国联邦检察院发表声明说，德国警方已逮捕 6 名涉嫌组建极右翼恐怖组织“开姆尼茨革命”的嫌疑人，被捕者均为德国国籍，年龄在 20 至 30 岁之间，涉嫌策划于本月 3 日德国国庆日武装袭击外国人和政见不同者。

10 月 1 日，伊拉克底比斯，一辆摩托车被安置了炸弹，爆炸袭击导致 2 人死亡，1 人受伤。

10 月 1 日，索马里摩加迪沙发生一起自杀式袭击，遇难者包括一名妇女和儿童，4 人受伤。

10 月 1 日，阿富汗阿乌阿加姆，“伊斯兰国”爆炸袭击导致 2 人死亡，3 人受伤。

10 月 2 日，阿富汗贾拉拉巴德，一处选举集会上遭到自杀式爆炸袭击，导致 14 名与会者死亡，40 人受伤；阿富汗坎大哈，逊尼派强硬派人士发动两起袭击，导致 5 名当地警察死亡，6 人受伤。

10 月 2 日，伊拉克多米兹，恐怖分子在一处发电厂外引爆炸弹，导致 1 名路人死亡，3 人受伤。

10 月 3 日，尼日利亚中部高原州巴沙镇遭遇武装分子袭击，造成 18 人死亡，其中包括妇女与儿童。这伙武装分子疑似由牧民组成，他们身穿黑袍。

10月3日，阿富汗马鲁夫，3名平民遭到自杀式爆炸袭击身亡，6人受伤。

10月3日，布基纳法索巴提卜卜，伊斯兰极端分子发动炸弹袭击，袭击造成7人死亡，2人受伤。

10月4日，美国总统特朗普发布新版《国家反恐战略》。白宫官员当天表示，新版战略为美国应对各种恐怖威胁提供了指引。

10月4日，巴基斯坦白沙瓦，2名男子遭到恐怖分子枪杀。

10月4日，阿富汗楠格哈尔，原教旨主义者在人道主义办公室附近杀害了2人，7人受伤。

10月4日，布基纳法索苏姆，伊斯兰极端分子对一处村庄发动突袭，导致当地1名警察身亡，4人受伤。

10月4日，刚果（金）贝尼，6人遭到民主同盟军组织杀害。

10月5日，孟加拉国海港城市吉大港发生交火事件，武装人员自己引爆了炸弹，造成2人身亡。

10月5日，尼日利亚尼肯多罗，伊斯兰极端分子袭击了一处村庄，导致当地教堂被烧，4名平民死亡、4人受伤。

10月5日，布基纳法索索勒，伊斯兰极端分子埋设的地雷爆炸，导致一辆经过的汽车遭到袭击，7人死亡、3人受伤。

10月5日，也门巴尼加博尔，难民营的一名妇女遭到安萨尔安拉组织杀害，11人受伤。

10月5日，叙利亚阿勒颇，5名平民遭到“胜利阵线”炮弹袭击身亡，3人受伤。

10月5日，阿富汗卓兰，包括妇女和儿童在内的3人遭到伊斯兰极端分子的炸弹袭击身亡。

10月6日，阿富汗首都喀布尔上午发生连环爆炸袭击，造成至少2人死亡、9人受伤。

10月6日，叙利亚阿扎兹，恐怖分子炸毁一个加油站，造成包括2名儿童在内的5名平民死亡、21人受伤。

10月6日，伊拉克巴格达，一处商店遭到极端分子的爆炸袭击，导致店外 2 名平民死亡、2 人受伤。

10 月 7 日，泰国曼谷一购物中心附近发生枪击事件，导致 2 名外籍游客死亡，另有 5 人受伤。

10 月 7 日，阿富汗赛义德阿巴德，塔利班发动一起袭击，导致 14 人遇难。

10 月 8 日，意大利西西里岛特拉帕尼市警察局发生了一起爆炸事件。一名警官受命检查一个来源不明的 USB 数据，就在 U 盘与计算机接口接触瞬间，U 盘自动引爆发生爆炸，导致负责检查的警官受伤。

10 月 8 日，巴基斯坦信德省首府卡拉奇 11-D 区警方遭枪击，造成 1 名警察死亡，另 3 人受伤。从巴基斯坦塔利班脱离的自由人党分支“卫士”恐怖组织宣布对该事件负责。

10 月 8 日，尼日利亚米特勒，博科圣地攻击当地安全人员，造成 7 人死亡、16 人受伤。

10 月 9 日，阿富汗南部赫尔曼德省首府拉什卡尔加市一处集会现场遭自杀式爆炸袭击，造成至少 8 人死亡、10 人受伤。

10 月 9 日，埃及警方在北西奈省首府阿里什市的突袭行动中击毙 10 名恐怖分子，缴获 3 挺机枪、2 支步枪及一些弹药。

10 月 10 日，伊拉克提克里特，圣战组织在一处加油站附近引爆炸弹，造成 1 名路人死亡，4 人受伤；伊拉克阿卡斯，“伊斯兰国”对一处油气田发动袭击，造成 10 名警卫死亡。

10 月 10 日，肯尼亚曼德拉，伊斯兰极端分子向一所学校投掷炸弹，导致两名基督徒教师死亡。

10 月 10 日，乍得凯加克尼吉，“博科圣地”袭击了一个渔村，造成 8 人死亡，11 人受伤。

10 月 11 日，埃及一个军事法庭判处 17 名参与制造教堂恐怖袭击者死刑，同时判处 19 人无期徒刑，判处另外 10 人 10 年至 15 年有期徒刑。这些获刑的恐怖袭击制造者被确认与极端组织“伊斯兰国”有不同程度的联系，曾参与制造三起针对教堂的自杀式恐怖袭击，即 2016 年 12 月开罗大教堂爆炸事件，造成至少 25 人死亡；2017 年 4 月亚历山大市和坦塔市的教堂连环爆炸事件，共造成 45 人死亡，“伊斯兰国”随后宣称对这三起爆炸事件负责。

10月11日，俄罗斯联邦安全局发布消息说，俄安全人员在鞑靼斯坦共和国抓获恐怖组织“伊扎布特”俄罗斯分支机构头目。

10月11日，阿富汗法里亚布，逊尼派制造一起汽车炸弹袭击，导致4名平民死亡。

10月11日，伊拉克基尔库克，“伊斯兰国”在一处市场发动爆炸袭击，造成5人受伤。

10月11日，阿富汗卡拉扎尔，宗教极端分子对一处检查站的警察开枪扫射，导致15名警察身亡，13人受伤。

10月12日，伊拉克巴格达，3名平民遭到伊斯兰极端分子爆炸袭击身亡，5人受伤。

10月13日，阿富汗北部塔哈尔省一集会现场遭遇爆炸袭击。袭击发生在罗斯塔格区国民议会选举集会活动现场，由安放在一辆摩托车上的爆炸装置引发，目标可能是当时在现场参加活动的人群。袭击造成至少12人死亡、32人受伤。

10月13日，伊拉克沙巴里，武装分子在一个变压器里安置了炸弹，爆炸导致2名平民死亡。

10月13日，索马里拜，一名自杀式炸弹袭击者开汽车撞向酒店，造成12人遇难，55人受伤。

10月14日，阿富汗西南部法拉省多个安全检查站遭到塔利班武装人员袭击，造成至少15名阿国民军士兵死亡，另有4名士兵受伤。

10月15日，叙利亚伊德利卜，“胜利阵线”武装分子枪杀了1名平民，还造成7人受伤。

10月15日，马里泰利，11名平民疑似被伊斯兰极端分子枪杀。

10月16日，埃及官方发布公报说，总统塞西15日签署总统令，宣布将全国范围紧急状态自本月15日起再延长3个月。公报说，延长紧急状态可以允许军队和警察“采取必要措施应对恐怖分子威胁，断绝恐怖分子的资金来源，以维护国家安全与公民人身和财产安全”。

10月16日，阿富汗卡提万，宗教激进分子发动袭击，造成8名当地安保人员身亡，8人受伤。

10月17日，阿富汗一名国会议员候选人遭一枚暗藏沙发下的炸弹袭击而死亡。数名涉案者已被逮捕。阿富汗塔利班组织宣布对事件负责。

10 月 17 日，俄罗斯克里米亚东部克赤市一所理工大学内发生校园枪击和爆炸事件，已造成 21 人死亡，包括 16 名学生和 5 名工作人员，另有 50 多人受伤。克里姆林宫随后表示，这可能是一起恐怖袭击事件。

10 月 17 日，英国警方表示，他们在英国议会和国防部大厦附近泰晤士河沿岸发现一可疑包裹，拆弹部门的工作人员已完成对该物品的爆破工作。

10 月 18 日，北约驻阿富汗高级官员与当地官员举行例行会议时，一名保镖突然拔枪，接连击毙了 3 名阿富汗高官，接着又朝美军代表团官员开枪，造成 3 名美军护卫人员受重伤，美军陆军上将、北约驻阿富汗最高指挥官斯科特·米勒则是在随从的掩护下死里逃生。

10 月 18 日，尼日利亚卡苏万马加尼，伊斯兰极端分子在一处市场上向基督徒发起攻击，同时向安拉致敬，这场袭击造成 12 人死亡。

10 月 19 日，叙利亚阿勒颇，一个为伊斯兰教法而战的团体向一个街区发动炮弹袭击，造成 1 名居民死亡。

10 月 20 日，刚果（金）军方宣布，该国东部北基伍省发生武装袭击，造成至少 15 人死亡。乌干达反政府武装“民主同盟军”夜间在北基伍省贝尼地区发动袭击，刚果（金）安全部队与之发生交火。事件造成至少 15 人死亡，其中 1 人为军方人员，另有 15 名当地村民遭袭击者绑架，被带入丛林，多家商店遭抢劫。

10 月 20 日，阿富汗喀布尔，和平宗教自杀式炸弹袭击者在一个投票站引爆炸弹，导致 15 名平民死亡、20 人受伤。

10 月 20 日，尼日利亚卡勒，“博科圣地”用大砍刀砍死了十几名农民。

10 月 21 日，阿富汗国民议会选举第二天，东部南加哈省民众遭路边炸弹袭击，造成至少 11 位平民死亡；阿富汗首都一连串攻击造成 19 人死亡，近 100 人受伤；北部昆都兹遭 20 多起火箭攻击致 3 人死亡，39 人受伤。

10 月 21 日，印度特拉尔，恐怖分子向一名警察投掷手榴弹，造成该名警察死亡。

10 月 21 日，伊拉克摩苏尔，“伊斯兰国”制造炸弹袭击，导致 4 名伊拉克人死亡。

10 月 22 日，尼日利亚米法，“博科圣地”杀死了 2 个村民并放火烧毁了他们的家园，6 人受伤。

10 月 22 日，叙利亚拉卡，“伊斯兰国”制造诱杀陷阱，导致 1 名平民死亡。

10 月 23 日，叙利亚伊德利卜，“胜利阵线”发动袭击造成 2 名平民死亡，6 人受伤。

10 月 23 日，巴基斯坦斯宾瓦姆，四名石油勘探工人疑似被逊尼派强硬分子绑架并残忍处决。

10 月 23 日，伊拉克卡亚拉，伊斯兰极端分子在餐馆外面制造爆炸袭击，导致 6 名路人死亡，30 人受伤。

10 月 24 日，埃及内政部发表声明说，埃及国家安全部队在西部沙漠地区展开清剿行动，击毙 11 名恐怖分子。

10 月 24 日，继美国特勤局两天来分别截获寄往美国前第一夫人希拉里·克林顿和美国前总统奥巴马住宅的可疑包裹后，美国再度发生多起可疑包裹事件。美国佛罗里达州联邦众议员黛比·舒尔茨办公室收到疑似含有爆炸物的包裹，导致其办公室所在建筑物内人员被疏散。

10 月 24 日，阿富汗法里亚布，塔利班使用简易爆炸装置制造爆炸袭击，导致 1 名妇女和儿童死亡。

10 月 25 日，埃及埃尔—阿里什，3 名建筑工人遭到伊斯兰国爆炸袭击身亡，10 人受伤。

10 月 26 日，俄罗斯联邦安全局发布消息说，俄安全人员在莫斯科抓获 6 名企图发动恐怖袭击的“伊斯兰国”极端分子。

10 月 26 日，叙利亚代尔祖尔，恐怖分子制造简易炸弹袭击，导致 1 名平民死亡，1 人受伤。

10 月 27 日，阿富汗东部瓦尔达克省境内发生一起爆炸袭击事件，已造成至少 5 人死亡，另有 12 人受伤。

10 月 27 日，一艘集装箱船在尼日利亚海岸遭遇海盗袭击，船上 11 人被劫持，其中包括 8 名波兰人。

10 月 27 日，联合国马里多层面综合稳定特派团发表新闻公报说，维和人员在马里西南部贝尔市遇袭，两名维和士兵死亡，多人受伤。

10 月 27 日，尼日利亚贾什加尔，博科圣地制造袭击事件，造成 1 人死亡、4 人受伤。

10 月 28 日，美国匹兹堡市当地一座犹太教堂发生枪击事件，导致 11 人死亡、6 人受伤，总统特朗普下令美国白宫等场所降半旗致哀。

10 月 28 日，阿富汗迈丹沙尔，一名自杀式炸弹袭击者发动攻击，导致包括他自己在内的 6 人死亡、37 人受伤。

10 月 29 日，阿富汗喀布尔，一名女性自杀炸弹者向选举工作人员发动袭击，导致一名警卫死亡、6 人受伤。

10 月 29 日，利比亚福卡哈，“伊斯兰国”发动袭击导致 4 人死亡、10 人受伤。

10 月 29 日，叙利亚阿勒颇，伊斯兰极端分子制造汽车炸弹袭击导致 3 名平民死亡、1 人受伤。

10 月 30 日，突尼斯首都市中心的哈比卜布尔吉巴大道发生爆炸，一名 30 岁的女子在位于突尼斯市中心主干道哈比卜·布尔吉巴大街的巡逻队附近引爆身上的炸弹。袭击者当场死亡，8 名警察和 1 名市民受伤。

10 月 30 日，伊拉克哈奈根，发生一起针对逊尼派的袭击事件，3 名什叶派的女性朝圣者被炸身亡、12 人受伤；伊拉克摩苏尔，一处清真寺发生一起爆炸袭击，导致 1 名儿童死亡、2 人受伤。

10 月 31 日，位于阿尔汉格尔斯克市的俄罗斯联邦安全局阿尔汉格尔斯克州分局入口处发生爆炸，造成 1 人死亡、3 人受伤。

10 月 31 日，尼日利亚布拉布林，一个“为伊斯兰教法而战”的团体烧毁了房屋，导致包括 3 个孩子在内的 10 人死亡。

10 月 31 日，尼日利亚科发，“博科圣地”入侵了一个村庄，并向居民开火，导致 6 人死亡。

10 月 31 日，也门达利，恐怖分子制造路边炸弹袭击，导致 4 人死亡。

10 月 31 日，阿富汗喀布尔，一名自杀式炸弹袭击者针对一辆载有监狱工作人员的公共汽车发动爆炸袭击，造成 7 人死亡、5 人受伤。

11 月

11 月 1 日，阿富汗首都喀布尔发生一起爆炸袭击事件，造成包括 3 名警察在内至少 6 人受伤。袭击事件发生在喀布尔第一警区的迈万德医院附近，一枚吸附在一辆警车上的炸弹爆炸。

11 月 1 日，尼日利亚约贝，6 名当地士兵遭到“博科圣地”恐怖分子伏击并杀害。

11 月 2 日，埃及明亚市，一辆公共汽车上的 7 名基督教朝圣者遭到激进分子近距离枪击身亡，19人受伤。

11月3日，叙利亚拉卡，伊斯兰武装分子制造爆炸袭击，导致1名平民死亡。

11月3日，索马里维多，4人遭青年党炸弹袭击身亡。

11月4日，以色列特拉维夫市发生汽车爆炸事件，造成2人死亡。

11月4日，叙利亚拉卡，1名平民遭到“伊斯兰国”汽车炸弹袭击身亡，3人受伤。

11月4日，伊拉克舒拉，逊尼派在一个什叶派商业区引爆炸弹，导致2名路人死亡、2人受伤。

11月4日，伊拉克哈比比亚，伊斯兰极端分子在一辆小型巴士上安置一枚炸弹，导致1名乘客不幸身亡、2人受伤；伊拉克卡迪米亚，一个小镇的广场遭到炸弹袭击，造成2人死亡、4人受伤。

11月5日，喀麦隆官方证实，该国西北大区首府一所学校的79名学生和3名学校工作人员被绑架。

11月5日，阿富汗克格雅尼，13名当地安全人员被一群激进的宗教武装分子伏击并杀害。

11月5日，巴基斯坦达塔克尔，从巴基斯坦塔利班脱离的“自由人党”分支“卫士”恐怖组织制造一起爆炸袭击，导致一辆经过的车辆被炸毁，1人受伤。

11月5日，布吉纳法索纳索姆博，一个与“基地”组织有关的组织引爆了一枚炸弹，导致2人丧生，3人受伤。

11月6日，多家法国媒体称，有6人因涉嫌图谋袭击法国总统马克龙而被捕。

11月6日，叙利亚曼比基，“伊斯兰国”炸毁了一辆民用汽车，导致1名司机死亡。

11月7日，一名枪手进入加利福尼亚州南部文图拉县绍森欧克斯市的一家酒吧，投掷烟幕弹并向人群开枪射击。大批警员迅速赶到现场并与嫌犯交火。枪击事件造成包括枪手和一名警员在内至少13人死亡，另有至少10人受伤。

11月7日，阿富汗德雅克，驻守在检查站的7名警察被原教旨武装分子杀害，3人受伤。

11 月 8 日，索马里摩加迪沙，一个伊斯兰组织在一辆汽车底盘下放置炸弹，炸死一名议员和他的警卫。

11 月 8 日，伊拉克摩苏尔，“圣战”者在一家餐馆前引爆了一枚炸弹，导致 4 人死亡、11 人受伤。

11 月 8 日，阿富汗塔哈尔，14 名当地安全人员遭到塔利班袭击和杀害，22 人受伤。

11 月 8 日，埃及阿里什，“伊斯兰国”成员枪杀了五名警察。

11 月 9 日，土耳其东南部哈卡里省一个军事基地发生爆炸，造成 25 名士兵受伤，另有 7 人失踪。

11 月 9 日，澳大利亚墨尔本市中心发生持刀袭击事件，导致 3 名行人受伤，其中一人死亡。极端组织“伊斯兰国”宣布对此次袭击负责。

11 月 9 日，索马里首都摩加迪沙的刑事调查局总部附近发生 3 起汽车炸弹袭击，造成至少 50 人死亡、100 人受伤。

11 月 9 日，也门荷台达，安萨尔安拉组织向一处房屋发射炮弹，导致包括一名儿童在内的 4 名家庭成员身亡。

11 月 9 日，巴基斯坦额达科，塔利班分支涉嫌制造一起摩托车炸弹袭击事件，导致 1 人死亡、4 人受伤。

11 月 9 日，澳大利亚墨尔本，一名来自索马里的难民在一家百货公司外制造了一起汽车炸弹袭击，并且一边赞美安拉一边刺伤路人，还造成 2 人受伤。

11 月 9 日，印尼雅加达，一名男子用斧头袭击了一群警察，这名男子还高声赞美安拉，袭击造成 1 人受伤。

11 月 10 日，刚果民主共和国贝尼，民主同盟军的伊斯兰教徒杀害了 5 名市民。

11 月 10 日，阿富汗巴格兰，塔利班发动袭击，导致括 4 名部落长老在内的 12 人死亡，另有 3 人受伤。

11 月 11 日，塔利班武装分子对阿富汗加兹尼省中东部杰戈里地区多个检查站发动袭击。持续数小时的交火造成至少 10 名安全人员和 15 名平民死亡，另有 6 名安全人员和 11 名平民受伤。

11 月 11 日，埃及开罗，一名男子手持《古兰经》走进教堂，刺伤了朝拜者，并大声赞美安拉，2 人在袭击中受伤。

11月11日，马里玛玛达加，一个与“基地”组织有关的组织使用自动化武器向一个村庄开火，造成5人死亡。

11月12日，阿富汗首都喀布尔市区一处集会发生爆炸袭击，造成至少10人死伤。袭击发生时，数百名民众正聚集在首都第二警区辖区内的一个广场举行集会，要求政府采取措施尽快改善东部加兹尼省等地的安全局势。

11月12日，联合国驻马里基地遭到恐怖组织自杀式汽车爆炸袭击，除1名恐怖分子当场死亡外，还造成2名马里人死亡、14人受伤。

11月12日，巴基斯坦拉兹马克，伊斯兰激进分子向当地安全巡逻队发动火箭弹袭击，导致3名成员死亡。

11月13日，叙利亚加努迪亚，恐怖分子制造一起简易爆炸袭击，导致1名平民死亡，3人受伤。

11月13日，尼日利亚蒙固诺，两个村庄遭到伊斯兰极端分子袭击，15名农民被杀身亡。

11月14日，刚果民主共和国贝尼，民主同盟军成员对联合国维和部队发起两起独立的袭击，共造成7人死亡。

11月14日，阿富汗萨耶达巴德，塔利班袭击了一处检查站，造成9人死亡。

11月14日，尼日利亚卡若托，“博科圣地”发动袭击，造成3人死亡、3人受伤。

11月15日，阿富汗卡其色萨法德，一个偏远哨所的30名警察全部被塔利班杀害。

11月15日，伊拉克拜杜什，2名平民遭到伊斯兰极端分子的炸弹袭击身亡，1人受伤。

11月16日，巴基斯坦库艾达巴德，恐怖分子在一个水果摊前引爆炸弹，造成2名青少年死亡、8人受伤。

11月16日，刚果民主共和国欧伊查—马姆巴尼克，民主同盟军成员烧毁了房屋，导致4名村民遇难。

11月17日，阿富汗卡迪，逊尼派武装分子袭击一处警察哨所，造成5人死亡、3人受伤。

11月17日，菲律宾霍洛，阿布萨耶夫组织发动伏击并杀害了5名当地士兵，23人受伤。

11月17日，索马里摩加迪沙，青年党制造爆炸造成2人死亡、3人受伤。

11月17日，尼日尔马卡隆迪，伊斯兰极端分子在一处检查站屠杀了3名平民，另外造成2人受伤。

11月18日，英国伦敦北部发生持刀袭击事件，造成4人被刺伤。

11月18日，伊拉克提克里特，包括3名妇女在内的5人在一家餐馆外遭到汽车炸弹袭击身亡，13人受伤。

11月18日，索马里摩加迪沙，伊斯兰极端分子袭击了一辆豪华轿车，造成2名乘客死亡、2人受伤。

11月18日，阿尔及利亚康斯坦丁，一个与“基地”有关的组织杀害了一名当地士兵，另有2人受伤。

11月18日，尼日利亚米特勒，大约100名当地士兵死于博科圣地伊斯兰分子的伏击，袭击还造成153人受伤；尼日利亚马曼提，9名农民被博科圣地武装分子杀害，3人受伤。

11月19日，刚果民主共和国欧伊查，包括2名妇女在内的3人遭到民主同盟军火箭弹袭击身亡，3人受伤。

11月19日，印度桑巴，伊斯兰极端分子制造炸弹袭击，导致1名边防警卫死亡、3人受伤。

11月20日，阿富汗首都喀布尔一处礼堂发生自杀式爆炸袭击。当时礼堂内正在举行伊斯兰教先知穆罕默德诞辰纪念活动，有数百人参加，袭击造成至少55人死亡、94人受伤。

11月20日，比利时布鲁塞尔，一名警察被一名恐怖分子持刀伏击，恐怖分子高呼赞美真主，袭击造成1人受伤。

11月20日，索马里摩加迪沙，2人遭到“青年党”组织暗杀。

11月20日，马里莫普提，伊斯兰极端分子制造简易炸弹发动袭击，导致2人死亡、6人受伤。

11月21日，尼日尔迪法省图穆尔地区，“博科圣地”袭击了一个法国钻井队，导致8人死亡、5人受伤。

11月21日，意大利警方成功在米兰拘捕一名涉嫌从事恐怖主义活动的男子。这名嫌疑人现年23岁，是埃及公民，自称来自“伊斯兰国”。

11月21日，也门思尔瓦，6名当地人遭到安萨尔安拉组织的伏击和杀害。

11 月 22 日，执行“新月形沙丘”行动的法军在马里中部的莫普提大区对当地一恐怖组织发起军事打击，共击毙 30 多名恐怖分子。法军此次打击的恐怖组织名为“马西纳解放运动”，被击毙者中很可能包括该组织的重要头目哈马敦·库法。

11 月 22 日，伊拉克舒拉，逊尼派分子在一辆校车附近引爆炸弹，导致 4 名学生身亡、6 人受伤。

11 月 22 日，泰国卡婆，两名村民被伊斯兰极端分子枪击身亡。

11 月 23 日，阿富汗东部霍斯特省一座清真寺发生爆炸，一名自杀式炸弹袭击者在一座清真寺引爆炸弹，导致 26 名朝拜者身亡、50 人受伤。

11 月 23 日，巴基斯坦西北部奥勒格宰部落地区发生爆炸袭击，超过 30 人丧生，50 多人受伤。爆炸发生在一处市场附近，靠近一所宗教学校的正门。炸弹制作简陋，但威力不小，藏在一箱蔬菜中运入市场。

11 月 23 日，也门阿比扬省穆蒂亚地区，“基地”组织阿拉伯半岛分支的武装分子向一检查站发动袭击，造成至少 4 名安全部队成员死亡，另有 3 人受伤。

11 月 23 日，尼日尔东南部迪法省两个村庄的 18 名少女遭到极端组织博科圣地绑架。

11 月 23 日，菲律宾利马恩，阿布萨耶夫组织向一处路过的部队开火，导致 1 名妇女和她 7 岁的孩子在交火中身亡。

11 月 23 日，巴基斯坦卡拉奇，3 名来自马吉德旅的自杀式炸弹袭击者袭击了中国驻巴大使馆，杀死两名警卫，另有 1 人受伤。

11 月 24 日，叙利亚反对派的武装分子向阿勒颇的阿尔—哈利迪亚、阿艾—扎哈拉住宅区和尼尔大街发射了含氯气的炮弹，至少 107 人出现窒息等严重中毒症状被送医治疗。而后，俄方称在叙利亚伊德利卜非军事区发现武器发射装置，俄罗斯空天军的飞机轰炸了其阵地。

11 月 24 日，索马里巴拉德，青年党伏击了一辆运兵车，导致 10 名当地士兵死亡、24 人受伤。

11 月 25 日，泰国宋卡，3 人在一处市场遭到伊斯兰极端分子枪杀。

11 月 26 日，阿富汗西部法拉省一支安全护卫队遇到塔利班武装袭击，22 名警察身亡、5 人受伤。

11月26日，索马里中部城市加勒卡约一处宗教场所遭武装分子袭击，至少25人死亡。索马里极端组织青年党宣称制造了这起袭击；索马里首都摩加迪沙，极端组织青年党在一处繁忙的十字路口制造汽车炸弹袭击，造成10人死亡、6人受伤。

11月27日，刚果民主共和国马巴屋，民主同盟军杀害了两名村民。

11月27日，伊拉克舒拉，2人在自己的小区遭到汽车炸弹袭击身亡，2人受伤。

11月28日，俄罗斯首都莫斯科紧急情况部门代表向卫星通讯社表示，莫斯科几家商场在接到匿名炸弹威胁电话后疏散大约4000人。

11月28日，索马里布罗博得，青年党制造简易炸弹袭击，导致1名非盟维和人员死亡、1人受伤。

11月28日，喀麦隆阿姆赤德，一名自杀式袭击者在拥挤的市场外引爆了身上的炸弹，导致29人受伤。

11月28日，阿富汗喀布尔，塔利班对卫生部大楼发动自杀式袭击，造成10人死亡、19人受伤。

11月29日，巴基斯坦因那亚特卡里，恐怖分子用遥控炸弹炸死两人，1人受伤。

11月30日，马里贝叶，恐怖分子制造爆炸袭击，导致一辆经过的汽车被炸毁，车上2人死亡、3人受伤。

11月30日，尼日利亚阿里格，“博科圣地”在一个渔村附近发动袭击，造成1人死亡，7人受伤。

11月30日，布吉纳法索本古，伊斯兰极端分子发动一起炸弹袭击，1名平民和4名警察在爆炸中丧生。

12月

12月1日，尼日利亚布尼加里，8名安全人员遭到伊斯兰极端分子的袭击而丧生。

12月1日，阿富汗法里亚布，塔利班对一处检查站发动了两起袭击，导致至少7名安全人员死亡、10人受伤。

12月1日，索马里摩加迪沙，伊斯兰极端分子制造一起汽车炸弹袭击，导致一名电信员工死亡，2人受伤。

12 月 2 日，阿富汗北部萨曼甘省，塔利班武装人员劫持了至少 40 名卡车司机。

12 月 2 日，莫桑比克那特纯德，圣战组织袭击了一处农民营地，3 名无辜者被杀害。

12 月 2 日，尼日利亚穆纳加拉格，两名自杀式炸弹袭击者引爆炸弹，袭击者当场死亡，5 人受伤。

12 月 3 日，阿富汗萨伊普勒，塔利班发动一起袭击，导致 5 名警察死亡、7 人受伤。

12 月 4 日，美军非洲司令部发表声明说，美军在索马里南部对极端组织青年党目标实施空袭，打死该组织 4 名武装分子。

12 月 5 日，法国巴黎，一名爱尔兰教授被一名学生刺死，这名学生指责这名教授侮辱了伊斯兰。

12 月 5 日，叙利亚拉卡，“伊斯兰国”设置了一处陷阱，导致 1 名平民死亡。

12 月 6 日，伊朗东南部港口城市恰巴哈尔发生自杀式汽车炸弹袭击事件，造成至少 2 人死亡、48 人受伤。10 日，伊朗媒体引述伊朗治安部队司令阿什塔里的话称，爆炸事件的 10 名涉案人员已被捕。

12 月 6 日，联合国秘书长古特雷斯在纽约联合国总部正式宣布启动《联合国全球反恐协调契约》，以加强联合国内部在反恐领域的协调合作。

12 月 6 日，索马里摩加迪沙，青年党制造了一起路边炸弹袭击，造成 7 人死亡、2 人受伤。

12 月 6 日，菲律宾碧瑶，一名谴责极端主义的伊玛目在一处市场上遭暗杀。

12 月 6 日，刚果（金）曼戈里科纳，12 名村民被拖入树林并被民主力量同盟的伊斯兰主义者枪杀。

12 月 7 日，尼日利亚贾卡纳，“博科圣地”发动袭击造成 2 人死亡、5 人受伤。

12 月 8 日，阿富汗古兹拉，激进分子制造一起路边炸弹袭击，导致 3 名平民死亡。

12 月 8 日，尼日利亚古鲁姆巴，两名平民遭到敢死队自杀式炸弹袭击身亡，2 人受伤。

12 月 9 日，索马里加拉巴雷，青年党制造一起爆炸袭击，导致 3 人死亡、2 人受伤。

12 月 10 日，马来西亚警方近日逮捕 7 名涉恐怖组织嫌犯，其中两名嫌犯被指接获“伊斯兰国”等极端组织指示准备在马发动恐怖袭击，被马警方成功阻止。这些被捕嫌犯还有多人与印度尼西亚、菲律宾等地的武装组织有关联。

12 月 10 日，阿富汗扎曼阿巴德，塔利班袭击了一处警察局，导致 6 人丧生、10 人受伤。

12 月 11 日，俄罗斯国家反恐委员会主席博尔特尼科夫说，2018 年俄境内共消灭、抓捕 900 多名恐怖分子及其帮凶。

12 月 11 日，阿富汗巴拉布卢克，一辆巴士遭到自杀式炸弹袭击，导致 12 名乘客死亡、31 人受伤。

12 月 11 日，法国斯特拉斯堡，一名持枪歹徒一边赞美安拉一边在圣诞市场开火，造成至少 3 人死亡、13 人受伤。13 日，巴黎检察部门发言人称，经过两天的追捕，涉嫌制造斯特拉斯堡恐怖袭击事件的男子——29 岁的切卡特已经被警方击毙。

12 月 12 日，叙利亚阿勒颇，发生两起自杀式汽车爆炸袭击，造成 4 名平民死亡、32 人受伤。

12 月 13 日，俄罗斯联邦安全局发布消息说，联邦安全局联合其他部门，在俄罗斯境内的莫斯科、车臣、达吉斯坦和印古什共和国抓捕了 7 名为“伊斯兰国”和“沙姆解放组织”等恐怖和极端组织筹款的人员。

12 月 13 日，叙利亚阿夫林，一名自杀式炸弹袭击者引爆炸弹导致 3 名平民身亡、4 人受伤。

12 月 14 日，阿富汗巴尔赫，原教旨主义者在葬礼上开火，造成 4 人死亡、9 人受伤。

12 月 14 日，突尼斯卡塞林，一名男子在家中遭到哈里发战士旅枪击身亡。

12 月 15 日，伊拉克拉马迪，“伊斯兰国”使用简易爆炸装置对警察巡逻队发动袭击，造成 3 名警察死亡。

12 月 15 日，阿富汗加德兹，两名儿童和一名妇女遭到塔利班火箭弹袭击身亡，4 人受伤。

12 月 15 日，尼日利亚拉格玛尼，“博科圣地”制造一起路边炸弹袭击导致 2 人死亡、1 人受伤。

12 月 16 日，哥伦比亚科尔多瓦省的一家夜总会发生爆炸，造成 13 人受伤。

12 月 16 日，缅甸斯特塔瓦，一名 13 岁的佛教女孩被罗兴亚派恐怖分子割喉。

12 月 16 日，阿富汗肖拉巴克，一个为伊斯兰教法而战的团体袭击了当地一个警察哨所，造成 16 人死亡、5 人受伤。

12 月 16 日，尼日利亚古杜姆巴里，伊斯兰极端分子杀害了 12 名当地安保人员，袭击还造成 12 人受伤。

12 月 16 日，尼日利亚加宛达拉，米耶蒂安拉组织成员向一个村庄开火，造成 15 人死亡、24 人受伤。

12 月 17 日，位于希腊雅典的斯凯广播电视台发生了一起爆炸袭击事件。放置在电视台大楼前的一枚土制炸弹突然发生爆炸，爆炸造成电视台大楼正门部分设施和门窗受损，事件未造成人员伤亡。希腊警方就爆炸事件展开反恐调查。

12 月 17 日，摩洛哥伊穆里尔，两名女性背包客被伊斯兰武装分子斩首，这两人分别来自丹麦和挪威。

12 月 17 日，埃及拉法，原教旨主义者埋伏的炸弹爆炸，导致 2 名警察死亡、6 人受伤。

12 月 18 日，意大利欧联通讯社报道，意大利巴里警方成功抓捕了一名涉嫌恐怖宣传的恐怖组织成员。该恐怖分子受控于“伊斯兰国”分支机构，专门负责煽动恐怖袭击活动，并扬言要将炸弹放进意大利所有教堂。

12 月 18 日，叙利亚阿扎兹，一名自杀式炸弹袭击者制造袭击，导致 1 名平民死亡。

12 月 19 日，美国总统特朗普宣称恐怖组织“伊斯兰国”已被击败，美军将撤离叙利亚。英国政府发言人当天回应称，恐怖组织“伊斯兰国”的威胁依然存在

12 月 19 日，马里博尼，伊斯兰激进分子发动了一场地雷袭击，导致 6 名妇女和 1

12 月 20 日，也门玛法德，“基地”组织在一处市场附近引爆炸弹，造成

2 人死亡、1 人受伤。

12 月 20 日，布基纳法索乌达兰，伊斯兰极端分子枪杀了 3 名村民。

12 月 21 日，索马里亚尔库特，至少有 24 名埃塞俄比亚人遭到青年党制造的爆炸袭击身亡。

12 月 21 日，也门赫尔，一名儿童遭到“基地”组织成员投掷的手榴弹袭击重伤身亡，袭击还造成 20 人受伤。

12 月 22 日，索马里首都摩加迪沙发生两起汽车炸弹袭击，造成 15 人死亡，另有多人受伤。第一枚汽车炸弹在摩加迪沙索马里国家剧院附近一个安全检查站被引爆，第二枚汽车炸弹随后在附近被引爆。

12 月 22 日，布基纳法索科姆皮恩比加，伊斯兰极端分子制造路边炸弹袭击，导致 4 人身亡、3 人受伤。

12 月 22 日，刚果（金）贝尼，民主力量同盟的伊斯兰主义者袭击了一个村庄，枪杀了 5 名居民，8 人受伤。

12 月 23 日，阿富汗纳瓦，逊尼派制造爆炸袭击，造成包括儿童在内多人死亡，2 人受伤。

12 月 24 日，阿富汗喀布尔，一栋为残疾人提供服务的政府大楼遭到自杀式爆炸袭击，造成 30 人死亡、25 人受伤。

12 月 24 日，尼日利亚库卡惹塔，“博科圣地”恐怖分子发动伏击并杀害了 15 名安全人员。

12 月 25 日，索马里南部城市拜多阿发生一起路边炸弹爆炸事件，造成 2 人死亡、13 人受伤。

12 月 25 日，利比亚的黎波里，一名自杀式炸弹袭击者制造爆炸袭击，导致 3 人死亡、21 人受伤。

12 月 25 日，尼日利亚博拉基阿，“博科圣地”杀害了 4 名村民，20 人受伤。

12 月 25 日，阿富汗坎大哈，一个富人住宅区遭到自杀式爆炸袭击，袭击者伪装成一名乞丐进入社区，袭击造成 6 人死亡。

12 月 26 日，肯尼亚曼德拉，2 名平民遭到逊尼派炮弹袭击身亡，4 人受伤。

12 月 26 日，尼日利亚巴加，“博科圣地”袭击了一处小渔村镇，导致 10 人死亡。

12 月 27 日，布基纳法索托厄尼，伊斯兰极端分子发动伏击造成 10 人死亡、3 人受伤。

12 月 28 日，伊拉克东北部位于伊朗边境附近的城市哈奈根遭到极端组织袭击，造成 15 人死亡，其中包括两名警察，另有 13 人受伤。

12 月 28 日，一辆载有外国游客的大巴在埃及著名旅游景点吉萨金字塔附近遭路边炸弹袭击，造成 3 名越南游客和 1 名埃及公民丧生，另有十余人受伤。

12 月 28 日，巴基斯坦加罗比达拉，塔利班爆炸袭击造成 2 人身亡、1 人受伤。

12 月 29 日，德国莱茵兰—普法尔茨州刑事犯罪调查部门表示，警方于在该州美因茨市逮捕了一名涉嫌策划在荷兰发动恐袭的 26 岁叙利亚男子。

12 月 29 日，索马里格夫达杜德布雷，伊斯兰武装分子袭击了一处基地，导致 8 名士兵死亡。

12 月 30 日，土耳其警方抓捕了数十名涉嫌在新年前夕谋划恐怖袭击的外国人。

12 月 30 日，尼日利亚多隆，米耶蒂安拉组织杀害了 2 名村民。

12 月 31 日，菲律宾南部棉兰老岛地区哥打巴托市一个商场入口发生炸弹爆炸事件，造成至少 2 人死亡、30 人受伤。